重塑人生的新/起/点

——论戒毒人员思想教育矫治

余德刚　余周唱晚／著

西南财经大学出版社
四川・成都

图书在版编目(CIP)数据

重塑人生的新起点:论戒毒人员思想教育矫治/余德刚,余周唱晚著.—成都:西南财经大学出版社,2021.9
ISBN 978-7-5504-4996-1

Ⅰ.①重… Ⅱ.①余…②余… Ⅲ.①戒毒—思想改造—研究—中国
Ⅳ.①D669.8

中国版本图书馆 CIP 数据核字(2021)第 154695 号

重塑人生的新起点——论戒毒人员思想教育矫治

余德刚　余周唱晚　著

责任编辑:王青杰
封面设计:墨创文化
责任印制:朱曼丽

出版发行	西南财经大学出版社(四川省成都市光华村街 55 号)
网　　址	http://cbs.swufe.edu.cn
电子邮件	bookcj@swufe.edu.cn
邮政编码	610074
电　　话	028-87353785
照　　排	四川胜翔数码印务设计有限公司
印　　刷	成都市火炬印务有限公司
成品尺寸	170mm×240mm
印　　张	13.5
字　　数	258 千字
版　　次	2021 年 9 月第 1 版
印　　次	2021 年 9 月第 1 次印刷
书　　号	ISBN 978-7-5504-4996-1
定　　价	78.00 元

序一　见证梦想

一直以来，德刚同志都有一个梦想——为中国的禁毒事业尤其是戒毒事业做点什么，以了却自己挥之不去的人生夙愿。作为德刚同志曾经的战友，我知道这个梦想缘于30多年前他的一段特殊经历。

1989年7月，大专毕业的德刚同志光荣入警，在小凉山地区峨边彝族自治县的省属沙坪劳教所从事管教工作，至1993年6月调回母校乐山师专，前后约四年时间。当然就人类历史来讲，这四年时间可谓弹指一挥间，然而对德刚同志个人而言，这四年经历却让他铭记终生，意义非凡。

位于宋家山的沙坪劳教所环境非常艰苦，在此工作的艰辛是局外人无法想象的，这里以山高坡陡、常年雾雪、交通不便、物资匮乏而著称，生产经营以野外茶园管理为主，执法管教工作环境恶劣、任务繁重。即便如此，德刚同志在老一辈干警的影响和带领下，以积极乐观的态度对待自己的工作，无论是被分配到偏远的中队还是被调入管理严苛的机关，无论是从事管教文秘工作还是担当追捕处突任务，德刚同志始终朝气蓬勃、斗志昂扬，所经历的体肤之饿、筋骨之累、心志之苦非但没有消磨其锐气，反而强健了他事业之基的年轻体魄，砥砺了他百折不挠的精神意志，积累了他终生受益的从业才干。他在这里收获了家庭，收获了女儿。这样的一段人生经历，怎不令人魂牵梦萦，成为刻骨铭心的青春情结?！这也是他人生的一个重要转折点。

进入高校工作的德刚同志见证了改革开放以来国家的日益富强和社会的不断发展，母校从专科院校升级为本科院校——乐山师范学院，也见证了毒品问题给我国社会发展带来的危害，曾经的沙坪劳教所也因此而转型为眉山强制隔离戒毒所。在28年的校园耕耘生涯中，德刚同志虽然历经多个岗位——辅导员、院系办公室主任、党总支部副书记、保卫处处长、党总支部书记，学历也不断提升，从专科到博士，职称也从助教到教授，但他始终都在关注劳教制度向戒毒制度的转型，关注党和国家有关禁毒戒毒工作的方针政策，关注戒毒场所的新兴工作和上演的精彩故事，并由此找到了实现自己梦想的最好途径——2015年确定博士论文选题为《我国戒毒人员思想教育矫治研究》。论文于2017年完成，经过多次修改，2021年以专著形式付梓，以此圆满地回馈了当年那些朝夕相处、肝胆相照的战友和那方播撒了人生希望的热土。

作为德刚同志的战友，得以见证其梦想成真，欣喜不已。拜读煌煌20余万字的力作，并受邀作序，既令我惶恐不安，又深感与有荣焉。

习近平总书记指出："禁绝毒品，功在当代，利在千秋。禁毒工作事关国家安危、民族兴衰、人民福祉，厉行禁毒是党和政府的一贯立场和主张。"我们党的使命与宗旨，社会主义制度的国家性质，均要求我们必须毫不动摇地自觉走中国特色毒品问题治理之路。而这种特色主要体现在：一是党的坚强领导是我国禁毒戒毒工作的生命线，党通过颁行禁毒戒毒工作的方针政策来确保正确的政治方向；二是中国特色社会主义的国家体制具有西方国家无法比拟的社会管控能力和社会动员能力，具体表现为禁毒工作实行预防为主，综合治理，禁种、禁制、禁贩、禁吸并举的方针，实行政府统一领导，有关部门各负其责。而戒毒工作则形成了自愿戒毒、社区戒毒、强制隔离戒毒、社区康复四位一体的科学体系，从而从多角度、多层面、全方位形成了我国禁毒人民战争的宏大格局。正是基于这样的政治站位高度，德刚同志从马克思主义人学理论这一理论自信的视角，承继了我党思想政治教育这一传统优势和我国矫治机关对戒毒人员教育矫治的成功经验，搜集了大量相关学科的文献，提出了“思想教育矫治”这一新概念，开展了对戒毒人员思想教育矫治这一新兴领域的系统研究，经过艰辛准备、严密架构、大胆质疑、小心求证等具体工作，终于如期完成了课题。

据我在戒毒矫治机关从业多年的经验，目前戒毒系统在戒毒人员思想教育矫治领域的系统研究尚属凤毛麟角，这或许缘于戒毒事业起步不久，又或许与理论自信不足有关。德刚同志此书的出版可视为一种工具书式的积极尝试，其对戒毒事业的拳拳之心及有益探索和建言，当能裨益戒毒工作开拓新的路径，帮助戒毒人员启迪心智、矫正恶习、戒除毒瘾、洗心革面，促进戒毒工作健康发展。

2021年正值建党100周年，也是实施“十四五”规划和实现第二个百年奋斗目标的开局之年，面对世界百年未有之大变局，更望德刚同志不忘教育之初心，牢记育人之使命，弄潮当头，志存高远，继续关注我国戒毒事业的发展，不断为戒毒人员教育矫治工作提供智力支持。

车孟春

2021年6月1日于蓉城

序二　我的“三意”学生

我把德刚教授称为我的“三意”学生。所谓“三意”，是指德刚在求学中的“执意”，工作中很有“创意”，生活中很讲“情意”。

先来说说德刚在求学过程中的“执意”。

我和德刚相识是在2002年，我应邀去乐山师范学院做学术报告。德刚当年是乐山师范学院政法学院办公室主任，他热情地接待了我。报告之余，受西南财经大学马克思主义学院院长指示，为学院做了点“附加招生广告宣传”，因为当时很多学生都不知道西南财经大学也招马克思主义专业研究生。经此宣传后，不少同学纷纷前来咨询，张莉、宋淑梅两位同学和余德刚主任都先后报考了西南财经大学，并成了我的研究生。德刚决心报考博士生时已过不惑之年，由于招生名额太少，德刚屡遭挫折，连续两届“名落孙山”，但德刚并不灰心，执意再考。功夫不负苦心人，德刚终于在2012年被西南财经大学录取了，成了我的博士研究生。这种求学的执意可见一斑！

德刚当时担任乐山师范学院武装保卫部部长，选的是在职攻读，要做到工作与学习两不误，这种压力是常人难以承受的。德刚很幸运，乐山师范学院很支持，同意他脱产一年，住校完成课程学习。他每周往返于乐山和成都之间，从不落下任何一堂课，抓住一切时间完成思想政治教育专业教学计划规定的每一门课程学习，其刻苦程度可想而知。德刚的刻苦求学精神一度在西南财经大学马克思主义学院师生中传为佳话。这种求学的执意又见一斑！

德刚的“执意”也曾让他在求学路上吃过“大亏”。要完成并通过博士论文答辩，选题十分关键。而博士论文能否通过省内外专家评审的两道关卡，其理论创新是很重要的因素之一。德刚本科学的是英语专业，只在西南大学完成了思政专业硕士学业，所以马克思主义理论功底不是那么深厚扎实，因此，我为德刚的博士论文选题煞费苦心。德刚曾和我谈起过他在戒毒所工作的经历，我还带我的研究生们去参观过他曾经工作过的眉山戒毒所，了解到吸毒者生理上的毒瘾相对好治疗，最难摆脱的是心理上对毒品的迷恋和依赖，俗称“心瘾”，所以出戒毒所后复吸者比较多。我突然想到，要让吸毒者摆脱毒品“心瘾”，不单是一个心理的疏导问题，同时也是一个人生观、价值观的教育问题。将思政教育理论应用到戒毒工作中去，不仅在戒毒工作中是一种创新，而且在思政理论上也是一种创新。我很高兴地把我的思考告知德刚，建议他以此作为论文选题。德刚在经过一段时间思考后，勉强接受了此选题。谁知在半年过后即将进行开题审核时，德刚将其开题报告发给我，其选题却变成了《关于我国高校大学生意识形态安全问题研究》。我十分惊讶，怎么更换选题都不和导师商量?！德刚真有点“吾爱吾师，吾更爱真理”的倔犟！我询问了德刚更换选题的理由。原来德刚在做开题报告的过程中，在网上很难找到用思政理论指导戒毒工作的相关研究成果和材料，甚至全国没有一篇博士论文或硕士论文是关于戒毒工作的，所以开题报告做不下去。相反，关于大学生意识形态安全问题研究的成果很多，开题报告好做。而且德刚长期在高校工作，对这个领域也很熟悉。我觉得不能被德刚的倔犟让我的一片苦心付之东流，只好又耐心地开导他：其一，正因为这个选题领域是理论研究的薄弱环节，所以选题的创新性、开拓性是不言而喻的。其二，你现在做的选题在国内几乎已被“做滥”了，虽然写起来容易，但很难做出新意，作为硕士论文还勉强可以，作为博士论文很难通过评审。但要换选题，时间已来不及了。果不其然，德刚自作主张的选题在选题评审会上被专家们给“枪毙”了。德刚大半年的心血付之东流，只好又回到我给他选的戒毒人员思政教育选题上来。我给德刚重树信心：戒毒问题你就是专家，评委反倒是外行，不可能提出有难度的问题。然后我又在如何运用马克思主义思政理论指导戒毒工作的具体细节上给德刚以指导，终于让德刚信心满满地回到原来的选题上。经过精心准备，从德刚的再次开题到预答辩以及省外专家的评审，德刚都一帆风顺，顺利通过正式答辩。真是吃一堑，长一智，德刚求学中的执意再见一斑！

再来说说德刚工作中的“创意”。

德刚攻博期间在乐山师院安全保卫部门工作。在工作中，德刚表现出其他高校保卫处处长很难有的“创意”，这里略举几例：一是运用思政原理，做好保安思想政治工作，让保安人员思想稳定，排查安全隐患，工作积极仔细，校园连续三年无任何伤亡事故发生。二是德刚不仅设计了学生宿舍消防逃生窗并获得专利，还设计了学校保安专用帽徽，获得版权。三是与公安部门合作成立嘉州红袖标队伍，这一举措使学校全部保安合法成为辅警。当保安着警察制服上班时，那种“我是保安我骄傲”的感觉油然而生。四是德刚写了《校园卫士之歌》并发表，此歌后来成为四川高校保卫学会会歌。五是在全省率先训练新生军训教官，承训本校新生，并组建大学生预备役队伍。另外，2016 年，德刚代表四川省在武汉大学参加了首届全国高校学生安全教育教学能力大赛决赛，在入围的 31 名选手中以其精彩的说课名列第 9 名，荣获二等奖。

以上这些工作成绩恰恰表现了“博士”保卫处处长非同一般的工作创意。

德刚在生活中还是个爱憎分明、十分有“情意”的人。

1996 年，德刚还是个辅导员，他对学生的关爱感人至深。有一次，有个流氓带着刀和自制火药枪到校园里寻衅滋事，欺负德刚班上的学生。德刚闻讯后怒不可遏，带着学生会主席一起赶过去，冒着生命危险把那个流氓打翻在地，缴了其火药枪和凶器，并把流氓捆绑起来交给保安。那个流氓趁保安不注意，一下挣脱跑了，德刚又马上去追，流氓逃到大渡河边，跳上一艘小渔船，威逼船工把船开走了，还回头对德刚挑衅：“朋友，后会有期！”德刚恨得牙痒痒，拳头捏得格崩响，也高声回应：“你龟儿子跑不脱的！”果然，由于流氓携枪滋事，引起公安机关高度重视，一个月后那个流氓就被抓了，后来还被判了刑！德刚的事迹引起了很大的社会反响，他个人当年被学校评为优秀党员。

德刚成为西南财经大学马克思主义学院博士研究生时已过不惑之年，按传统观念，应该是个成熟稳重、不苟言笑的中年人了。然而，德刚在马院的所有研究生中恰恰是个谈笑风生、风趣幽默、多情多义的“顽皮”学生。正如他自己所调侃的：“我在财大马院读书时，看起来像老师，实际上是学生，而马院年轻老师刚好相反，看起来像学生，实际上是老师。”正是这种貌似老师实则学生的“身份”，使德刚在马院和老师、同学之间的关系处得如鱼得水，深受老师和同学们的喜爱。在马院同学关系中，德刚有很复杂的“身份”：张莉和宋淑梅在乐山师院读书时都是德刚的学生，而她俩都比德刚先考入西财马院读博士研究生，所以当德刚考入马院读博士研究生时，他便成了两位学生的“师弟”了。此外，德刚还有一个“学妹”叫余周唱晚，该“学妹”其实正是德刚的女儿，大学时本来是学汉语言文学的，硬是被德刚三番五次怂恿着考西财马院硕士研究生，终于成为父亲的“师妹”。“余周唱晚”的姓名也是德刚的“创意”：爸爸姓余，妈妈姓周，借《渔舟唱晚》这首古筝名曲为女儿取个复姓名，不仅打破了传统随父姓的旧习俗，还表现了爸爸妈妈的浪漫爱情，让人过目不忘。

中华民族有“一日为师终生为父”的古训。我的学生们每年都要给我举办生日宴会。德刚无论多忙，都要从乐山赶来参加，宴会结束后马上又赶回去。弟子们的这份情意让我终生难忘。在此，借为德刚专著出版写序言之机，向我的弟子们表达一下愚师的感激之情！

辜堪生

2021 年 6 月 16 日于成都温江柳林

前言

一

毒品作为一种物质，是自然界的客观存在，它与其他物质一起构成绚丽多彩的物质世界并与人类共生。传说两千多年前，墨西哥的印第安人在沙漠中偶食仙人掌，在即将被渴死的边缘得以获救，他们不仅“死而复活”，还听到了“上帝的声音”。后来印第安人战前总要服用一些神秘的药草和药水来激发战斗力，这种神秘的药草和药水就是仙人掌及从中提取的汁液①。毒品是药，合理利用可以为人类造福，反之就是阻碍人类社会发展的“妖”。在毒品还没有祸害人类的时候，确切地说，是人们还没有滥用毒品的时候，它似乎就是被锁在潘多拉盒子里的，只是静静地躺在那里的一个客观实在而已。这个盒子被打开后，妖孽横行，使人类在与天斗、与地斗的同时，又不得不面临与自己斗的艰难境地。

中国是受毒品之害较深的国家之一。众所周知，毒品与资本主义上升时期的自由贸易，再加上腐败的清王朝等共同作用，使我们的近代史变成了一部充满屈辱的历史。清朝廷内部也不乏决意禁毒之仁人志士。道光二十年（1838年）林则徐给道光皇帝的奏折中写道：“吸食者方且呼朋引类，以诱人上瘾为能，陷溺愈深，愈无忌惮……盖以衙门中吸食最多，如幕友、官亲、长随、书办、差役，嗜鸦片者十之八九……迨流毒于天下，则为害甚巨，法当从严。若犹泄泄视之，是使数十年后，中原几无可以御敌之兵，且无可以充饷之银。”

---

① 意大利人贝尔朗迪诺·德·萨哈通于1560年以传教士的身份游历新大陆归来，撰写了《新西班牙通史》一书。作者在书中详细叙述了住在墨西哥的印第安人作战前总要服用一些神秘的药草和药水，这样他们就能够在战斗中进入一种癫狂状态，从而勇往直前，战胜敌人，同时对饥渴和伤痛也更具有忍耐力。这种神秘的药草就是仙人掌，从仙人掌中提取的汁液能够改变人脑的神经机能，使人产生视听上的幻觉。

次年林则徐奉旨在虎门销烟壮国威。无奈大清王朝腐败无能，鸦片战争失败，国力日衰，纵有志士，然禁毒已回天乏术。清亡后的民国政府虽有严苛的禁毒法条，然而长期战乱使法律形同虚设，烟毒泛滥成灾，到中华人民共和国成立前夕，全国吸毒人口达2 000多万人。

1949年以后，中国共产党以雷霆之势开展戒毒工作，在短短的3年里全国彻底禁绝了吸毒，并向全世界庄严宣布中华人民共和国为无毒国。不过“无毒国”的称号只持续了30年，到了20世纪80年代，随着国家的对外开放，毒品问题死灰复燃。到2018年年底，全国吸毒人员达240.4万人（不含戒断三年未发现复吸人数、死亡人数和离境人数），毒品问题已成为破坏社会治安、阻碍我国经济发展、影响人民生命健康安全的重大社会问题。

事实上，毒品问题早已成为全球性的社会问题。如今，全球毒品制造、贩运、滥用问题更加突出，毒品来源、种类和吸毒人数不断增加，一些国家和地区毒品问题持续泛滥，毒品危害日益严重，吸毒致死人数连年攀升，造成严重社会危机，国际毒品形势更加错综复杂。《2019年中国毒品形势报告》① 显示，全球每年约有2.7亿人吸毒，近3 500万人成瘾，近60万人直接死于毒品滥用。毒品花样也在不断翻新，从传统毒品到新型毒品，从第一代到第三代，毒品已从植物提纯物发展为新精神活性物质。

毒品为人类打开了神奇的“世界之窗”，同时也叩响了“地狱之门”！

必须打赢禁毒戒毒人民战争，我们已无退路！

为了实现中华民族的伟大复兴，我们输不起，必须赢！

二

本书是专门研究戒毒人员思想教育矫治的学术专著。

戒毒人员是我国社会生活中的一个特殊群体，是吸毒人员的一部分，受法律与道德的双重调整。他们随着我国改革开放和经济、社会、文化的发展而出现，也必将随着经济、社会、文化的发展与进步而消亡。在出现与消亡之间的这个漫长过程中，以政府为主导对戒毒人员进行思想教育矫治工作起着重要的作用，对提高中华民族整体素质具有重大的历史与现实意义。

---

① 2019年中国毒品形势报告［N］. 人民公安报，2020-06-25（02）.

司法部2014年颁布的《强制隔离戒毒人员教育矫治纲要》明确规定了教育矫治工作目标，即通过综合运用各种教育矫治方法和手段，帮助戒毒人员认清毒品的危害，树立法制观念，提升道德情操和文化素养，消除不良心理，掌握就业谋生技能，增强社会适应能力，戒除毒瘾，成功融入社会。

没有消费，就没有买卖。减少甚至消除毒品消费群体，是禁毒斗争的重要一环，这需要在对吸毒人员进行处罚的同时还要对其进行教育矫治，使他们从思想上戒除毒瘾。这是减少毒品消费，拯救无数家庭于水火的重要举措。这是一个系统工程，需要政府牵头，多部门共同协作，才能完成这一伟大的社会实践。这是一个需要思想政治教育学、医学、心理学、管理学、社会学、法学等学科综合介入的社会实践活动，具有重要的理论和现实意义。

本书的研究对象是戒毒人员思想教育矫治。关于毒品问题的研究，存在多个研究方向，有禁毒研究、吸毒预防研究、毒品犯罪研究、戒毒研究、艾滋病研究，还有就毒品本身的药品属性进行的研究。本书针对被公安机关确定为吸毒人员并在强制隔离戒毒所或社区进行戒毒的这部分戒毒人员开展思想教育矫治研究。在我国，戒毒人员可以通过四种方式戒毒：一是自愿戒毒，二是社区戒毒，三是强制隔离戒毒，四是社区康复。四类戒毒人员的身份不是不变的，他们的身份视其成瘾的程度经公安机关认定是可以转化的。本书侧重研究强制隔离戒毒人员思想教育矫治，对社区戒毒和社区康复人员也有所涉及。研究内容涵盖戒毒人员思想教育矫治基本范畴、理论基础、历史沿革、性质特征、功能、原则、运行环节和机制，最后分析当前影响我国戒毒人员思想教育矫治的因素、原因和解决对策。

确切地讲，思想教育矫治是戒毒人员身心戒毒的过程，即从生理到心理戒毒的过程，其中生理戒毒是前提和基础，心理戒毒是目标和落脚点，而思想教育矫治工作则是实现生理戒毒到心理戒毒的桥梁。

本书以马克思主义基本原理为指导，依托社会治理原理，运用思想政治教育学基本原理，遵循思想政治教育研究方法，借鉴社会工作基本理论，参考马斯洛需要层次理论，将上述理论贯穿于全书始终。同时注重运用多学科知识进行交叉研究，与其他学科融会贯通，相互借鉴。具体运用了调查访谈法、文献分析法、比较分析法、定性与定量分析法、交叉研究法、观念与制度相结合研究方法。

本书的主要观点：一是政治观点。我国国情与西方国家有着本质区别，我国政府提出的“自愿戒毒、社区戒毒、强制隔离戒毒、社区康复”等多种戒毒措施，符合中国作为发展中大国的国情，应坚定不移地走中国特色思想教育矫治之路。二是社会观点。做好戒毒人员思想教育矫治工作是维护社会治安与稳定，提高人口素质，促进人的全面发展，推进我国治理体系和治理能力现代化建设的重要举措。三是学科观点。将思想政治教育理论应用于对戒毒人员的教育矫治实践，扩展了思想政治教育学科的应用范围，使思想政治教育更加融入实际，融入生活，在为戒毒教育矫治工作提供智力支持的同时，也增强了自身的生命力和感召力。

三

本书的创新之处及主要贡献体现在：一是研究对象本身。选择以戒毒人员作为思想政治教育的研究对象，具有一定的创新性。戒毒人员游走于道德与法律的边缘，因其自身的“污名”而常常遭到社会的唾弃，人们避之唯恐不及，但作为中国共产党领导下的思想政治工作者，从事边缘群体转化工作研究是应有之义。二是在理论上，将戒毒人员教育矫治工作融入思想政治教育大家庭，使理论回归实践，增强了思想政治教育作为学科的生命力。三是在研究内容上，提出了对戒毒人员思想教育矫治的一般规律和特殊规律。“思想认识发展和道德水准提高的规律”和“服从和服务于国家戒毒工作方针政策的规律”是一般规律。在一般规律基础上分析了特殊规律，即主动性与被动性相统一的规律，吸毒与戒毒相互转化的规律，主、客体互动规律，管理与教育、内容与方法相结合的规律，内化与外化相统一的规律。四是在实践上，提出了提高思想教育矫治质量，减少复吸的对策。

毒情来势凶猛，在某种程度上让我国政府措手不及，对戒毒人员的思想教育矫治工作可以说是仓促上阵。但是在党的坚强领导下，没有我们克服不了的困难。只要我们充分发挥政治优势和制度优势，完善治理体系，走中国特色的毒品问题治理之路，就一定能做好戒毒人员思想教育矫治工作，打赢新时代反毒禁毒人民战争。

余德刚

2021 年 2 月 16 日于四川乐山

目录

导论

禁绝毒品，功在当代，利在千秋。禁毒工作事关国家安危、民族兴衰、人民福祉，厉行禁毒是党和政府的一贯立场和主张……坚持多策并举、综合治理，坚持部门协同、社会共治，保持对毒品的“零容忍”，锲而不舍，常抓不懈，坚定不移打赢禁毒人民战争，不获全胜决不收兵①。

第一节 戒毒人员思想教育矫治的研究背景和意义

关于“毒品”问题的研究存在多个研究方向，有禁毒研究、吸毒预防研究、毒品犯罪研究、戒毒研究、艾滋病研究，还有就毒品本身的药品属性进行的研究。本书在马克思主义人学理论的指导下，充分运用思想政治教育学相关原理，针对被公安机关确定为吸毒人员并在强制隔离戒毒所或社区接受戒毒的这部分人员进行思想教育矫治研究。在我国，戒毒人员分为四类，一是自愿戒毒人员，二是强制隔离戒毒人员，三是社区戒毒人员，四是社区康复人员。四类戒毒人员的身份不是不变的，他们的身份视其成瘾程度和戒毒态度经公安机关的认定是可以转化的。本书侧重研究强制隔离戒毒人员思想教育矫治，对社区戒毒和社区康复人员也有所涉及。研究涵盖戒毒人员思想教育矫治基本范畴、理论基础、历史沿革、性质、特征、功能、原则、运行环节和机制，最后分析当前影响我国戒毒人员思想教育矫治的因素、原因和解决对策。

一、研究的背景

改革开放特别是进入 21 世纪以来，我国社会的深刻变革和快速发展使社

① 习近平. 坚定不移打赢禁毒人民战争 [N]. 人民日报（海外版），2015-06-26 (1).

会结构和人们的思想发生了巨大变化，拜金主义、享乐主义和极端个人主义等思想观念影响着人们的生活方式，价值多元、社会分化日益加剧。“吸毒”这一在中国大地上灭绝多年的现象，随着改革开放和人们价值观的多元化而死灰复燃。邓小平同志说：“开放以后，一些腐朽的东西也跟着进来了，中国的一些地方也出现了丑恶的现象，如吸毒、嫖娼、经济犯罪等。要注意很好地抓，坚决取缔和打击，决不能任其发展。”① 近年来，我国吸毒人数特别是吸食新型毒品人数逐年递增，图 1 显示了 2009—2018 年这 10 年间我国登记吸毒人数。

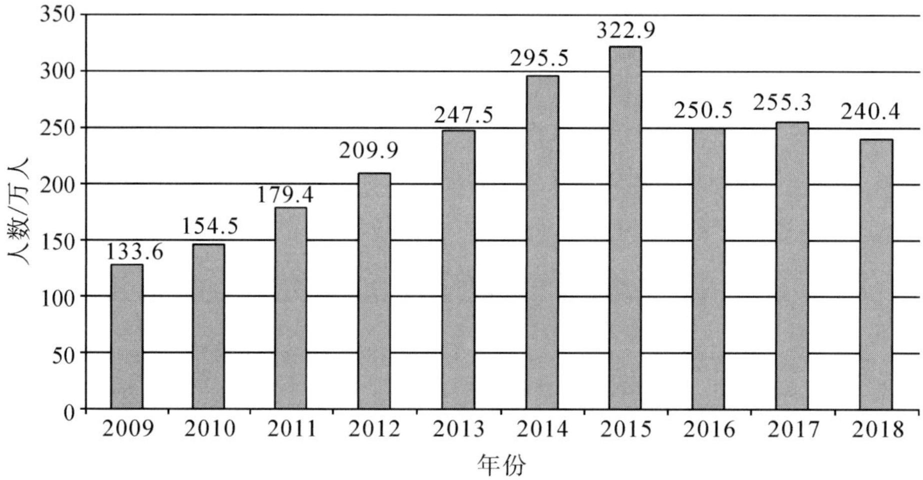

图 1　2009—2018 年我国登记吸毒人数

上述数据来源于《中国禁毒报告》②。需要说明的是，这个数据只是公安机关登记在册的人数，实际吸毒人数，如果采用一些国家的流行病学调查方法，即以一个显性吸毒者周围 4~5 个隐性吸毒者的国际通行比例估测，我国各类吸毒人员占我国人口的 1%，且吸毒人员年轻化的趋势明显。西部地区劳动阶层吸毒越来越普遍，西北地区许多农民工、卡车司机以吸毒作为娱乐，成为越来越普遍的社会问题。国家年年开展反毒品宣传，但是毒品案件每年增长 40%。吸毒问题已发展成为影响人类健康和经济发展的全球性问题。

---

① 邓小平. 邓小平文选：第三卷［M］. 北京：人民出版社，1993：378.

② 《中国禁毒报告》是由国家禁毒委员会每年用中英文版向全球发布的中国最权威禁毒报告，内容涵盖禁毒宣传教育、打击毒品犯罪、禁毒戒毒、易制毒化学品和新精神活性物质管制、禁毒国际合作等，向国际国内展示中国禁毒工作情况。值得注意的是，2016 年我国登记吸毒人数首次出现下降，这与党的十八大以来我国加强社会治理是分不开的。

"推进国家治理体系和治理能力现代化"是党的十八届三中全会提出的我国全面深化改革总目标，对中国社会主义现代化事业具有重大而深远的意义。党的十九届四中全会《决定》明确提出："坚持和完善中国特色社会主义制度、推进国家治理体系和治理能力现代化，是全党的一项重大战略任务。"在治理毒品问题上，我国政府对打击和预防毒品犯罪高度重视，于2008年6月1日起正式实施了《中华人民共和国禁毒法》。为了挽救吸毒人员，国务院于2011年6月颁布《戒毒条例》，对自愿戒毒、社区戒毒、强制隔离戒毒、社区康复做了相关规定，吸毒人员中的一部分"顽固分子"被送到强制隔离戒毒所强制戒毒。加强强制隔离戒毒人员（以下简称戒毒人员）的思想教育矫治是创新社会治理、应对禁毒严峻挑战的重要一环。思想政治教育作为我党的政治优势和优良传统，理应在教育、挽救戒毒人员这一社会特殊群体中发挥作用，这也是配合国家治理体系和治理能力现代化建设的必然要求。

二、研究的意义

强制隔离戒毒所多从之前素有"二劳改"之称的劳动教养机关转型而来，对戒毒人员"重管理与惩戒、轻教育与疏通"的理念需要在实践中加以改变，因此，思想教育矫治工作是对戒毒人员实施管理教育的重要方面。受到社会环境、社会风气及家庭的影响，有些戒毒人员态度不诚恳，不从思想深处反省自己的错误，回归社会后不能保持操守，严重影响教育矫治效果。戒毒人员思想教育矫治属于思想政治教育工作的重要内容之一，在日常管理教育中，要运用思想政治教育方法，改善矫治效果，实现戒毒人员良性回归与保持操守。从目前研究来看，学者们在思想政治教育学科内对戒毒人员这一特殊群体的研究较少，本书的研究深化了思想政治教育学的内容，拓展了思想政治教育的视野。因此，加强对戒毒人员思想教育矫治研究具有一定的理论意义和现实意义。

（一）理论意义

从思想政治教育学科的发展来看，从以理论研究为主逐步转变为理论与实践相结合是这一学科发展的方向。戒毒人员这一特殊群体，其思想与行为状态关乎社会的稳定与和谐，他们来自社会各个阶层，因为共同的行为进入戒毒所，对这个特殊群体的管理、教育、矫治是戒毒机关面临的重要任务，对戒毒人员的思想政治教育也以这三个方面为研究切入点。其中，矫治是逻辑主线，管理和教育是方法途径，通过运用思想政治教育原理、方法、过程和效果等，来围绕逻辑主线服务。同时，将"学术想象力和社会现实有机结合起来，从而在研究视域上不断拓展"①，不仅能提高对戒毒人员思想教育矫治的实效性，而且能够丰富思想政治教育学内容。因此，对戒毒人员思想教育矫治进行研究具有一定的理论意义。

（二）现实意义

我国毒品问题逐步泛滥，是受当今国际毒品泛滥的影响而造成的结果。毒品的蔓延速度似乎与我国经济的快速增长同步，吸毒人员数量每年有大幅度的增加印证了这个推论。调查显示，各类病症的发病率在吸毒人员尤其是在吸食新型毒品的吸毒人员中有明显增长，造成了较为严重的社会问题。对戒毒人员来说，国内学者大多认为他们是"三种身份集于一身"：违法者、受害者、特殊病人。因此，对戒毒人员的思想教育矫治要基于这三重身份的定位。如今，戒毒机关对他们进行生理的、心理的和以其他学科为支撑的教育矫治工作正逐步走向科学化和规范化。

社会生活本质上是实践的，社会能不断发展，其动力源泉就是生产实践，而交往实践是形成生产实践的决定性因素。从实践层面上看，在思想教育矫治活动过程中，教育主体通过教育活动，提高戒毒人员思想政治素质和文化素养，使他们树立正确的世界观、人生观和价值观，回归社会后能保持操守，不再复吸，过上正常的生活，这是思想教育矫治工作的出发点与最终目的。而要改变戒毒人员的思想观念，树立坚定的信心，则要以主体和客体的实践活动为中介。这种实践活动必须是在科学的理论指导下，通过系列的社会活动或改造活动才能完成，这种科学的理论就是马克思主义人学理论。在人学理论指导下，按照社会治理理论的要求，借鉴马斯洛需要层次理论，大量运用思想政治教育学科的研究成果和研究方法进行实践。在这一实践过程中，思想教育矫治主体对戒毒人员除了组织习艺劳动教育、文化教育外，还需要在管理中加强思想政治教育，充分利用场所条件和社会资源，帮助戒毒人员端正生活态度，转变思想观念，引导其与思想教育矫治主体进行良性互动，使其回归社会后成为对社会负责任的公民。此外，思想教育矫治实践不仅能提高戒毒质量，保持操守率，而且也是丰富和完善我国禁毒与戒毒制度的过程，从这个意义上讲，对戒毒人员的思想教育矫治具有明显的实践意义。

---

① 张耀灿. 矫正理论在思想政治教育活动中的引入与实践：评《服刑人员思想矫正论》[J]. 思想教育研究，2016（6）：121.

第二节　戒毒人员思想教育矫治研究现状分析

“思想教育矫治”这一概念是“思想教育”与“教育矫治”相结合的产物，联结两者的是思想政治教育学的相关理论。目前学术界尚无“思想教育矫治”的提法，但围绕这一概念却有一定的研究成果。由于吸毒会带来严重的经济、社会甚至政治问题，全球主要国家对戒毒人员思想教育矫治方面的研究给予了相当的重视，其中西方的研究起步较早，我国尚在起步阶段。

一、国内研究现状分析

（一）关于吸毒原因研究

关于吸毒原因，目前研究的成果有：好奇心、思想空虚与寻找刺激是主要因素；因本人不知情被欺骗、被引诱及亲友间的相互影响而导致吸毒次之；精神苦闷、情绪低落、解脱苦恼再次之；另外，自信心满满，不相信成瘾后戒不了也是原因之一。高鹏程（2016）在分析吸毒原因时，认为一是父母教育方式不当导致孩子形成不良性格和行为，为孩子偏离正常发展轨道、走上歧途埋下隐患；二是毒品预防教育的空缺和毒品亚文化的影响，让一部分青少年形成了对毒品的偏差认知，产生了对毒品的认同和接纳心理①。刘凤英（2007）把吸毒原因归结为三个方面：社会因素、心理因素和人格因素②。她把社会因素归为第一因素，认为亚文化式的社会环境可以影响青少年吸毒，包括医源性和引诱强迫等两种社会因素，前者是因医疗原因不得不依赖某种药品，后者是受人引诱而被迫吸食某种毒品并成为成瘾者；心理因素是紧跟社会因素的第二因素，出于对毒品的好奇、听信别人鼓吹吸毒后有美妙的快感而去效仿，最终成瘾；人格因素是导致吸毒的第三因素，成瘾者大多具有品行障碍，无法融入主流社会，无法正常适应社会生活而吸食毒品。

（二）戒毒人员思想教育矫治相关理论研究

目前，对戒毒人员思想教育矫治相关的理论研究还在起步阶段，数据也只显示与强制隔离戒毒人员管理教育及矫治的相关理论，对戒毒人员思想政治教育的文献鲜有提及。目前有社区戒毒人员思想政治教育紧迫性分析，如苏朋杰

---

① 高鹏程. 青少年吸毒原因分析及其对毒品预防教育的启示［J］. 科教文汇（上旬刊），2016（11）：132-133，158.

② 刘凤英. 吸毒之“毒”不仅限于毒品［N］. 医药养生保健报，2007-06-25（011）.

等（2014）认为做好社区戒毒人员思想政治教育工作尤为重要，因为他们是“游离于社会之外的群体……又不得不参与到社会中来”①。同时，作者提出加强戒毒人员思想政治教育工作的紧迫性即“构建社会主义和谐社会的需要；落实科学发展观的需要；坚持人的全面发展需要；当前戒毒康复场所社会管理创新的要求；当前国内禁毒防艾严峻形势现状的要求；边疆民族地区健康发展的需要”②。也有人提出了戒毒人员教育功能，如龙桂芳等（2015）提出了“转变认知、矫正行为、获取知识和提高技能”③ 的价值功能，同时，作者对戒毒人员教育矫治原则进行了分述，提出以人为本是基本原则，因人施教是主要方法，综合矫治是内在要求，科学创新是发展动力，开放教育是必然趋势。在构建戒毒人员教育工作体系的实践路径上，作者认为对戒毒人员的教育矫治工作是一个整体，这个整体是由“教育内容、教育方法、教育保障、教育评估构成”的④。施红辉等（2019）提出了戒毒人员教育理论依据包括五个方面：一是可教性思想，他们引用人类学“人的未待定化”理论，即人区别于其他动物的“可教性”特征，其物质基础是人的遗传素质，突出表现是人的自我管理意识；二是主体性观念，即在教育活动中，受教育者并不是消极的、被动的，而是具有主体性，具体说就是具有选择性、主动性和表演性；三是认知理论，认为人的一切认知活动过程就是一个加工信息的过程，以托尔曼的认知目的说、苛勒的学习完形说、布鲁纳的结构主义学习观和奥苏拍尔的认知同化说为代表；四是生活教育理论，即美国实用主义哲学家、教育家约翰·杜威（John Dewey）的实用主义教育思想体系，陶行知的“生活却教育”“社会即学校”“教学做合一”为中心的生活教育理论；五是职业教育理论，作者引用了同族工种基本原理，认为基础职业教育可以促进戒毒人员适应工作并学会相类似的技能⑤。

---

① 苏朋杰，陈晓娇，李应伟. 加强社区戒毒康复人员思想政治教育工作的学理分析［J］. 云南警官学院学报，2014（3）：35.

② 苏朋杰，陈晓娇，李应伟. 加强社区戒毒康复人员思想政治教育工作的学理分析［J］. 云南警官学院学报，2014（3）：36-38.

③ 龙桂芳，符军，郭青. 强制隔离戒毒人员教育工作体系构建的思考［J］. 中国司法，2015（8）：76.

④ 龙桂芳，符军，郭青. 强制隔离戒毒人员教育工作体系构建的思考［J］. 中国司法，2015（8）：77.

⑤ 施红辉，李荣文，蔡燕强. 毒品成瘾矫治概论［M］. 北京：科学出版社，2009：330-337.

此外，王茂松（2010）运用了有关经济学理论[①]；姚军、熊志伟（2015）运用了法学理论，认为典型毒品均不属民事法律关系客体……政府有行使干预染毒者（该不合法）的“支配权”职责，必要时可采用阻却违法事由（违背染毒者意愿）的强制方法对之进行矫治[②]。李勋、符军等引入了循证矫治[③]，这是一个在国外比较流行的医学治疗理论。关于戒毒人员思想教育矫治评估研究，目前数据库里还没有专业的评估文献，与“评估”相关的文章有李振华（2012）的《河南省劳教（戒毒）系统心理矫治工作体系研究》[④]，王勇（2014）的《我国戒毒诊断评估制度研究》[⑤]，张强（2010）的《强制隔离戒毒人员教育矫治质量诊断评估的几点思考》[⑥] 等。

（三）戒毒人员实证调查与思想教育矫治方法、途径研究

关于戒毒人员实证调查的目的，有的是了解戒毒人员对吸食新型毒品问题的相关态度，并就相关管理和矫治提出对策；有的是了解戒毒人员的特点，积极探索符合强制隔离戒毒特点的工作模式与方式方法，同时为戒毒管理工作提供现实依据；有的是了解戒毒人员对教育的真实需求状况，切实提升戒毒场所教育矫治与现实工作的契合度。这些与思想教育有联系，但不是全部。

目前的文献主要集中在集体分析与个案分析两个方面。徐小良（2012）对 200 名强制隔离戒毒人员进行问卷调查，结论是戒毒人员中吸食新型毒品人数比例很高。与吸食传统毒品相比，新型毒品滥用者的年龄较小，对毒品的危害认识不足。建议对吸食新型毒品的戒毒人员集中管理，教育矫治方式应有所创新[⑦]。王成德、莫兴邦（2015）为了解戒毒人员的特点，积极探索符合强制隔离戒毒特点的工作模式与方式方法，同时为戒毒管理工作提供现实依据，对 204 名戒毒人员（男性 103 名）采用自编问卷进行调查，对其中 26 人进行深

---

① 王茂松. 经济学成本理论视角下的强制隔离戒毒工作［J］. 云南警官学院学报，2010（6）：53-56，80.

② 姚军，熊志伟. 生命健康与自由：对染毒者两项基本人权的取向：我国强制隔离戒毒制度正当性的法理学证成［J］. 医学与法学，2015，7（6）：10-16.

③ 循证矫治：针对戒毒人员不同个体的具体问题，寻找并按照现有的最佳证据，结合戒毒人员的不同特点以及他们的不同意愿来实施矫治活动的总称。

④ 李振华. 河南省劳教（戒毒）系统心理矫治工作体系研究［D］. 郑州：河南工业大学，2012.

⑤ 王勇. 我国戒毒诊断评估制度研究［D］. 合肥：安徽大学，2014.

⑥ 张强. 强制隔离戒毒人员教育矫治质量诊断评估的几点思考［J］. 矫治工作研究，2010（4）：18-20.

⑦ 徐小良. 强制隔离戒毒人员吸食新型毒品相关情况调查分析与对策［J］. 中国药物依赖性杂志，2012，21（1）：54-57.

度访谈。结果显示，18 岁之前接触毒品的占 12.7%，初次吸食毒品因为“好奇心”的占 47.1%，复吸的占 77%，心瘾难除者占 65.7%，戒毒人员出所后 1~3 个月复吸人员比例高达 66%，保持操守关键因素中选解决就业、远离毒友和建立良好的家庭关系的占 41.2%。最后提出相应对策：要从源头上防范和遏制毒品问题的滋生；转变戒毒理念，发展矫治能力；强化心理管理，工作突破创新；动员社会力量，加强项目研究；加强帮教，促进场所戒毒人员尽快融入社会①。贾东明、郭崧（2016）为了解戒毒人员对教育的真实需求状况，切实提升戒毒场所教育矫治与现实工作的契合度，对 1 412 名戒毒人员开展了需求式教育问卷调查。作者调查了这些戒毒人员的学历、违法犯罪构成、复吸次数等基本情况以及法制道德、心理健康、禁毒戒毒、康复训练、回归适应教育情况等，提出应科学合理地定位戒毒教育工作；教育模式需切合实际需求，提升教育师资专业化水平；切实提升强制隔离戒毒场所教育水平②。比较有代表性的调研报告是广东省戒毒管理局课题组的《广东省司法行政戒毒场所强制隔离戒毒人员情况调研报告》。2014 年 9—12 月，广东省戒毒管理局组织力量，对 14 997 名戒毒人员进行了一次调查研究，从“成分构成、身体状况、成瘾情况、人格情况、心理特征”五个方面进行调查，掌握了部分戒毒人员的基本情况，分析其构成特征和原因，探索戒毒工作规律，并提出了针对性的对策建议。

此外，还有赵振虎、王春光等（2012）的《强制隔离戒毒人员应对方式特点分析与戒毒矫治对策》，龚晓明、周建辉等（2014）的《四川省男性强制隔离戒毒人员体质调查与分析》，浙江省戒毒管理局课题组的《关于强制隔离戒毒人员回归社会后戒断操守情况的调查报告》等。目前成果性的个案研究文献较少，代表性的有：李国锋（2015）的《对强制隔离戒毒人员个案教育的思考》、王新亮（2014）的《意象对话技术治疗强制隔离戒毒人员抑郁症个案报告》、许书萍（2014）的《强制隔离戒毒的治理理念纠偏及创新——基于社会工作与强制隔离戒毒相融入的视角》以及符军、宋维俏等（2016）的《个案工作在强制隔离戒毒领域的应用研究》。

关于戒毒人员矫治方法与途径问题，南开大学吴成军（2005）博士用文献分析、观察和访谈等方法，提出戒毒社区建设的思路：一要营造良好的物质、社会与文化环境；二要采取以培养戒毒人员优良认知、情感、意志品质为

① 王成德，莫兴邦. 甘肃省 204 例强制隔离戒毒人员调查分析与对策探微［J］. 心理技术与应用，2015（5）：34-38.

② 贾东明，郭崧. 强制隔离戒毒人员教育现状调查［J］. 犯罪与改造研究，2016（6）：41-46.

重点的戒毒方法与技术。作者提出了“戒毒社区”的概念，为改善戒毒效果，机构和自然社区的优势可以相互结合①。此外，还有一些硕士论文，如广西大学黄容的《强制隔离戒毒人员心理特点及对策研究》（2014），河南工业大学李振华的《河南省劳教（戒毒）系统心理矫治工作体系研究》（2012），南京大学张瀚元的《内观小组治疗对改变女性强制戒毒者自我和谐程度的作用探究——以J市女子强制戒毒所为例》（2016），河南大学陈昕的《心理干预对强制隔离戒毒人员心理弹性水平的影响——基于唾液皮质醇的分析》（2014），湖南农业大学段沣凌的《科技教育在农村籍强制隔离戒毒人员矫治中的作用研究》（2012）等。

宋冰、徐定（2011）从专业队伍的角度阐述了强制隔离戒毒的方法，他们认为教育矫治作为流程中重要一环，应根据吸毒者所处不同时期拟定不同的矫治方法，帮助其回归社会。上海市宝山区社会工作者的帮教实例和评估表明：社会工作者的介入可以使强制隔离戒毒、社区戒毒、社区康复三者达到相互衔接的效果。为应对日趋复杂的戒毒矫治工作，提升强制隔离戒毒工作者的专业性素养，应从工作的现实和长远要求、工作内涵与属性等角度构建强制隔离戒毒的标准化队伍。为改善强制隔离戒毒工作效果，取得最大社会效益，应科学控制和降低强制隔离戒毒的成本，统筹安排各项工作②。此外有代表性的还有：孙双华的《试论〈禁毒法〉视野下的教育矫治》，余功才的《强制隔离戒毒中的教育矫治方法研究》，赵振虎、王春光、王晓霞、马振军的《强制隔离戒毒人员应对方式特点分析与戒毒矫治对策》等。

上述文献中，作者们从《中华人民共和国禁毒法》实施以来的现实出发，提出了强制隔离戒毒教育矫治理念、方法，对本书提出戒毒人员思想政治教育矫治策略有一定的指导意义。

（四）戒毒法律制度与管理模式研究

目前与本研究有关联的博士论文有4篇，分别是吉林大学薛风雷的《毒品犯罪侦控若干问题研究》（2012）、大连海事大学邹涛的《毒品犯罪预防体系研究——以国际禁毒公约为借鉴的网格化模型构建》（2012）、吉林大学孔祥鑫的《社区矫正基本问题的法经济学分析》（2015）以及苏州大学雷娟的《强制医疗法律关系研究》（2015）。硕士论文有电子科技大学兰菲菲的《论我国强制隔离戒毒法律制度的完善》（2013）、华南理工大学张志明《新公共管理

① 吴成军. 戒毒社区的理论与方法研究［D］. 天津：南开大学，2005.

② 宋冰，徐定. 强制隔离戒毒工作人员专业化之标准［J］. 上海政法学院学报（法治论丛），2011（1）：103-107.

视角下强制隔离戒毒研究》（2014）、西南政法大学黄李静《强制隔离戒毒所的法律地位研究》（2013）、暨南大学邓玉星《强制隔离戒毒人员的人权保障思考》（2013）、长春理工大学武明《强制隔离戒毒制度研究》（2012）、华东政法大学李洁《我国强制戒毒模式的发展与创新——从劳动教养到强制隔离的转型》（2010）、安徽大学沈晓宇《论我国社区戒毒制度的法律完善》（2014）及华东政法大学叶树伟《强制隔离戒毒制度下警察行政权的重构——以〈禁毒法〉为视角》（2010）等。期刊论文有代表性的有邵玉婷的《强制隔离戒毒人员社会保障权制度的反思与构建——以上海市女强制隔离戒毒所为例》、包涵的《中国强制隔离戒毒的法律定位及制度完善》、浙江省十里坪强制隔离戒毒所课题组的《浙江省强制隔离戒毒场所戒毒人员公共法律服务现状调查与思考》、曾文远的《强制隔离戒毒性质初探》及李昊的《论完善戒毒人员社会救助制度的法律对策》等。

雷娟（2015）博士的论述对本研究有一定的启示。文章在对现有论争与理论依据进行理性批判的基础上，指出强制医疗法律关系的性质，即双阶段复合性法律关系。这一法律关系虽形态各异，凸显的是能够对相对人人身自由进行限制的行政法律关系，诠释着行政抑或民事法律关系的存在，区别于一般诊疗合同，厘清强制医疗法律关系中各方主体的权利与义务，尤其是患者的哪些权利应在这一法律关系中让渡①。

关于戒毒人员管理模式的问题，目前没有相关的博士论文，硕士论文居多。比较有代表性的硕士论文有：沈阳师范大学唐浩的《辽宁省强制隔离戒毒医院戒毒模式研究》（2016）、华东政法大学王畅明的《强制隔离戒毒人员戒毒管理模式之初探——主要以滥用新型毒品人员为例》（2012）、内蒙古农业大学刘星军的《强制隔离戒毒人员管理教育模式研究——以鄂尔多斯市东胜区强制隔离戒毒所为例》（2010）、西南大学胡锦阳《“三期四段”强制隔离戒毒模式探究》（2014）、国防科学技术大学谷湘东的《强制隔离戒毒工作模式的探索与研究——以湖南省某劳教所为例》（2010）、华东政法大学李洁的《我国强制戒毒模式的发展与创新——从劳动教养到强制隔离的转型》（2010）、华东政法大学周臻瑶《“四位一体”戒毒模式下戒毒矫正官制度初探》（2015）、西南政法大学李维《中国大陆戒毒模式的应然走向》（2015）、大连理工大学崔萍《大连市社区戒毒康复开展模式与保障对策研究》（2015）、安徽大学郑小普《安徽“3451”强制隔离戒毒模式研究》（2016）等。期刊论

① 雷娟. 强制医疗法律关系研究 [D]. 苏州：苏州大学，2015.

文主要有：沈皓宇、梁波、李萍、李文辉的《探索强制隔离戒毒场所“所院医疗合作”新模式》，夏静的《湖南省强制隔离戒毒场所医疗戒护模式介绍》，贾东明、郭崧、余志军的《浙江省集中强制隔离戒毒的 HIV 感染者“331”管理模式》，陈小彪的《吸毒人员的社区管控研究：现行吸毒人员管控模式之检讨》，包涵的《“道德模式”与“医疗模式”的交错并行：台湾地区戒毒制度的现状考察与经验借鉴》等。

在戒毒人员矫治模式的研究上，有多种模式的探讨：一是医院戒毒模式。如唐浩（2016）通过对矫治主体、矫治原则、矫治内容、矫治方法的研究，提出医院戒毒模式应该“落实培训，提升专业化水平，加强队伍建设，完善监督机制，为戒毒人员的权益提供保障”①。二是场所戒毒模式。如郑小普（2016）根据安徽省戒毒管理的“三分四期”模式，提出“3451”戒毒模式［“3”即三分管理（分类收治、分别戒治、分级管理）；“4”即四期戒治（急性脱毒期、康复期、巩固期、回归期）；“5”即五大中心（戒毒医疗、诊断评估、体能训练、教育矫治、劳动康复）；“1”即一个延伸（社会延伸）］②，胡锦阳（2014）提出了“三期四段”强制隔离戒毒模式的构建（作者根据当前我国分期型、理念引导型、分合型、精神戒毒型强制隔离戒毒模式的比较分析，得出“分段式”强制隔离戒毒模式符合当前戒毒工作实际和趋势的论点）③。三是社会工作介入模式。如柳阳（2014）认为在戒毒人员入所初期、入所中期和入所后期运用不同的社会工作方法，可以保证戒毒矫治取得良好的效果④。其他模式：为解决强制隔离戒毒面临的新问题，沈皓宇、梁波等（2016）探索强强联合的“所院医疗合作”管理新模式，通过引进社会优质资源，解决场所医疗技术薄弱的问题，增强场所管理水平和安全保障，改善戒毒康复效果，为当前强制隔离场所的安全管理起到积极示范效应，具有实践价值和推广借鉴意义⑤。贾东明、郭崧等（2016）在总结 HIV 戒毒人员管理经验的基础上，充分整合戒毒场所内的各类管理和矫治举措，构建符合浙江特色的“331” HIV 戒毒人员管理模式，即在保证集中收治的 HIV 戒毒人员安全的前提下，有效地开展教育矫治、戒毒诊治、日常医疗工作，维护法律给予这类人

---

① 唐浩. 辽宁省强制隔离戒毒医院戒毒模式研究［D］. 沈阳：沈阳师范大学，2016.

② 郑小普. 安徽“3451”强制隔离戒毒模式研究［D］. 合肥：安徽大学，2016.

③ 胡锦阳. “三期四段”强制隔离戒毒模式探究［D］. 重庆：西南大学，2014.

④ 柳阳. 社工介入强制隔离戒毒中的工作模式探究：以江苏省女子强制隔离戒毒所为例［D］. 南京：南京大学，2014.

⑤ 沈皓宇，梁波，李萍，等. 探索强制隔离戒毒场所“所院医疗合作”新模式［J］. 中国药物滥用防治杂志，2016（3）：158-160，169.

群的尊严和权益，提高其生存、生活质量，同时化解其负性情绪，消除隔阂，强化学习，为有效融入社会打下基础①。包涵（2016）研究了我国台湾地区的《禁烟禁毒治罪条例》《肃清烟毒条例》到《毒品危害防制条例》的演进脉络及后续规范的修订。台湾地区的戒毒策略从着重惩罚的“道德模式”，逐渐转变为将吸毒者归于“病犯”并予以戒瘾治疗的“医疗模式”，总结出“轻重结合”的本土化戒毒制度，反映出我国台湾地区的毒品控制政策强调在保障吸毒者人权的基础上，通过司法裁判的介入等措施，平衡社会管理目标与保障公民权利的正当诉求。这一理念和实践以及在转向过程中的价值取向，值得大陆借鉴②。王畅明（2012）提出强制隔离戒毒人员分类分期戒毒模式的构建原则：一是以人为本，二是以戒毒治疗为核心，三是科学戒毒。在此基础上，他还提出要正确认识滥用新型毒品人员的身份属性，构建统一的强制隔离戒毒分类分期管理模式，构建与戒毒人员分类分期戒毒相适应的诊断评估工作等③。

（五）戒毒人员思想教育矫治有关国际国内会议精神

国际国内对戒毒人员的关注也反映在每年召开的不同类别和不同层次学术会议上，这些会议主要是：防治艾滋病学术会、全国药物依赖性学术会议暨国际精神疾病研讨会、全国体育科学大会、心理学学术会议、精神病学学术会议暨心身医学学术会议等。

现列举近五年的会议主题：

2014 年的主题是循证戒治，有 1 篇会议文章，即赵辉、张卓的《国内外循证戒治的发展及其应用前景》。2015 年的会议主题有体育锻炼、有氧运动、社区资源整合、HIV/AIDS 调查等。如张国礼、徐凯杨、聂晶晶的《体育锻炼对强制隔离戒毒人员生命质量的影响》，朱晓东、李倩影的《有氧运动与团体游戏对男性青少年强制隔离戒毒人员心理健康的影响》，谭军、郑澜、刘铭、鲁春霞的《体育锻炼对强制戒毒人员运动试验中气体交换能力的影响》，李科生、高鹏程的《社区资源整合与戒毒人员社会适应能力的提升——以湖南省戒毒康复所为例》，李靖、张予晋、郑萌等的《湖南省男性吸毒 HIV/AIDS 患者中医证候调查研究》，赵辉、张卓、杨波的《循证戒治对社区戒毒工作的启

① 贾东明，郭崧，余志军. 浙江省集中强制隔离戒毒的 HIV 感染者“331”管理模式［J］. 中国药物滥用防治杂志，2016，22（6）：339-343.

② 包涵.“道德模式”与“医疗模式”的交错并行：台湾地区戒毒制度的现状考察与经验借鉴［J］. 中国刑事法杂志，2016（2）.

③ 王畅明. 强制隔离戒毒人员戒毒管理模式之初探：主要以滥用新型毒品人员为例［D］. 上海：华东政法大学，2012.

示》。2016年的主题有新型合成毒品滥用、引入社会力量等。如张迪然、江文明、吴晓静的《贵阳市新型合成毒品滥用现况调查及相关因素分析》，郁顺洁的《引入社会力量参与提高戒治质量的思考》等。2017年的主题有主体角色、客体生存质量。如张旭、张守臣的《强制隔离戒毒警察角色压力、职业承诺、情绪劳动对心理健康的影响》，孙锋丹、黄雷晶、薛朝霞等的《男性强制戒毒人员生存质量对自杀意念的影响：心理痛楚的中介作用》。2018年的主题有科学戒治、模式探究、心理干预。如王春光的《毒品成瘾科学戒治的"三驾马车"理论》，蔡呈伟的《司法行政强制隔离戒毒的基本模式》王思远、周海波的《精神障碍戒毒人员认知、冲动攻击行为治疗研究与管理策略》，郑琦萱、徐凯杨等的《对强戒人员吸毒背景及抑郁、焦虑水平的调查分析》等。

（六）我国港澳台地区毒品研究

在我国港、澳、台地区，吸毒被称为滥药，在戒毒问题上，港、澳、台地区有不同的做法。

在香港，近年来吸毒人员持续减少，2012年的统计数字显示，被呈报的整体吸毒人数比2011年减少5%，由大约1.2万人减少至1.1万人；首次被呈报的吸毒人数则比2011年减少13%，由3 257人减至2 849人。香港特区政府对毒品的态度是"零容忍"，特区政府通过各种各样的教育和宣传活动"让普罗大众了解吸毒的害处，从而远离毒品"①。特区政府每三年都要制订戒毒和康复的三年计划——《香港戒毒治疗和康复服务三年计划》。在2015—2017的三年计划中，香港政府采取五个策略：一是加强服务，即在吸毒者本人动力、家人的关心与戒除后自新努力的基础上，进一步深化服务，根据趋势，将服务对象分为"在职吸毒者"与"女性吸毒者"，对吸毒者子女也采取保护措施，以防受到影响。二是促进不同服务之间更好地配合，包括社会服务界与医疗界的配合，社区为本与住院式的服务配合，执法机关与社会服务界的配合。三是及早辨识和介入，指政府鼓励业界探讨有效方法及早识别和接触隐蔽吸毒者。四是减少复吸与鼓励戒毒者重投社会。政府鼓励服务提供者以减少复吸为目标，提供训练课程，与企业建立合作关系，为成功戒毒者提供就业机会。五是其他支援措施，如康复服务、教育宣传、对外合作等。

澳门由于地理位置特殊，国际毒品集团的走私活动经常光顾此地，使澳门备受毒品之害。2009年，澳门特区政府启用了"药物滥用者中央登记系统"，

---

① 陈维中. 2015—2017香港戒毒治疗及康复服务的总体方向［C］. 2015全国药物滥用防治研讨会暨第九次内地与港澳地区药物滥用防治研讨会论文集：463-467.

但很难获取吸毒者的真实人数。澳门大学夏一巍博士和助理教授徐天骥（2014）根据这一系统收集到的数据，使用再捕获法进行估计，用 Huggins 模型对捕获的信息进行建模，最终估计澳门吸毒人口为 4 032 人[①]，占澳门人口的 0.7%。毒品类型方面，海洛因和 K 仔居多，21 岁以下青少年以冰毒和 K 仔为主。吸毒者主要选择在自己家、朋友家或酒店等隐蔽地点吸毒[②]。在戒毒矫治方面，陈文诗（2013）提出朋辈影响、家庭关系与相处、环境等是很重要的因素[③]。李丽萍、黄建彤（2015）提出“开展简易身体评估工具和介入方法”，指“透过简易身体检测，提升滥药青少年对个人健康关注。”[④] 谭国辉（2015）提出外展工作模式。所谓外展模式，指针对不愿意主动求助或低动机的服务对象，以小区工作为基础，结合个案、小组工作方法，由社工主动积极对小区中潜在个案提供服务的一种社会工作方法[⑤]。

在台湾地区，戒毒模式主要有医疗模式、宗教民间、矫治、观护更保系统等模式。目前专著有杨士隆、李思贤等的《药物滥用、毒品与防治》。论文有林臻、张潮的《“减压阀”到“朋友圈”：台湾青少年毒品防治的发展与经验》，包涵的《“道德模式”与“医疗模式”的交错并行：台湾地区戒毒制度的现状考察与经验借鉴》，葛双龙的《从台湾地区宗教戒毒模式看我国毒品戒治文化建设》，苏利、陈静的《台湾毒品成瘾强制戒治模式与启示》，蔡奇秀的《影响毒品犯罪率因素之实证研究》，颜良恭、林俊宏的《地方毒品危害防制中心的实际观点的分析》，戴伸峰、曾淑萍、杨士隆的《台湾地区非法药物滥用高危险群青少年对现行毒品防治政策成效及戒毒成功因素評估之实证研究》，刘峻豪的《探讨监狱及戒治所成年男性非法药物再犯行为的相关因素》，张明华的《影响女性施用毒品再犯行为的相关因素之实证研究》，陈敬森的《更生人社会他性之探讨——以台中戒治所更生人为例》等。

林臻、张潮认为，台湾地方政府通过多部门协调分组、鼓励社会参与等方式，针对新型毒品的防治形成了一定的经验。面对这些变化，通过深度访谈，

---

① 夏一巍，徐天骥. 估计澳门滥药人口：再捕获法模型及其应用 [C]. 2015 全国药物滥用防治研讨会暨第九次内地与港澳地区药物滥用防治研讨会论文集：489.

② 澳门特区政府社会工作局防治药物依赖厅. 澳门药物滥用者中央登记系统 2014 年报告书 [R]. 2014.

③ 陈文诗. 澳门 2009—2010 年药物滥用者登记资料的流行病学分析 [D]. 广州：南方医科大学，2013.

④ 李丽萍，黄建彤. 再思有助及早介入滥药青少年辅导工作的方法与推动社区参与实践计划 [C]. 2015 全国药物滥用防治研讨会暨第九次内地与港澳地区药物滥用防治研讨会论文集：501.

⑤ 谭国辉. 澳门青少年戒毒外展工作再思 [C]. 2015 全国药物滥用防治研讨会暨第九次内地与港澳地区药物滥用防治研讨会论文集：516.

研究发现：台湾地区青少年吸食新型毒品的原因以好奇心、减压、扩充交友圈为主，社交需求变得尤为突出。青少年使用者无法戒除毒品的原因主要是使用时的体验以及朋友圈的需求。家人、朋友甚至宗教力量的介入在台湾地区的戒毒行动中发挥了很大作用。因此，青少年毒品防治不仅要宣传毒品的危害性，更需要引入社会力量，加强与家庭、专业社会组织的合作，从心理和发展层面对青少年进行辅导，促进其健康全面发展。包涵认为从《禁烟禁毒治罪条例》《肃清烟毒条例》到《毒品危害防制条例》的演进脉络及后续规范的修订，台湾地区的戒毒策略从着重惩罚的“道德模式”，逐渐转变为将吸毒者归于“病犯”并予以戒瘾治疗的“医疗模式”。以此为基础，台湾地区建立了从观察勒戒、强制戒治到刑事处罚等不同层次和强度的戒毒制度，这一政策转向是伴随着对吸毒行为认识的逐步科学化以及对戒毒措施在执行中呈现状态的理性反思而形成的。从“道德模式”转向“医疗模式”，并总结出“轻重结合”的本土化戒毒制度，反映出台湾地区的毒品控制政策强调在保障吸毒者人权的基础上，通过司法裁判介入等措施，平衡社会管理目标与保障公民权利的正当诉求。

我国港、澳、台地区的研究均立足于当地实际，具有不同地区的特色，对祖国大陆的研究具有一定的借鉴作用。

以上六个方向为国内有关强制隔离戒毒人员的研究范围，如何以思想政治教育相关理论为指导研究强制隔离戒毒人员还相对薄弱。国家倾向于将吸毒人员定性为病人、违法者和受害者。基于此，对戒毒人员的思想政治教育应体现治疗、关爱、强制、管理、教育、安抚等特点。

二、国外研究现状分析

（一）国外研究概况

各国毒品政策与药瘾矫治措施受到社会文化因素、刑事政策理念与毒品问题背景的影响甚深，传统上世界各国皆关注“断绝供给、减少需求”，前者以查缉毒品方式断绝毒品运输与供给，后者以药物矫治减少成瘾者的毒品需求。不过，进入21世纪以来，全球趋势是强力推行减少伤害的理念与做法，并强调健康人权与增进治疗的重要性①。国外对毒品、吸毒问题的研究很活跃，在“Google学术”上输入“drug abuse”可以找到200多万条结果，但都不是本研

① 杨士隆，李思贤，朱日侨，等. 药物滥用、毒品与防治［M］. 台北：五南图书出版有限公司，2013：423.

究的关注点。国内学者对国外吸毒方面的研究涉及不多，主要集中在毒品形势、实证研究、毒品犯罪、禁毒等方面。

欧美国家对毒品的界定分歧较大，Carolyn Baird 认为：根据 2012 年全国药物使用和健康调查的结果，估计有 2 390 万的美国人或者说是 9.2%的 12 岁及以上的人口正在使用非法药物（此数据来自物质滥用精神健康服务管理局的调查结果）。非法药品的类别包括可卡因、玛丽—胡安娜、海洛因、幻觉剂、吸入剂及其他用于非医疗用途的处方药。）

英国国王学院精神疾病研究所成瘾物品高级研究员迈克尔·格索普（Michael Gossop）在他的大受追捧的、在国外六次重印的《"毒品"离你有多远?》中讲述了一个所有人都未曾发觉或者不愿意承认的事实：几乎每个人都在吸毒！"不正常"的人才不"吸毒"，不"吸毒"的人才是少数。他认为：酒是用途最为广泛的一种毒品，连原始人都曾用过，其酿造历史可追溯至史前时期[①]。茶叶、咖啡、可可粉以及巧克力是普通大众的日常消费食品，而以上这些食品其实也属于毒品……因为它们都含有咖啡因和丹宁酸之类的物质[②]。但格索普本人又认为社会环境的影响特别重要，如果单纯地分析毒品或吸毒者而不考虑社会环境就不能全面地理解吸毒现象[③]。

国内学者研究国外的有关文献有袁博、苗翠英、翟博的《国内外毒物、毒品检验现状及发展趋势》；刘伟、雷晓林的《国内外戒毒药物研究现状分析》；张春水、高利生的《国外法庭科学领域毒品分析的现状及进展》；刘建宏主编的《新禁毒全书（第一卷）——全球化视角下的毒品问题》。由于毒品本身不是本研究的内容，这里只梳理相关的文献。

（二）国外研究吸毒及成瘾运用的理论分析

国外研究吸毒及成瘾过程的理论主要有以下几个方面：

一是遗传与表现遗传、成瘾的社会化因素及神经生物学理论。其中前后两者与本研究无关，成瘾的社会化因素与本研究有一定的联系。近期美国联邦政府在一份报告中提出，在获准酒精中毒治疗的患者中，美国原住居民占比例很高，而亚洲移民比例偏低。近年来随着新型毒品的出现与快速蔓延，成瘾物质

---

① 迈克尔·格索普."毒品"离你有多远［M］. 冯君雪，译. 天津：天津人民出版社，2013：11.

② 迈克尔·格索普."毒品"离你有多远［M］. 冯君雪，译. 天津：天津人民出版社，2013：14.

③ 迈克尔·格索普."毒品"离你有多远［M］. 冯君雪，译. 天津：天津人民出版社，2013：48.

使用更趋向于年轻化。肖水源等的《全国五个高发地区非法成瘾物质使用的流行学调查》的结果显示，以20~29岁组一生中曾用率最高。非法使用成瘾物质的男性要多于女性，提示男性是非法使用成瘾物质的危险因素。非法成瘾物质使用者中，以无正当职业者为最高，且多有团伙倾向。这可能与缺乏管理约束而易于放任自流、容易受到社会中各种不良因素的影响有关。

二是“社会控制”理论。这是美国社会学家罗斯在他的《社会控制》一书中提出的，他认为社会控制就是由许多来源于社会力量的控制工具形成的控制体系，从而维持社会秩序的稳定。社会控制又可根据是否使用强制手段而分为强制性社会控制和非强制性社会控制。前者主要包括政权、法律、纪律和政策，而后者则包括习俗、道德、宗教和舆论等。还可按照其他标准分类，如正式和非正式控制、积极和消极控制、外在和内在控制等。社会控制的基本特点：一是集中性和超个人性，即它可以集中反映一定组织的利益和意志，而且在反映组织意志时并非使用个人名义；二是依赖性和互动性，即它必须依赖社会实体并且通过社会行为之间的相互影响才起作用；三是多向性和交叉性，即发射信息的多向性和传递的多媒介性，使社会控制成为多向交叉、多层联结的过程。

三是亚文化群体理论。亚文化也叫集体文化或者副文化，指在主文化背景下的区域文化，在区域文化背景下的集体被称为亚文化群体。吸毒群体正是这样的一种亚文化群体，人们染上毒品，往往是与亚文化群体的交往方式和生活方式分不开的。美国在20世纪60年代有三种类型的亚文化群体：犯罪型、冲突型和逃避型。每种类型的亚文化群体都有自己的特性，如逃避亚文化群又称“逃避现实亚文化”或“麻醉品亚文化”。这种亚文化群体的成员在平时特别是受挫折时，经常吸毒、酗酒，或进行与主流社会文化相违背的亚文化活动，以便在这种“离经叛道”的强烈刺激活动中忘却现实和烦恼，追求片刻的快乐和满足。20世纪70年代初，又有人提出“药物亚文化”的概念。这实际上是一些教唆青少年吸毒的团伙，他们提供最初的成瘾药品，并传播进一步滥用药物的方法和获取途径。很多人都是为了得到同类群体的认同和接纳，以使用药物表示对群体的效忠。这种亚文化群体有着独特的反体制的价值观念和生活模式，以追求享乐、放任自流、摆脱社会责任为主轴。

此外，国外研究毒品还使用其他理论，如失范-压力理论、差异交往理论、标签理论等。这些理论对研究国内的有关毒品研究同样有一定的指导作用。本书在第一章将其纳入社会学理论进行阐述。

（三）全球毒品犯罪

当代全球毒品犯罪发生了深刻的变化，严重破坏了各国的安全形势，极大地影响了人们的生产生活，“四化”是其显著特点。一是毒品犯罪国际化。如今，国际毒品犯罪从生产到消费已经形成“一条龙”的国际化分工体系。当前在五大“毒窟”[①] 为全球毒品市场提供传统毒品的同时，新型毒品异军突起，市场广大；二是毒品犯罪集团化。黑社会组织和其他暴力组织参与毒品犯罪是其显著特征[②]。贩卖毒品的利润极高，远非一般商品所能及[③]。因此，黑社会组织和暴力组织的生存与壮大多与毒品交易有关。三是毒品犯罪武装化。贩毒集团一般都有自己的武装力量，哥伦比亚麦德林集团还有属于自己的军队，这些武装力量专门用来对抗政府和国际社会的打击。四是毒品犯罪手段隐蔽化。为了逃避缉查，贩毒分子想尽办法进行地下交易和毒品运输[④]，给缉查工作带来了相当大的难度。因此，解决毒品犯罪问题，必须要加强国际合作。

（四）国外戒毒模式研究

作为世界性的难题，戒毒模式一直是各国戒毒工作者研究和实践的重点之一。综合起来，各国对戒毒模式的研究主要有“医学治疗模式”“社会学-心理学模式”及“强制戒毒模式”研究三种。

首先是医学治疗模式研究。这类研究涵盖“自然戒断”和“药物戒断”两种方法的研究。自然戒断法被称为“干戒法”或“冷火鸡法”，是指直接强行中断毒品供给，这种模式极其痛苦，但这一戒毒经历对复吸具有相当大的震慑作用。药物戒断法是指为戒毒者提供药物来代替毒品，从而达到缓解痛苦的

---

① 一是东南亚“金三角”地区，生产鸦片并提炼为海洛因，销往美国、欧洲和其他亚洲国家。二是南亚“金新月”地区（毗邻中国西北部边境地区，位于西南亚的阿富汗、巴基斯坦、伊朗三国交界地带，亦称“金半月湾”，由于该地区形状像一轮弯弯的月亮，故称“金新月”），这里的鸦片一般在当地提炼成海洛因，销往欧洲、美国和其他亚洲国家；三是南美洲的“白三角”地区，这里盛产古柯碱，销往美国和欧洲市场；四是非洲的“黑三角”，这是非洲新崛起的一个毒品基地，它的“拳头产品”是大麻；五是以黎巴嫩贝卡谷地为中心的山区，毒品主要贩卖到欧洲。

② 如哥伦比亚的麦德林贩毒集团曾经称霸一方，它由20多个贩毒家族组成，联合进行种植、加工、贩卖毒品的活动。这个组织还用高薪从以色列、南非、法国、英国和美国招聘了大批雇佣军，组成强有力的武装集团，以保护毒品的种植、加工、运输和销售，对抗政府扫毒。其通过贩毒赚了数十亿甚至上百亿美元的财富。这个集团还有专门负责贿赂和暗杀的部门以及专门训练杀手的学校，对于拒不接受贿赂敢于缉毒的人坚决杀掉。该集团后在哥伦比亚政府和国际社会的强力打击下垮台，在其垮台前的十年中，有2万名无辜者在贩毒集团枪口下丧生。

③ 一袋在缅甸仅值170美元的鸦片，在提炼成海洛因后，经加工和稀释，在欧美国家售价可达200万美元。

④ 比如：用玻璃纤维和可卡因膏混合物制造成浴缸，将可卡因、海洛因溶液伪装成香波和威士忌，将毒品装在阴道、直肠、假肢等内。

目的。在学术研究上：一是美沙酮维持治疗法[1]研究。美沙酮维持治疗是一种被国外广泛采用的方法，我国港、澳、台地区也在实行这种方法。二是抗拮疗法研究。也就是使用纳曲酮等麻醉药品进行治疗[2]。三是海洛因处方疗法研究。这是以瑞典、荷兰、德国为代表的一些欧洲国家目前开展的一种具有广泛争议的治疗措施，即政府在固定地点开设诊所，由医师监督指导戒毒人员进行吸食或注射一定量的海洛因，类似于“以毒攻毒”，以达到戒毒的目的。

其次，社会学-心理学戒毒康复模式的研究越来越多。荷兰政府提供给吸毒人员监测点，为戒毒人员提供工作岗位，从而使其有合法稳定的收入，要求相关的警察和医务人员知晓所有吸毒者的基本情况。一些国家主要采取自愿戒毒模式，由各种戒毒社会组织、医疗机构等承担治疗和康复职责，各种社会组织多采用社会学-心理学康复模式。不同国家的社会学-心理学模式侧重点有所不同。根据德国巴伐利亚州成瘾问题研究学会和法兰克福赫尔曼黑塞教育中心提供的资料，德国现有 8 000 万人口中，药品依赖者有 230 万人，其中 60 万人吸食大麻，20 万人滥用可卡因，20 万人滥用海洛因，滥用海洛因者呈下降趋势，滥用可卡因的逐渐上升，滥用冰毒的从 2009 年迅猛增加，毒品滥用的形势也不容乐观。德国戒毒工作的主要做法：一是宽容但不纵容，严厉打击贩毒，积极救助吸毒者；二是约束而不是强制，注重培养戒毒意愿；三是戒毒成效明显但仍有隐忧。因此，德国采用堵疏结合，遏制毒品蔓延；政府主导，减少社会危害；救助服务，帮助戒除毒瘾的模式。

最后是强制戒毒模式研究。所谓强制戒毒，是指将戒毒人员强制安排在封闭戒毒所内，由政府主导进行戒毒，在一定的期限内限制戒毒人员的人身自由。泰国主要采用了这种模式，期限是 0.5 年~3 年。在新加坡，单位责任人就可以决定是否将吸毒者送往治疗中心接受半年的强制性康复治疗。在日本，吸毒就是犯罪，吸毒人员被逮捕后会被送到专业康复治疗机构进行强制戒毒，而康复治疗机构一般设在监狱里。在英国，吸毒者可以选择自愿戒毒，否则就会被拘留。在美国，大部分州的法官会依据吸毒人员的生理、精神等状况，对其进行专业评估后进行判决，吸毒者必须在家戒毒，随时要接受法院的跟踪。

---

① 美沙酮是 1937 年德国化学家最先合成发明、作为止痛药吗啡代替品的一种麻醉性镇痛药，在 20 世纪 50 年代被美国医学专家发现可以阻断大脑阿片受体欣快感，进而在美国推广运用，目前被一些国家的戒毒实践证实是行之有效的一种戒毒模式。

② 纳曲酮是一种非成瘾性的抗鸦片类药物，可以阻断海洛因作用，明显减弱或完全阻断阿片受体，甚至反转由静脉注射海洛因等毒品所产生的作用，且不会产生类精神病反应，可以保持不复吸，巩固戒毒成果。

对于什么情况下才算“戒断”，国外存在争论。一些国家将生理脱毒视为戒断，多数国家将生理与心理脱毒视为戒毒终极。这里要说明的是，强制戒毒与医学戒毒、社会学-心理学戒毒不是截然分开的，多数情况下，三种模式是混合使用的。关于国外戒毒模式，本书在第三章还有具体论述。

三、国内外研究现状对比

目前各类数据库中还没有专门研究国内外戒毒人员思想教育矫治比较的文献。事实上，进行中外思想教育矫治比较研究是很困难的，因为不同国家的毒品政策以及对毒品的“容忍度”有差异，就连美国不同的州也有差别，现仅对上述文献中归纳出的国内外研究现状进行比较。

（一）对“吸毒人员”的界定研究存在差异

源于对毒品的认定不同，管控各异，国内外对吸毒人员的界定是有区别的。联合国相关公约将麻醉品和精神药物按医疗价值、滥用程度和管控程度的不同而将其分为四类，但随着滥用程度的扩大和新型药品的增加，政府管控的药品内容是动态的和随时调整的。在美国，毒品被分为五类：第一类是除科研外不能用于其他的毒品，如海洛因；第二类是极易滥用但可用作医疗的毒品，如鸦片、吗啡等；第三至第五类毒品的依赖程度和管制程度依次降低。

2016 年 4 月，世界毒品问题特别联大在纽约联合国总部开幕，此次会议中通过的最新成果文件为未来打击毒品和犯罪问题提出了多项具体行动建议。然而，面对全球上亿[①]的吸毒者，与会各国针对毒品的界定和毒贩的量刑等方面的意见差异对未来禁毒工作的国际合作带来了挑战。

在我国，什么是吸毒人员，这是由《中华人民共和国禁毒法》来界定的。《中华人民共和国禁毒法》规定吸食鸦片、海洛因、冰毒、吗啡、大麻、可卡因，以及国家规定管制的其他能够使人形成瘾癖的麻醉药品和精神药品的人就是吸毒人员，其他以医疗为目的吸食上述物质的不属于吸毒人员。

（二）研究对象的侧重点存在差异

在研究对象上，我国着重对戒毒人员群体的共性进行研究，对个性研究较少，国外特别是发达国家侧重于对戒毒人员特殊性进行研究，其研究成果也是基于个体研究基础上的。

我国侧重群体共性研究的成果体现在：一是对吸食某种毒品人群共性的研究成果，如《强制隔离戒毒人员吸食新型毒品相关情况调查分析与对策》《阿

---

① 数据来自联合国 2016 年《世界毒品报告》。

片类毒品滥用者中饮酒行为的流行病学调查》《戒毒人员的社会认同状况与心理健康的调查》等；二是某地区的戒毒人员的共性研究成果，如《劳教场所履行强制隔离戒毒职能研究——以上海为例》《社工介入强制隔离戒毒中的工作模式探究——以江苏省女子强制隔离戒毒所为例》等。

国外侧重特殊性研究，有两个被我国研究人员借鉴的戒毒教育矫治模式都是在研究个体基础上创立的：一是由美国著名心理治疗大师萨提亚根据对个体的研究，创建的萨提亚家庭治疗模式。其特点是提高人的自尊、改善沟通，同时帮助个体活得更加人性化。她认为每一个生命都有着独特的成长脉络，无论旧有的成长模式带给个体什么样的经历和感受，都值得尊重，治疗的最终目标是个人达致，实现个人潜能的最大发挥。二是循证治疗模式。该模式诞生于1992年的循证医学，将最好的基础及临床证据应用于临床实践，为病人制订及实施最佳的治疗方案。循证治疗模式对我国戒毒教育矫治有一定的指导作用，但鉴于医学和社会资源的分布不平衡，这种模式对我国戒毒人员思想教育矫治工作的影响有限。

（三）研究所依据的理论基础与现实基础存在差异

在理论基础方面，国内根据研究方向的需要，借鉴有关医学、社会学、心理学理论（这些理论基本出自西方）进行研究，但在戒毒人员思想教育矫治这个问题上，我国以马克思主义人学理论为主，适当借助一些西方观点。

西方发达国家也是根据自身的研究方向，以遗传与表现遗传—成瘾的社会化因素及神经生物学理论、“社会控制”理论、亚文化群体理论、失范-压力理论、差异交往理论以及标签理论等为基础，还不时创造出一些新的理论模式，如上文提到的萨提亚家庭治疗模式与循证治疗模式。

中外研究方面存在差异的原因：一是毒品泛滥的时间不同。国外要早于我国，使我国的研究整体晚于国外，一些教育矫治模式要借助西方既有的成果。二是对毒品违法犯罪处理的法律法规存在差异，对吸毒人员的“容忍”度不同，矫治措施也各异。三是人口基数不同而产生的差异使我国管理国家和社会的措施不能照搬国外模式。

第三节　研究思路、方法与创新点

一、研究思路

研究戒毒人员思想教育矫治，目的就是促进戒毒人员身心戒毒，而身心戒毒是一个从生理戒毒到心理戒毒的过程，其中生理戒毒是前提和基础，心理戒毒是目标和落脚点，而思想教育矫治工作则是实现生理戒毒到心理戒毒的桥梁。围绕这一着眼点，除导论和结语外，全书分为八章。

第一章为戒毒人员思想教育矫治的研究基础。本章回答戒毒人员思想教育矫治的基本问题。首先是问题从何而来，即有吸毒的产生才有戒毒的存在，而研究戒毒人员思想教育矫治工作必然面临的基本问题就是范畴问题，因此要阐述从起点到终点的一系列基本范畴，这个过程中，要对戒毒人员的内涵和外延进行界定。在这一章中，基本范畴有五个：起点范畴（吸毒与戒毒）、中心范畴（矫治主体与矫治客体）、中介范畴（管理与教育、内容与方法）、成果范畴（内化与外化）、终点范畴（出所①与融入社会）。

第二章为戒毒人员思想教育矫治的基本范畴。本章论述解决戒毒人员思想教育矫治问题的依据，即理论基础和现实基础。从实践中归纳出的理论是指导社会实践的强有力武器，对戒毒人员思想教育矫治来说，更不能离开理论指导、理论依托、理论应用、理论借鉴和理论参考几方面。在现实性上，从国家治理体系和治理能力现代化、体现思想教育矫治效益、尊重戒毒人员基本权利三方面阐述本研究的现实基础。

第三章为戒毒人员思想教育矫治的历史与现实。本章从西方国家戒毒人员思想教育矫治的历史变迁，到我国戒毒人员思想教育矫治的渊源和发展概况都进行了阐述。

第四章为戒毒人员思想教育矫治的性质、特征和功能。本章主要归纳了戒毒人员思想教育矫治的性质、特征和功能。其性质体现了思想性与政治性、自愿性与强制性、基础性与创新性。其特征表现为“三个过程”：一是思想教育矫治是戒毒人员从生理戒毒到心理戒毒的过程，二是思想教育矫治是戒毒人员人性复归的过程，三是思想教育矫治是戒毒人员重塑“三观”的过程。其功能表现为一般功能和特殊功能。

---

① 出所，即“出戒毒所”，全书同。

第五章为戒毒人员思想教育矫治原则。本章重点分析国家规定的对戒毒人员的教育矫治五大原则，即“以人为本、因人施教、综合矫治、面向社会和科学创新”。

第六章为戒毒人员思想教育矫治的运行环节和机制。戒毒人员思想教育矫治是一个生理和心理的脱毒、思想观念的转变、道德的内化过程，这一过程是在一定的原则框架下，由主体通过一定的途径，采取一定的方法来完成的，从而形成相对固定的思想教育矫治运行环节与运行机制。在具体的实践过程中，戒毒人员从被动接受到主动转化，需要在各个环节中体现出主体与客体的良性互动，从而体现整个过程的动态性、发展性、连续性特点。思想教育矫治的结果需要多种相互联系的机制共同作用，体现的是多种机制的合力效应。

第七章为影响戒毒人员思想教育矫治的因素及原因分析。思想教育矫治实质上是一个由教育主体实施的对戒毒人员的外在规制到内在约束的转化过程，这个转化过程并不是一帆风顺的，在实际工作中它会受到诸多因素的羁绊。多种因素相互影响、相互叠加，共同作用于思想教育矫治活动的整个过程。在现阶段，有四类因素在起作用：一是思想观念，包括消极社会思潮和大众歧视观念；二是主客体基本素质；三是既有的内容与方法；四是矫治环境，包括社会环境和精神环境两大类。而分析上述因素对思想教育矫治活动的影响则为下一步提出对策提供了依据。

第八章为完善戒毒人员思想教育矫治的对策分析。根据当前我国戒毒人员教育矫治的现状，结合近几年来特别是相关法律法规颁布实施后的理论研究成果，从思想政治教育学科的角度提出了完善戒毒人员思想教育矫治的对策：一是转变观念，发挥思想政治教育优势，从肃清当代消极社会思潮到转变对主、客体的认识观念来分析；二是提高素质，促进主客体的良性互动；三是夯实内容，把握方法，提高思想教育矫治质量；四是优化环境，即优化有利于戒毒人员思想教育矫治的社会环境与精神环境等。

整个框架的研究思路较为清晰，从范畴、时间和空间都体现了思想政治教育的学科特点，环环相扣，构成一个对戒毒人员思想教育矫治的从逻辑起点到逻辑终点的全部过程。

二、研究方法

本书以马克思主义唯物史观为指导，遵循思想政治教育研究方法，将其贯穿于全书始终，注重运用多学科知识进行交叉研究，与其他学科融会贯通，相互借鉴。同时，以马克思主义基本立场为价值指向，提出戒毒人员思想教育矫治的价值目标、主要内容等，探讨中国特色的戒毒人员思想教育矫治基本路径。还要采用比较研究的方法，以我国戒毒人员思想教育矫治工作的历史演变及国外经验作为基本线索，在借鉴、传承和批判的基础上，得出戒毒人员思想教育矫治的相应结论。在这一方法论的指导下，主要采用以下几种具体的研究方法。

一是调查访谈法。通过深入戒毒机关、社区了解戒毒人员教育矫治所取得的成绩和存在的问题，确定了第四章和第五章的写作基础。同时，通过与部分戒毒人员进行访谈，零距离了解戒毒人员的生活和想法，为本研究提出正确认识思想教育矫治客体、摒弃社会歧视观点的对策奠定了现实基础。

二是文献分析法。通过对文献的搜集、整理、归纳，了解学术界的研究动向，从而确定本书的逻辑起点、研究重点和逻辑终点。本书在梳理戒毒人员思想教育矫治概念、历史沿革、功能、性质、特点、理论依据和现实依据的过程中主要采用了此方法。

三是比较分析法。通过对不同所有制国家对戒毒人员教育矫治的差异比较及对我国不同历史阶段思想教育矫治的发展状况的比较分析，找到适合具有中国特色的戒毒人员思想教育矫治之路。

四是定性与定量分析法。对戒毒人员这一特殊研究对象进行“质”的分析，运用归纳和演绎、分析与综合及抽象与概括等方法，对既有的材料进行思维加工，由表及里，达到认识本质和规律的目的。在这个基础上，要更加科学地把握戒毒人员思想教育矫治本质，厘清相关范畴的关系，预测未来戒毒人员教育矫治工作的发展趋势。在定性研究的基础上对研究对象的认识进一步精确化。

五是交叉研究法。在思想教育矫治研究过程中，要充分运用法学、社会学、教育学、管理学和心理学等多学科的理论、方法和成果从整体上对本问题进行综合研究。在高度分化中又高度综合，形成戒毒人员思想教育矫治这个独特研究的统一整体。

六是观念与制度相结合研究方法。对戒毒人员的基本认知不仅是现实的产物，更是观念的产物，因此它是一个历史的范畴，与特定的历史时间和空间紧密相联。因此，本书从观念和制度的纵深来考察戒毒人员思想教育矫治工作，结合现有的文化和制度来考察戒毒人员的特征，为戒毒人员思想教育矫治制度的建构提供合理的依据。

三、创新点

本书围绕“思想教育矫治工作是实现生理戒毒到心理戒毒的桥梁”进行

研究，其创新点体现在：

其一，将思想政治教育理论运用到戒毒人员教育矫治工作，使理论回归实践。从思想政治教育学科角度出发，提炼戒毒人员思想教育矫治的功能、性质和特征，为后面提出坚定地走中国特色思想教育矫治之路打下现实基础。

其二，归纳总结了戒毒人员思想教育矫治过程。戒毒人员教育矫治原则是司法部在《强制隔离戒毒人员教育矫治纲要》中规定的，在这个原则框架下要确定戒毒人员思想教育矫治过程，这个过程需要在一定环节和机制的保障下，用一定的方法保证教育内容的实现。

其三，归纳出戒毒人员思想教育矫治过程中的矛盾，包括基本矛盾和具体矛盾。基本矛盾有三对：一是思想教育矫治主体的要求和戒毒人员实际认知水平之间的矛盾；二是戒毒人员自身戒毒意愿与身心对毒品依赖之间的矛盾；三是戒毒人员回归社会的愿望与社会接纳度之间的矛盾。具体矛盾也有三对：一是新型合成毒品的泛滥造成的低戒断率、高复吸率与矫治措施滞后的矛盾；二是戒毒人员的结构性变化与思想教育矫治主体知识结构更新的矛盾；三是戒毒人员数量增加与戒毒场所不足、设备设施缺乏的矛盾。

其四，揭示了对戒毒人员思想教育矫治的一般规律和特殊规律："思想认识发展和道德水准提高的规律"和"服从和服务于国家戒毒工作方针政策的规律"是一般规律。在一般规律基础上分析了特殊规律，即主动性与被动性相统一的规律；吸毒与戒毒相互转化的规律；思想教育矫治主、客体互动规律；管理与教育、内容与方法相结合的规律；内化与外化相统一的规律。

其五，如何在思想政治教育视域中完善戒毒人员思想教育矫治的对策分析，这是本书的另一个创新之处。包括：如何发挥思想政治教育优势，转变矫治主体观念；如何提高主客体素质，促进主客体的良性互动；如何夯实内容，把握方法，提高思想教育矫治质量；如何拓展范畴，营造思想政治教育环境。这些都需要在写作过程中不断创新。

在我国，对戒毒人员进行思想教育矫治的研究尚在起步阶段，本章为全书的研究拉开帷幕，首先提出戒毒人员思想教育矫治的研究背景和意义，包括现实和理论的意义；其次对国内外戒毒人员思想教育矫治的研究现状进梳理并加以对比；最后，提出研究思路、方法与创新点，为全书的研究规定了范围与框架。

第一章　戒毒人员思想教育矫治的研究基础

研究戒毒人员思想教育矫治的基础比较丰富，本章只讨论与本书主题相关的理论基础与现实基础。

第一节　戒毒人员思想教育矫治的理论基础

马克思指出：“理论一经掌握群众，也会变成物质力量。理论只要说服人，就能掌握群众；而理论只要彻底，就能说服人。所谓彻底，就是抓住事物的根本。”① 可见，对戒毒人员思想教育矫治的实践离不开相应的理论基础，否则，我们就不能“说服人”，就不能“掌握群众”，更不能将理论“变成物质力量”。这些理论涉及哲学、思想政治教育学、社会学、心理学和管理学等众多学科。综合起来，戒毒人员思想教育矫治的理论基础有马克思主义人学理论、思想政治教育学理论、社会治理理论、社会工作基本理论及马斯洛的需要层次理论。

一、理论指导——马克思主义人学理论

马克思主义人学理论是马克思主义的有机组成部分，它是研究人的存在、人的本质和人的发展一般规律的科学。它研究的根本问题是人与自然、人与社会、人与人、人与精神等几层关系。它的宗旨是通过人类的社会实践正确而有效地运用和处理这几层关系，促进人类社会的整体发展，实现全人类的自由与解放。

---

① 马克思，恩格斯. 马克思恩格斯选集：第一卷［M］. 中共中央马克思恩格斯列宁斯大林著作编译局，编译. 北京：人民出版社，2012：9.

（一）马克思主义人学理论的来源

人学问题实质上是一个内涵丰富的哲学问题，东西方的先哲们对人的问题都进行过探讨。马克思和恩格斯在总结前人有关研究的理论基础上，对人的问题进行了全面而深入的理解。其理论来源不仅继承了古希腊传统的人的理性观点，而且也吸收了自然主义、感性主义的观点。

1. 古希腊人学思想是西方人学研究的开端

古希腊哲学家们把人作为研究对象和出发点，他们从人的需要出发，关注人的需求和利益，极大地影响了未来西方人学思想的发展。“在这个时期，哲人们先后探讨了自然主义、理性主义、人的自由等问题，这对于后来人学的研究有着最重要的指导意义。”① 古希腊哲学家泰勒斯认为水是万物的本源，人也是万物之一，说明人是由水组成的。这种人学理论带有自然主义色彩，对费尔巴哈关于人的本质的认识产生了一定的影响。哲学家普罗泰戈拉提出了“人是万物的尺度”的思想，可以理解为“以人为本”的理论雏形。苏格拉底将哲学引入对人的研究上，认为研究人比研究物更有意义。亚里士多德认为“人是天生的政治动物”，深深地影响了后来的西方哲学，同时对马克思人学理论提供了丰富的资源。

2. 德国古典哲学中的人学思想

马克思主义人学理论寓于其哲学体系中，德国古典哲学中的唯物主义和辩证法特别是黑格尔的辩证法和费尔巴哈的唯物主义更是马克思主义哲学的来源。康德提出了“人为自然立法”的观点，贯穿了德国古典哲学的始终。在他之后，黑格尔将人抽象为“自我意识”的存在，费尔巴哈的“人本主义”哲学则把人抽象为一个脱离了社会的自然人、宗教人和道德人。两者的感性主义和理性主义为马克思主义人学奠定了重要基础。

3. 英国古典政治经济学中的人学思想

英国哲学家和经济学家配第创立古典政治经济学后，李嘉图将其推向了顶点。后来亚当·斯密提出“自爱”和“仁爱”是人的情感的两种基本元素，其中前者利己，为“经济人”，后者利他，为“道德人”。受阶级和时代的局限，英国古典政治经济学存在一定的缺陷，它们不能揭示剩余价值的本质，同时认为经济学的研究对象是财富而非生产关系。但其提出的人学观点被马克思主义吸收，如劳动时间决定商品价值的观点，奠定了劳动价值论的基础，充实了马克思主义政治经济学理论。

---

① 董晓飞. 马克思主义人学理论探微［J］. 中共四川省委党校学报，2012（3）：20.

4. 空想社会主义中的人学思想

以圣西门、傅立叶、欧文为代表的空想社会主义者的人学思想也为马克思人学理论提供了重要来源，特别是在关于人的全面发展的问题上，圣西门认为文艺复兴时期的人“是自古以来首次出现的全面发展的人”①。傅立叶认为在理想社会中“协作教育可以促使人类实现体力与智力的全面发展”②。欧文提出未来社会会在儿童出生以后就在“适当的条件之下来培养德、智、体、行方面的品质，每一个人都会被教育成全面发展的人”③。这些思想对马克思关于人的全面发展理论产生了直接的影响。

先哲们传统的人学思想为我们研究人打下了认识基础，但同时也存在着缺陷，虽然传统人学思想割裂了感性主义与理性主义的辩证统一，也忽视了人的现实性和实践性的统一，但是却为马克思主义人学理论的产生提供了认识和实践基础。

（二）马克思主义人学理论的内容

虽然马克思没有明确将他的某一门学说定义为“人学”，但是马克思主义哲学、政治经济学和科学社会主义三大学说却包含着丰富的人学内容。马克思主义经典作家们还丰富和完善了马克思主义人学理论。概括起来，马克思主义人学理论包含了人的起源与需要、人的本质与价值、人的自由与未来。

1. 人的起源与需要是逻辑起点

人类从哪里来，将要到哪里去，这是很多哲学家非常关注的问题。马克思主义认为劳动将人从动物中分离出来，人类从此就离不开生产生活，“而生产生活就是类生活。这是产生生命的生活”④。这里所说的生产生活实质上就是劳动。“整个所谓世界历史不外是人通过人的劳动而诞生的过程”⑤“全部人的活动迄今为止都是劳动”⑥。劳动既是生产活动，又是实践活动，它既满足了人的基本需要，又是满足人类更高级别需要的手段。劳动在马克思主义科学体系中处于重要地位，如何认识和对待劳动，这涉及世界观和方法论问题。马克

---

① 圣西门. 圣西门选集：第 2 卷［M］. 董果良，译. 北京：商务印书馆，1985：265.

② 傅立叶. 傅立叶选集：第 3 卷［M］. 汪耀三，等译. 北京：商务印书馆，1982：217.

③ 欧文. 欧文选集：第 2 卷［M］. 柯象峰，等译. 北京：商务印书馆，1997：135.

④ 马克思，恩格斯. 马克思恩格斯选集第一卷［M］. 中共中央马克思恩格斯列宁斯大林著作编译局，编译. 北京：人民出版社，2012：56.

⑤ 马克思，恩格斯. 马克思恩格斯文集：第一卷［M］. 中共中央马克思恩格斯列宁斯大林著作编译局，编译. 北京：人民出版社，2009：196.

⑥ 马克思，恩格斯. 马克思恩格斯文集：第一卷［M］. 中共中央马克思恩格斯列宁斯大林著作编译局，编译. 北京：人民出版社，2009：192.

思主义是通过运用劳动的观点来认识世界、认识人类、认识历史的。马克思、恩格斯还认为，需要是人的本性，因为“人们为了能够‘创造历史’，必须能够生活。但是为了生活，首先就需要吃喝住穿以及其他一些东西。因此第一个历史活动就是生产满足这些需要的资料，即生产物质生活本身”①。由于人们正是为了满足自身需要才去进行各种各样的认识和实践活动。因此，人类社会一切成果的获得和一切矛盾的产生都是源自人基于需要而进行的实践活动。马克思主义不仅主张实践是认识的基础，而且强调实践在认识和改造世界中的作用，强调人与环境的辩证统一。由于实践的观点是马克思主义首要的根本的观点，因此马克思主义哲学被称为“实践的唯物主义”。

2. 人的本质与价值是实质和核心

人的本质是人区别于其他动物的最根本属性，马克思认为人和动物的本质区别不仅在于人能够进行物质生产，更重要的是人能在物质生产过程中能动地改造世界，因此“人的本质不是单个人所固有的抽象物，在其现实性上，它是一切社会关系的总和”②。人的本质不是抽象和固定不变的，而是具体的和时常变化的，人的本质在于社会性，是以生产关系为基础的多种社会关系的总和，这一论断是对之前人本主义思想中将人的本质归结为“单个人所固有的抽象物”的根本扭转。只有正确理解了人的本质之后才能正确理解人的价值，因为“‘价值’这个普遍的概念是从人们对待满足他们需要的外界物的关系中产生的”③。因此人的价值体现为自我价值和社会价值，其主体和客体可以是单个人，也可以是群体人，按此划分可以分为个人价值和群体价值，群体价值又可扩展至整个人类的共同价值，“人类命运共同体”正是基于实现人类的共同价值而提出的。

3. 人的自由与未来是落脚点和归宿

马克思、恩格斯认为“全部人类历史的第一个前提无疑是有生命的个人的存在”④。人类未来“将是这样一个联合体，在那里，每个人的自由发展是

---

① 马克思，恩格斯. 马克思恩格斯选集：第一卷［M］. 中共中央马克思恩格斯列宁斯大林著作编译局，编译. 北京：人民出版社，2012：158.

② 马克思，恩格斯. 马克思恩格斯选集：第一卷［M］. 中共中央马克思恩格斯列宁斯大林著作编译局，编译. 北京：人民出版社，2012：135.

③ 马克思，恩格斯. 马克思恩格斯全集：第十九卷［M］. 中共中央马克思恩格斯列宁斯大林著作编译局，编译. 北京：人民出版社，1963：406.

④ 马克思，恩格斯. 马克思恩格斯选集：第一卷［M］. 中共中央马克思恩格斯列宁斯大林著作编译局，编译. 北京：人民出版社，2012：146.

一切人的自由发展的条件”①。因此，人的自由依赖于集体，个人的发展是社会发展的前提，人的自由是个体与集体的统一。而人的最终解放和自由只能靠人的发展才能解决，由此马克思提出了人的自由全面发展思想。人的自由全面发展是指人的最根本属性即人的本质的发展，是人的本质的全面丰富和展示，这就是马克思主义人学理论要达到的最高目标，也是人类发展的归宿。

马克思主义人学理论是在吸取了前人研究成果基础上创立的，其全部内容寓于马克思主义理论的三大组成部分之中，又经过后来经典作家的丰富和发展，是我们研究当代社会生活方方面面的理论指导。我们要研究和把握戒毒人员这样的特殊人群的特征、变化，离不开马克思主义人学理论的指导。

（三）人学理论对戒毒人员思想教育矫治的指导

马克思主义人学理论具有非常丰富的内涵，戒毒人员思想教育矫治的主、客体都是人，因此，思想教育矫治工作离不开马克思主义人学理论的指导。

1. 思想教育矫治工作要引导戒毒人员对人性标准进行再认识

人性的善恶标准，从古至今一直存在着争论，但现实中人的本性是丰富多样的，可以是“善”的成分多一些，也可以是“恶”的成分多一些，纯粹善良或纯粹邪恶的人是没有的，人性是善和恶的有机统一，是不断发展变化的，是“一切社会关系的总和”。在戒毒人员思想教育矫治过程中，性善与性恶的不同价值取向，往往会决定思想教育矫治工作的方向。如果在这里单独讨论人性的善恶标准，其意义并不大，只有将人性善恶与具体的戒毒人员群体结合起来，与思想教育矫治联系起来才具有实际意义。戒毒人员不管出于什么原因染上毒瘾，从他们的实际情况来看，人性善恶论都能为戒毒人员思想教育矫治提供具有实际意义的价值借鉴。性善论可以尽可能地挖掘戒毒人员人性光辉的一面，扩大管理教育成果，性恶论提醒矫治主体要认识到对戒毒人员思想教育矫治工作的困难，把困难看得多一点，做耐心细致的思想引导，让戒毒人员彻底明白吸毒不仅违法，而且对家庭和社会造成的负面影响是巨大的，特别是对自己亲人的伤害是难以弥补的，等等。只要戒毒人员能够认识到这一点，我们的思想教育矫治工作就能取得较好的效果。

2. 对戒毒人员的思想教育矫治要着眼于人的价值引导

从个人价值角度来看，人作为价值主体，需要通过自身努力使价值客体对其产生积极作用来满足自己的需要。在主体各方面的需要得到满足的前提下才

① 马克思，恩格斯. 马克思恩格斯选集：第四卷［M］. 中共中央马克思恩格斯列宁斯大林著作编译局，编译. 北京：人民出版社，2012：647.

能更好地融入社会，为社会发展做出自己的贡献，实现自身价值。每个人要创造价值，就必须具备一定的创造价值的能力，这就要求人的能力必须得到全面发展。戒毒人员虽然曾经毒瘾缠身，但在我国未来社会生产力高度发达的情况下，通过人们的生产劳动，社会将给每个人提供全面发展和表现自己全部能力的机会。矫治主体要通过思想政治教育实践活动，让戒毒人员明确中国社会的和平稳定发展，一定会让每个人的能力得到充分发挥，从而端正自己的戒毒观念，增强戒毒信心，为实现自身的价值扫清一切障碍。

3. 对戒毒人员的思想教育矫治要充分发挥戒毒人员个体的主观能动性

对戒毒人员思想教育矫治是个相对长期的过程，马克思主义人学理论强调人的自由全面发展，发挥人的主观能动性，以辩证唯物主义的世界观和方法论为指导，这为戒毒人员思想教育矫治工作提供了指导思想和方法指引。因此，矫治主体进行思想教育矫治工作时必须遵循客观规律，不能操之过急，要从不同类别戒毒人员的具体情况出发来制订思想教育矫治计划，以避免将思想教育矫治活动变成脱离客观实际的空洞说教，要充分发挥戒毒人员的主观能动性，使戒毒教育的理念真正入脑入心。只有这样，戒毒人员才能真正从内心接受管理教育，接受思想教育矫治活动。

总之，马克思主义人学理论是对戒毒人员进行思想教育矫治工作首要的基本的理论指导。在思想教育矫治这一社会实践过程中，矫治主体一定要遵循马克思主义的立场、观点和方法，坚持唯物论与辩证法，坚信社会发展方向不动摇，积极应对实践活动中出现的各种困难，不抛弃对这一特殊群体的思想改造，使戒毒人员能够看到自己光明的曙光，最终成为对社会有益的，至少是无害的公民。

二、理论运用——思想政治教育学基本理论

思想政治教育学基本理论研究包括基础理论、基本问题、核心范畴、基本精神、基本特征、基本方法、历史、范式、经典、方法论等。为戒毒人员思想教育矫治奠基的理论有基本问题、核心范畴、基本特征、基本方法和范式。

（一）戒毒人员思想教育矫治的基本问题

戒毒人员思想矫治的基本问题包括两个，一是戒毒人员思想教育矫治的概念，二是戒毒人员思想教育矫治的基本矛盾。

1. 戒毒人员思想教育矫治的概念

什么是戒毒人员思想教育矫治？这是一个由四个概念组成的复合体：戒毒人员、思想、教育、矫治。“戒毒人员”是指因吸毒成瘾而主动或被动戒除毒

瘾的人。“思想”是客观事物反映在人的意识中经过思维加工而产生的结果，是人类一切行为的基础。不同的人，其思维加工是不同的，产生的结果也各异，因此思想是异质的。凡是增进人们的知识技能、影响人们的思想品德的活动就是“教育”，教育是一个动态的过程，因此，教育永远在路上。“矫治”本意是“把生理缺陷通过医治矫正过来”，在此语境中是指通过管理的、医学的和教育的方式戒除吸毒人员毒瘾的过程。把“思想”与“教育”合并起来，我们可以说，思想教育是指教育主体通过教育活动，对人们的思想、观点产生影响，并形成正确世界观、人生观的教育。把“教育”与“矫治”连在一起，我们可以说，教育矫治是指教育主体通过科学的教育活动，运用管理的、医学的、心理的基本知识对戒毒人员施加影响，使其戒除毒瘾的社会实践活动。思想教育矫治工作能否顺利进行，离不开我党的法宝与生命线——思想政治教育。

根据上述分析，结合思想政治教育学的学科特点，我们认为，戒毒人员思想教育矫治是指思想教育矫治主体遵循思想政治教育的基本规律，运用思想政治教育方法，对戒毒人员进行思想教育与教育矫治并使其回归社会正常生活的社会实践活动。

2. 戒毒人员思想教育矫治的基本矛盾

戒毒人员思想教育矫治的基本矛盾至少有三对：一是思想教育矫治主体的要求和戒毒人员实际认知水平之间的矛盾；二是戒毒人员自身戒毒意愿与身心对毒品依赖之间的矛盾；三是戒毒人员回归社会的愿望与社会接纳度之间的矛盾。

通过基本矛盾，我们可以推衍出三对具体矛盾：一是新型合成毒品的泛滥造成的低戒断率、高复吸率与矫治措施滞后的矛盾；二是戒毒人员的结构性变化与思想教育矫治主体知识结构更新的矛盾；三是戒毒人员数量增加与戒毒场所不足、设备设施缺乏的矛盾。

思想教育矫治工作就是围绕解决这些矛盾来制定管理措施和确定内容，进行队伍建设和设计工作方法。本书将在后面的论述中对具体矛盾进行分析。

（二）戒毒人员思想教育矫治的基本特征

我们根据戒毒人员思想教育矫治的基本矛盾，可以提炼出戒毒人员思想政治教育矫治的基本特征，包括三个方面：一是思想教育矫治是戒毒人员从生理戒毒到心理戒毒的过程；二是思想教育矫治是戒毒人员重塑“三观”的过程；三是思想教育矫治是戒毒人员人性复归的社会实践活动。

关于基本特征的问题，本书后面的章节有专门论述。

（三）戒毒人员思想教育矫治的基本方法

司法部《强制隔离戒毒人员教育矫治纲要》提出了教育矫治方法：一是发挥课堂教学功效，包括完善教材体系、规范课堂教学、改善教学方法；二是提高个案化教育水平，包括制订个案化教育矫治方案、突出个别谈话方式；三是突出心理咨询的特殊作用，包括广泛进行心理测评、定期举办心理咨询服务、及时进行心理危机干预；四是发挥场所文化建设的教育矫治功能，包括培育场所戒毒文化环境、构筑场所戒毒文化阵地、创新场所戒毒文化活动形式、打造场所戒毒文化精品；五是实现教育矫治工作的社会化，包括发挥社会资源在教育矫治工作中的重要作用、搭建社会帮教平台、开展后续帮扶等。事实上，上述五个方面既是方法，又是途径。近几年来在实际的工作实践中，社会工作方法已被引入戒毒人员的思想教育矫治中，起到了一定的作用。

（四）戒毒人员思想教育矫治的范式

"范式"一词是由美国人托马斯·库恩在《科学革命的结构》（1962）中提出的："一个范式就是一个公认的模型或模式（pattern），在这一意义上，在我找不出更好的词汇的情况下，使用'paradigm'（范式）一词似颇合适。"① 几年之后，库恩在《再论范式》一文中，用"科学共同体"一词又重新对"范式"进行了定义和解释。他给出了"范式"的确切定义："范式"一词具有2种不同意义的使用方式。一方面，它代表着一个特定共同体的成员所共有的信念、价值、技术等等构成的整体；另一方面，它指谓着那个整体的一种元素，即具体的谜题解答：把它们当作模型和范例，可以取代明确的规则以作为常规科学中其他谜题解答的基础②。通过库恩对范式的多次解释，我们可以大体认为范式就是一个共同体，是某一特定历史时期内被绝大多数成员所广泛承认和接受的共同体的发展方向、处事规则，以及共同体内出现的问题，处理问题的方法、手段、过程和标准等。由此，我们认为合理性是相对于范式而言的，从共同体以外看到的明显谬误，却在共同体内部是合理和广泛认同的。通过对范式的理解，我们可以认为戒毒人员思想教育矫治的范式就相当于模式（关于我国戒毒人员思想教育矫治模式，本书在后面有论述）。我国戒毒人员思想教育矫治模式可能会被"外人"说三道四，但只要我们从内部看是合情合理的，并且是非常适合我国国情的，就要坚持。这就要求我们坚持用马克思主义理论来指导戒毒教育矫治实践，立足实际，坚定地走中国特色的教育矫治之路。

---

① 库恩. 科学革命的结构［M］. 金吾伦，等译. 北京：北京大学出版社，2003：21.

② 库恩. 科学革命的结构［M］. 金吾伦，等译. 北京：北京大学出版社，2003：157.

立足思想政治教育学基本理论，做好戒毒人员思想教育矫治工作在我国还在进一步探索之中，这个过程可能会承受范式的形成与转换的压力，为此，我们要做好充分的思想准备。

三、理论依托 ——社会治理理论

继1964年年底周恩来总理在第三届全国人民代表大会第一次会议提出工业、农业、国防和科学技术现代化这“四个现代化”之后，习近平总书记在党的十八届三中全会将全面深化改革总目标设定为“推进国家治理体系和治理能力现代化”，被外媒称为“第五个现代化”。

作为中央全面深化改革的重要举措之一，“加强和创新社会治理”是党的十八届三中全会提出来的，党的十九大报告从统筹推进“五位一体”总体布局、协调推进“四个全面”战略布局的高度，明确提出“打造共建共治共享的社会治理格局”。习近平总书记指出：“人民健康是民族昌盛和国家富强的重要标志”“加强社会治理制度建设，完善党委领导、政府负责、社会协同、公众参与、法治保障的社会治理体制，提高社会治理社会化、法治化、智能化、专业化水平。”[①] 继党的十八届三中全全以后，2019年党的十九届四中全会对坚持和完善中国特色社会主义制度、推进国家治理体系和治理能力现代化提出了总体要求。俞可平是国内较早关注“治理”理论研究的学者之一，他认为，治理的基本含义是指官方的或民间的公共管理组织在一个既定的范围内运用公共权威维持秩序，满足公众的需要[②]。我国现阶段的社会治理是指在党的领导下，政府及社会组织通过管理和沟通协商等手段，依法对社会生活的方方面面进行引导和规范的社会实践活动。改进社会治理方式，要坚持系统治理，加强党委领导，发挥政府主导作用，鼓励和支持社会各方面参与，实现政府治理和社会自我调节、居民自治良性互动。研究戒毒人员思想教育矫治要以社会治理理论为依托，实现社会公共利益的最大化，主要体现在以下三个方面：

首先，要坚持党对思想教育矫治工作的领导。习近平总书记指出，要“坚持党对一切工作的领导”。2018年国际禁毒日前夕，习近平总书记强调，要加强党的领导，充分发挥政治优势和制度优势，完善治理体系，压实工作责任，广泛发动群众，走中国特色的毒品问题治理之路，坚决打赢新时代禁毒人

① 中国共产党第十九次全国代表大会文件汇编［M］. 北京：人民出版社，2017：39.

② 杜飞进. 中国现代化的一个全新维度：论国家治理体系和治理能力现代化［J］. 社会科学研究，2014（5）：39.

民战争。戒毒人员思想教育矫治工作是一项改造人、重新塑造人的重要工作，涉及社会稳定与千家万户的幸福，这项工作必须要在党的领导下，与全面建成小康社会的其他工作同步，统筹协调，才能将戒毒人员改造成为对社会不再有危害的公民。

其次，要依托政府对思想教育矫治工作的主导。公安机关、司法机关和社区代表政府主导戒毒人员思想教育矫治工作，这是“走中国特色的毒品问题治理之路”的重要体现。政府主导能最大限度地贯彻执行党的意志，能够将党对戒毒人员思想教育矫治的方针政策不打折扣地转化为实际的工作目标、工作内容与工作措施，并配备精干力量来完成这一工作目标。政府主导戒毒人员思想教育矫治工作体现了中国特色社会主义制度的本质特征，是中国特色教育矫治之路的重要表现形式。

最后，要依托社会各界对思想教育矫治工作的参与。广泛发动群众，鼓励和支持社会各方面参与戒毒人员思想教育矫治工作是我国社会治理的必然要求。事实上，学校、企业、社会组织、家庭等社会力量是戒毒人员思想教育矫治工作的助手和有力补充，社会各界通过帮教活动可以提高思想教育矫治质量，扩大受教育面，也可以为戒毒人员提供职业培训机会，在他们成功戒掉毒瘾后，企业和社会组织还可以为他们提供就业机会，解决生活困难，这对他们保持操守、降低复吸发生率有着积极作用。

依托社会治理理论，戒毒人员思想教育矫治实践体现为党的领导、政府主导和社会各界参与，其中，党的领导是前提，政府主导是关键，社会各界参与是必然要求，虽三者职能各异，但目的相同。

四、理论借鉴——社会工作基本理论

社会工作是指社会工作者运用专业的社会工作方法，帮助个人、群体、社区解决物质和精神困难的社会实践活动。社会工作是一种利他行为，强调助人自助、平等待人、授人以鱼不如授人以渔，充分利用社会各方面资源来为他人服务。社会工作基本理论来源于社会学和心理学等学科。

（一）社会学相关理论

社会学中的偏差行为理论、角色理论、参考群体理论及符号互动理论对戒毒人员思想教育矫治有借鉴作用。

1. 偏差行为理论

偏差行为是指社会中的部分成员不同程度地偏离或违反了既有的社会规范行为，也被称为越轨行为、离轨行为、差异行为等。该理论包括标签理论、失

范理论、差异交往理论及亚文化理论等。

标签理论形成于20世纪50年代的美国，它认为一个人之所以成为越轨者，是因为在社会互动过程中被贴上了“坏”的标签后，个人不知不觉就把自己列入“坏人”行列，平时就与坏人为伍，从而变本加厉做出更加越轨的行为来。

“失范”这一概念最早是由法国社会学家涂尔干提出的，他用“失范”来表示社会规范的模糊，处于模糊状态的人们会感到社会生活存在诸多不确定性，无法控制自己，难以预测他人的行为。美国社会学家默顿更改了这个概念并将它应用于对犯罪现象的分析。默顿认为，一个理想社会如果在现实之中无法在所有时刻、所有地方为所有成员提供达到理想目标的正常途径，部分成员就可能会去寻求非法的途径来实现自己理想的目标，“失范”和“犯罪”就产生了。

差异交往理论是美国犯罪学家埃德温·萨瑟兰提出的。他在1939年出版的《犯罪学原理》一书中提出，犯罪、越轨行为和其他社会行为的学习过程是相同的，不同之处是人们交往联结的时间、意义、持续性和频率。他还认为，人们之所以犯罪，是因为在行为人的大脑中，支持犯罪行为的解说远远地超过了支持遵纪守法的解说。萨瑟兰认为，犯罪行为是行为人在与他人的交往中通过语言和行为的方式学习而来的，这里的“他人”是指周围的亲密群体；犯罪行为的学习主要包括犯罪态度、犯罪动机、犯罪技能和犯罪合理化等；人们之所以犯罪，是因为他认为犯罪比不犯罪有利，也是他与特定类型的犯罪经常接触，而与对抗该犯罪的行为相疏远的结果；犯罪行为是一般需要与价值的显现，但不能由这些一般需要与价值来解释，因为非犯罪行为也同样需要与价值的表现。

亚文化理论，本书第一章有论述，这里不再展开叙述。

2. 角色理论

严格来讲，角色理论属于社会心理学理论，由美国心理学家G. H. 米德引入。但他并没有定义角色，而是用作一种比喻来说明不同的人在不同情境中表现出不同行为的现象。事实上，角色理论是阐释社会关系对人的行为具有重要影响的社会心理学理论。它强调人的行为的社会影响方面，而不是心理方面，认为人既是社会的产物，又能对社会做出贡献，是一种试图从人的社会角色属性解释社会心理和行为的产生、变化的社会心理学理论取向①。

① 金盛华. 社会心理学［M］. 2版. 北京：高等教育出版社，2005：32.

R. 林顿（1936）认为，当个体根据他在社会中所处的地位实现自己的权利和义务时，他就扮演着相应的角色。H. H. 凯利和 J. W. 蒂博（1959）认为，角色是他人对相互作用中处于一定地位的个体的行为的期望系统，也是占有一定地位的个体对自身行为的期望系统。任何人在一生中都会扮演各种角色，这些角色使人们在不同的情境中以适当的行为方式与他人进行交往。

3. 符号互动理论

符号互动论是一种侧重于从心理学角度研究社会的理论，属于社会学理论，其开创者是美国社会学家米德（G. H. Mead）。这一理论认为，社会是由互动着的个人构成的，对于诸种社会现象的解释只能从这种互动中寻找。符号互动论反对实证主义社会学轻视行动者主观能动性的社会结构决定论，提出行动者的认识、行动和互动构成社会的理论命题。符号互动论的基本观点：一是事物本身不存在客观的意义，它是人在社会互动过程中赋予的；二是人在社会互动过程中，根据自身对事物意义的理解来应对事物；三是人对事物意义的理解可以随着社会互动的过程而发生改变，不是绝对不变的。

（二）心理学相关理论

在心理学相关理论中，为社会工作提供指导的有精神分析理论、社会学习理论和认知理论。

1. 精神分析理论

精神分析理论来源于弗洛伊德的《梦的解析》《日常生活的心理分析》及《性学三论》。在这三本著作中，弗洛伊德对精神分析理论进行了详细的阐述，形成了精神分析理论的构建基础。精神分析理论认为，人格是由本我、自我和超我构成的。本我是指生理的我，是与生俱来的最原始的系统，它由欲望和冲动构成；自我是本我的部分发展，是现实化的本能，是在与他人交往中了解到的自我存在、自我意识及与他人的关系，是通过后天的学习、与他们的互动、参与和融入社会而逐步形成的；超我是道德化的自我，是社会生活中的规范、准则、禁忌在人的意识中的反映。三者是密切关联的，当本我、自我和超我之间存在着一个平衡协调的关系时，人们才能形成健全的社会化人格。

2. 社会学习理论

社会学习理论着眼于观察学习和自我调节在引发人的行为中的作用，重视人的行为和环境的相互作用，由美国心理学家阿尔伯特·班杜拉于 1952 年提出。班杜拉认为，以往的学习理论家一般都忽视了社会变量对人类行为的制约作用，他们通常是用物理的方法对动物进行实验，并以此来建构他们的理论体系，这对于研究生活于社会之中的人的行为来说，似乎不具有科学的说服力。

由于人总是生活在一定的社会条件下的，所以班杜拉主张要在自然的社会情境中而不是在实验室里研究人的行为。

3. 认知理论

这是以认知心理学为基础发展起来的一种理论，认知理论认为个人的行为不是对外界刺激的一种孤立和简单的反应，而是主要受制于理性思考。该理论的核心观点是认为学习并不是机械的、被动的刺激，学习要通过主体的主观作用来实现。认知理论包括认知失调论和认知一致论。前者认为认知失调就是指两种认识上的不一致而导致紧张的心理状态，从而产生动机冲突。这种不和谐程度取决于两个因素，一是认知对个体的重要性程度，二是与某一不平衡的特殊问题有关的认知与总认知所占的比例；后者强调人的认识总是寻求一种平衡的、一致的、协调的状态。

五、理论参考——马斯洛需要层次理论

需要是指人们在社会生活中感到某种欠缺，进而想获得满足的一种心理状态。人一旦产生了需要，就会产生满足需要的实践活动。美国著名的人本主义心理学家亚伯拉罕·马斯洛把需要分成生理的需要、安全的需要、社交的需要、尊重的需要、自我实现的需要五类，依次由较低层次到较高层次排列。尽管马斯洛理论在后来受到一些质疑，霍夫斯泰德甚至将马斯洛需要层次理论批评为种族中心主义①，但这一理论既然涉及人的需要，因此仍然值得戒毒人员思想教育矫治工作借鉴。在实际的实践活动中，矫治主体应该注意以下几点：

首先，在制定戒毒人员管理和教育制度时要充分考虑他们的各类合法需要，以增强思想教育矫治的实效性。各类管理教育制度是约束戒毒人员遵章守纪的依据，这一点在强制隔离戒毒所表现得尤其突出。正是因为有严格的管理教育制度和现代化的基础设施，强制隔离戒毒所才实现了在所内的高戒断率和低逃跑率的双丰收。但这是在强制条件下所取得的成绩。从戒毒人员解除强制隔离戒毒后的低操守率可以看出，从“强制”到“自由”，从“需求限制”到“需求洞开”，使戒毒人员或多或少忘记了自己戒毒的初衷。因此，管理教育制度应规定在适度范围内满足戒毒人员的生理和心理需求，以争取更多的资源参与教育矫治实践。

其次，根据戒毒人员不同的需要层次进行分级分类管理和教育，以强化思

① HOFSTEDE G. The cultural relativity of the quality of life concept [J]. Academy of Management Review, 1984: 389-398.

想教育矫治的针对性。在思想教育矫治实践中，我们对所有戒毒人员教育矫治的目的是一致的，但这并不是说对所有戒毒人员进行“一锅煮”式的教育，这是达不到教育矫治效果的。事实上，戒毒人员性别构成、文化构成、年龄构成、职业构成、吸毒年限、吸毒原因不同，对自身的需求必然各异。因此，戒毒管理机关应当根据矫治对象的性别、年龄、患病等具体情况对他们实行分别管理，采用相应的管理措施来保证管理效果。应当根据矫治对象处于不同矫治阶段以及他们的平时表现，实行逐步适应社会的、宽严各异的分级管理。应该对吸食不同种类毒品的矫治对象实行分类管理，有针对性地采取思想教育矫治措施。这样就可以大大提高思想教育矫治质量，也能最大限度地实现思想教育矫治的目的。

最后，建立以尊重戒毒人员人格为基础的激励机制，以提高戒毒人员回归社会的积极性。由于需要是人们生产生活的基本动力和积极性的源泉，因此，以鼓励戒毒人员回归社会为目的的激励教育就必须以戒毒人员的需要为起点，以激励来引发和强化需要。根据戒毒人员的需要，因势利导地设置能够满足其需要的刺激目标，使他们的合理合法需求符合思想教育矫治主体的意图。在实际工作中要以尊重戒毒人员人格为基础，坚决遏制和取缔不合理的甚至非法的需要，巩固戒毒矫治成果。

由于人的行为是受意识支配的，人的行为是意识性和目的性的统一，因此人类要求实现自身内在价值和内在潜能是本性使然。戒毒人员的需要符合一般人需要发展的一般规律，特别是在接受强制隔离戒毒这一关键时期，他们需要安全感，需要社会关爱与亲人的呵护。如果在实际工作中，思想教育矫治主体冒然将管理与戒毒人员的需求进行切割，势必会严重影响思想教育矫治效果。因此借助需求层次理论这一点对于思想教育矫治工作具有启发意义。

对戒毒人员思想教育矫治是在马克思主义人学理论指导下，依托社会治理理论，运用思想政治教育学基本理论，充分借鉴人的需要层次理论来解决这一社会实践过程中面临的各种问题，推动戒毒人员思想教育矫治实践的发展。

第二节　戒毒人员思想教育矫治的现实基础

吸毒现象对社会秩序的破坏性影响及禁毒形势的严峻性等是戒毒人员思想教育矫治的重大背景。在现实性上，戒毒人员思想教育矫治要考虑三个维度的依据：于国家而言，是国家治理体系和治理能力现代化的需要，体现中国共产党治理国家的能力问题；于社会而言，是打赢禁毒人民战争的需要，体现政府的执法水平和社会的安宁问题；于个体而言，是尊重戒毒人员基本权利的需要，体现我国政府尊重人权的问题。

一、国家治理体系和治理能力现代化的需要

“推进国家治理体系和治理能力现代化”是党的十八届三中全会通过的《中共中央关于全面深化改革若干重大问题的决定》提出的。2019 年党的十九届四中全会再次指出，我国国家治理一切工作和活动都依照中国特色社会主义制度展开。国家治理体系现代化，就是使制度更加科学和完善，实现各项事务治理制度化、规范化、程序化。国家治理能力现代化，就是要善于运用制度和法律治理国家，把制度优势转化为管理国家的效能，提高党科学执政、民主执政、依法执政水平①。不少学者把“治理体系和治理能力现代化”归结为继“四化”之后的第“五化”是不无道理的。“治理体系和治理能力现代化”归根结底就是实现人的现代化。

首先，推进人的现代化，就要坚持“人本”。人类的历史演变大致经历了神本、君本、官本、物本和人本等多种本位观。康德认为人是目的而不是工具。在马克思主义发展史上，人本思想是不断发展的，习近平强调中国梦是“国家梦、民族梦，更是每个中国人的梦”，正是体现了人本思想。对戒毒人员来讲，就要坚持从传统管制型的管理向现代公共参与的公共治理转变。在当代社会，善政和善治已成为时代潮流。善治指良好的治理，是人类走向政治文明的必然过程。

其次，推进人的现代化，就要重视“人性”。人性的力量是巨大的，但人性深处却充满了矛盾，过去我们多少忽视了这些，单纯用人的积极性代替了丰富多彩的人性矛盾，其实积极性只是人性当中的一部分，人性有更为广泛的内容。有积极性和建设性的，也有阴暗性和毁灭性的东西，这是客观现实，否则就无法解释为什么我们需要法律制度，在这个问题上，我们有过沉痛的教训。推进人的现代化，必须重视人性及人的需要。对戒毒人员而言，其行为原则就是现实性原则，思想教育矫治要以我国社会公认的思想要求、道德原则和行为准则来约束戒毒人员的思想和行为，发掘并张扬其人性积极性的一面，引导和抑制消极性的一面。

最后，推进人的现代化，就要弘扬人文精神。人文就是人之所以为人的一

① 习近平. 切实把思想统一到党的十八届三中全会精神上来 [J]. 求是，2014 (1)：3-6.

种文化素质，也可以称为人文素养。它的实质就是习惯性内心的养成，是“慎独”，是被限制的自由，是设身处地为他人着想的善良。“人”指关心人、关注人，“文”即文明、文化，故人文之本意就是关心人现实的生存状况和发展空间，关心人类的文化和文明的延续与发展①。推进国家治理体系和治理能力现代化，必须弘扬人文精神，充分发挥其在国家治理中的强大作用。我们一般把人文精神划分成为价值观、制度、行为特征和形象符号。近代以来一些大国的崛起，除了物质财富的生产外，人文精神是必不可少的元素。中国要实现“国家富强、民族振兴和人民幸福”的中国梦，必须重视包括戒毒人员这一游走于法律、道德边缘群体的思想教育矫治工作，这样才能实现整体脱贫、整体小康和整体幸福。

国家治理离不开现代化，这是和治理危机相对而言的，而现代化归根结底就是人的现代化。对戒毒人员的思想教育矫治工作正是依据国家已经出台的和将要出台的制度，充分利用各类资源将误入歧途的人矫治过来，成为正常的、合格的社会人。这个过程中要注重各方的积极性和参与性，坚持制度建设，调动法制的、市场的、社会的和人民的力量来推进人的现代化。

二、打赢禁毒人民战争的需要

毒品作为药品，其本身是一种客观存在，但这种客观存在的物质一旦被人滥用后，就成了人类社会的公害，成了涉及社会公共安全的大问题，极易诱发一系列犯罪活动。当前，全球毒品问题持续泛滥，我国禁毒形势十分严峻。习近平总书记强调：“禁绝毒品，功在当代，利在千秋。禁毒工作事关国家安危、民族兴衰、人民福祉，厉行禁毒是党和政府的一贯立场和主张。”②

打赢禁毒人民战争，必须从多方面合围。打击毒品犯罪，如禁种、禁制、禁买卖，这是公安机关的工作。禁吸，是党和政府对广大人民的教育工作。戒毒，则是戒毒所、社区、医院和戒毒人员自身的任务，而思想政治教育矫治则是戒毒工作中的有效方法。因此，打赢禁毒人民战争不是单兵作战，而是多兵种合成战斗，是围歼战。但为什么多年来，毒品歼而不灭，吸毒人员越歼越多，除毒品本身的不断翻新和巨大的经济利益外，戒毒人员思想教育矫治工作环节的薄弱也是原因之一。面临极其繁重的禁毒人民战争，作为围歼战斗的一

① 余德刚．当代大学生科学精神与人文精神融合问题研究［M］．成都：西南财经大学出版社，2011：22.

② 摘自2015年6月25日习近平总书记在北京会见全国禁毒工作先进集体代表和先进个人时的讲话。

个方面军，对戒毒人员思想教育矫治工作只能加强，这是治本之策。就像姚明的广告词“没有买卖就没有杀害”一样，没有毒品的消费市场就不会有毒品的泛滥。

三、尊重戒毒人员基本权利的需要

戒毒人员的基本权利是什么？按照国家主流媒体和专家们对戒毒人员“病人、违法者、受害者”三重身份的界定，戒毒人员基本权利就是这三种人员的基本权利的有机结合。戒毒期间，戒毒人员通常要经过生理脱毒、心理脱毒、体能恢复、行为矫正、技能训练和社会适应等过程，这个过程需要两年左右的时间。强制隔离戒毒场所实行军事化管理，配备了先进的教育矫治及戒毒功能室。生活中，戒毒人员被强制安排进行增强体质的活动，接受人性化的教育矫治，让他们感受到党和政府的关心关怀，重塑自我。

戒毒人员出所前，强制隔离戒毒所会对其进行劳动技能培训，并与企业联系，与劳动部门合作，推荐出所戒毒人员顺利就业。社区和公安、民政、劳动等部门的服务要跟上，实现无缝对接。这是尊重戒毒人员就业权利的本质要求。这些工作，也是戒毒人员思想教育矫治的组成部分。戒毒人员康复后，受到社会歧视，失去家庭关爱，实属人之常情。这种情况往往容易导致其复吸，这也是正常现象。社区工作人员和民警可以做一些工作，但主要还是需要戒毒人员通过自身努力来改变社会和家人对自己的态度。

国家治理体系和治理能力现代化、打赢禁毒人民战争、尊重戒毒人员基本权利这三个方面是整体与部分的关系，它们相辅相成、相互联系，共同构建起戒毒人员思想教育矫治的现实依据。

从这章开始，大量思想政治教育学的理论被引用，但为什么文章标题用的是“思想教育矫治”而不是“思想政治教育矫治”呢？这是因为，对戒毒人员进行教育矫治的目标，我们定位为使戒毒人员成为守法公民，至少是对社会无害的公民，没有涉及太多的政治性目标。但这并不妨碍本研究的政治立场。事实上，本研究政治立场坚定，在后面各章节的论述中均有体现。

第二章　戒毒人员思想教育矫治的基本范畴

马克思主义哲学认为，范畴是概括和反映客观事物的普遍的本质联系的思维形式，是各种理论体系中的基本概念，是人类认识世界的思维“工具”①。戒毒人员思想教育矫治基本范畴的确定是我们从事思想教育矫治研究的切入点，是认识和把握戒毒人员思想教育矫治规律的基本要素，其产生于对戒毒人员进行思想教育矫治的社会实践，又反过来指导这一社会实践，是戒毒人员思想教育矫治的逻辑起点。

戒毒人员思想教育矫治范畴很多，但本书根据思想政治教育范畴体系，只讨论从起点到终点的相关范畴。

第一节　起点范畴：吸毒与戒毒

“吸毒”是“戒毒”的前置概念，有“吸”才谈得上“戒”，因此，我们把吸毒与戒毒作为基本范畴中的起点范畴。

一、吸毒

（一）吸毒认定

在我国，“毒品”的概念是由法律规定的。《中华人民共和国禁毒法》（以下简称《禁毒法》）第二条：本法所称毒品，是指鸦片、海洛因、甲基苯丙胺（冰毒）、吗啡、大麻、可卡因，以及国家规定管制的其他能够使人形成瘾癖的麻醉药品和精神药品。毒品通常分为麻醉药品和精神药品两大类。麻醉药品

① 张耀灿，等．思想政治教育学前沿［M］．北京：人民出版社，2006：21.

品种和精神药品品种目录中列明了121种麻醉药品和130种精神药品。其中最常见的主要是麻醉药品类中的大麻类、鸦片类和可卡因类。新型毒品种类很多。目前在我国，新型毒品主要是冰毒、麻古、氯胺酮（K粉）。这几种新型毒品在我国毒品市场的占有率达90%左右。

对于什么是吸毒的问题，因毒品概念的动态性而有着不同的回答。人们一般认为吸毒是指吸食与医疗无关的成瘾性物质并产生依赖性的行为。本书认为，如果光从概念入手来理解什么是吸毒，则可以简单地概括为“吸毒就是吸食毒品的行为”。但由于我国对毒品范围有着明确的界定，与其他国家是有区别的，因此，在我国，吸毒只能概括为：采用各种方法非法吸食“鸦片、海洛因、冰毒、吗啡、大麻、可卡因以及国家规定管制的其他能够使人形成瘾癖的麻醉药品和精神药品”的行为。

吸毒是我国的习惯讲法，也叫毒品滥用，多用在社会、法学等领域，在医学上多称药物依赖和药物滥用，国际上通用术语则为麻醉品的滥用或药物滥用。它指的是采取各种方式，反复大量地使用一些具有依赖性潜力的物质。这种使用与医疗目的无关，其结果是滥用者对该物质产生依赖状态，迫使他们无止境地追求使用，由此造成健康损害并带来严重的社会、经济甚至政治问题。“drug abuse”（药物滥用）是国际上对吸毒行为的通用术语，“吸毒”是我国对吸食毒品行为的通俗讲法。两者所指的都是非医疗需要而长期采用某种方式超量使用具有成瘾性的违禁药品。因此，“吸毒”是“药物滥用”的俗称，“药物滥用”就是“吸毒”。我国从2015年起，毒品滥用问题发生新变化，呈现出滥用海洛因等阿片类毒品人员比例下降，滥用合成毒品人员比例上升，吸毒人群覆盖各个年龄段、不同文化程度、各个社会职业群体“一降一增”和“三个全覆盖”的特点，以青少年为主体的滥用合成毒品问题突出，吸毒人员低龄化趋势明显，因吸毒引发的抢劫盗窃、自伤自残、暴力伤害、驾车肇祸等案件事件不断增多，严重危害社会治安和公共安全①。

我国法律规定“根据医疗、教学、科研的需要，依法可以生产、经营、使用、储存、运输麻醉药品和精神药品”。从这一规定中，我们可以发现两个关键词，一个是“非法”，另一个是“可以”。可以使用毒品的范围：一是用于医疗，如手术前医生给病人注射麻醉药物，癌症晚期病人要服用止痛药物等；二是教学，对学生及其他公民进行毒品宣传教育，教学单位可以使用毒品样本；三是科研，研究人员对毒品进行药理分析，对麻醉药品和精神药品进行

① 参见《2015年中国禁毒报告》。

临床试验等。除此之外的一切吸食鸦片、海洛因、冰毒、吗啡、大麻、可卡因以及国家规定管制的其他能够使人形成瘾癖的麻醉药品和精神药品的行为均视为非法。

可见，吸毒有合法与非法之分，非法吸食毒品并成瘾才是我们平时认为的吸毒，而要认定为吸毒成瘾则还需要满足三个条件：一是经检测，身体内含有毒品成分；二是吸食或注射毒品的行为被客观证据证明属实；三是有戒断症状或者有证据证明吸毒史。上述三个条件由公安机关认定后才能确定其吸毒成瘾，这类吸毒成瘾人员就是我们所说的吸毒人员。

在我国，吸毒还有“一般”与“严重”之分。根据《吸毒成瘾认定办法》（公安部令第115号）规定，吸毒成瘾人员具有下面三种情况之一的，可认定为吸毒成瘾严重：一是曾经被责令社区戒毒、强制隔离戒毒（含《禁毒法》实施以前被强制戒毒或者劳教戒毒）、社区康复或者参加过戒毒药物维持治疗，再次吸食、注射毒品的；二是有证据证明其采取注射方式使用毒品或者多次使用两类以上毒品的；三是有证据证明其使用毒品后伴有聚众淫乱、自伤自残或者暴力侵犯他人人身、财产安全等行为的。

（二）对吸毒行为的处罚

由于《中华人民共和国刑法》没有“吸毒罪”的规定，因此单纯的吸毒不构成犯罪，但吸毒很容易引发其他的犯罪行为，如盗窃、抢劫、强奸、杀人、交通肇事等，原则上吸毒人员犯什么罪就按什么罪处罚。虽然单独的吸毒不构成犯罪，但可以给予行政处罚或采取强制措施。

《中华人民共和国治安管理处罚法》第七十二条规定，有下列行为之一的，处十日以上十五日以下拘留，可以并处二千元以下罚款；情节较轻的，处五日以下拘留或者五百元以下罚款：一是非法持有鸦片不满二百克、海洛因或者甲基苯丙胺不满十克或者其他少量毒品的；二是向他人提供毒品的；三是吸食、注射毒品的；四是胁迫、欺骗医务人员开具麻醉药品、精神药品的。第七十三条规定，教唆、引诱、欺骗他人吸食、注射毒品的，处十日以上十五日以下拘留，并处五百元以上二千元以下罚款。

二、戒毒

戒毒就是吸毒人员戒除对毒品依赖的活动。吸毒人员必须戒毒，从而转化为戒毒人员。我国政府对戒毒人员的方针政策可以概括为“教育、挽救”，其中“教育”是手段，“挽救”是目的。按照这一方针，对戒毒人员戒除毒瘾的工作就包括生理的和心理的脱毒。我国戒毒相关法律规定，戒毒措施分为自愿戒毒、社区戒毒、强制隔离戒毒、社区康复四种。自愿戒毒是指吸毒者自愿到相关的机构接受戒毒治疗的行为，通过戒毒者与机构签订协议的形式戒除毒瘾。国家规定相关的戒毒机构应该具有戒毒治疗资质。对于拒绝自愿戒毒的，依据成瘾程度的不同，吸毒人员会被公安机关责令接受社区戒毒和强制隔离戒毒，而社区康复则是强制隔离戒毒的延伸，是对吸食阿片类毒品戒毒人员巩固戒毒成果的措施①。上述四种戒毒措施，除自愿戒毒外，其余三种都带有强制性质。

本书的核心内容即“思想教育矫治”就是针对强制隔离戒毒人员所实施的教育实践活动。

为什么要将吸毒与戒毒作为戒毒人员思想政治教育矫治的起点范畴呢？这是因为两者是思想教育矫治这一社会实践活动的逻辑起点和最终目的。在我国，单纯的吸毒行为不作为犯罪而只作为违法行为进行行政处罚，但在吸毒人员实施犯罪行为时，则依据刑法对其实施刑罚。需要说明的是，自愿戒毒、社区戒毒、强制隔离戒毒和社区康复这四种戒毒方式只是视成瘾程度不同对吸毒人员进行戒毒的量的规定性。

第二节　中心范畴：矫治主体与矫治客体

这里的矫治主体与矫治客体就是指思想教育矫治的主、客体。基于以人为中心的思想政治教育理念，我们可以确定矫治主体与矫治客体的中心范畴。所谓矫治主体是指从事戒毒人员思想教育矫治实践活动和认识活动的人，矫治客体是这一实践与认识活动所指对象。确定矫治主、客体是对戒毒人员思想教育矫治的重要环节，事实上，主、客体是整个思想教育矫治活动的中心，体现了思想教育矫治“以人为本”的原则。国家相关法律法规对戒毒人员思想教育矫治这一实践活动的主、客体进行了直接或间接的规定。

---

① 社区戒毒是指公安机关责令吸毒成瘾人员在所在社区接受戒毒的方式，社区戒毒人员的监护人或者其他家庭成员、社区民警、社区医务人员、戒毒社会工作者以及禁毒志愿者等组成社区戒毒工作小组负责实施，对戒毒人员实施戒毒知识辅导、教育与劝诫、职业技能培训、职业指导、就学就业与就医援助等。而拒绝接受社区戒毒，在社区戒毒期间吸食、注射毒品或者违反社区戒毒协议的，由公安机关决定对这类人进行强制隔离戒毒。因吸食、注射阿片类毒品被决定强制隔离戒毒的人员在解除强制隔离戒毒后，应接受1~3年的社区康复。

一、矫治主体

（一）自愿戒毒矫治主体

自愿戒毒矫治主体是戒毒医疗机构工作人员。《戒毒条例》对自愿戒毒矫治主体的规定是：戒毒医疗服务不得以营利为目的，并且与戒毒对象签订戒毒协议，协议内容包括：戒毒期限、戒毒方法、对象的个人信息保密和应当遵守的规章制度、何种情况下可以终止协议等。矫治主体还要向自愿戒毒人员履行戒毒过程有关事项的告知义务，如戒毒治疗过程中可能出现的适应症、疗效与戒毒治疗风险。此外，矫治主体还要对自愿戒毒人员进行诸如艾滋病等传染病的检测，开展此类疾病的预防和咨询教育，采取心理康复、行为矫治等多种治疗措施，还要依法保护自愿戒毒人员的隐私，不得歧视自愿戒毒人员。

（二）社区戒毒的矫治主体

社区戒毒的矫治主体是复合主体，包括四类人员：一是戒毒人员的监护人或者其他家庭成员，二是社区民警，三是社区医务人员，四是戒毒社会工作者或者禁毒志愿者。代表矫治主体的乡（镇）人民政府、城市街道办事处要与社区戒毒人员签订协议，上述机关也可以指定村民委员会、居民委员会与社区戒毒人员签订戒毒协议，协议内容包括：期限、具体措施、应遵守的规定、不遵守协议应当承担的法律后果等。

（三）强制隔离戒毒的矫治主体

强制隔离戒毒的矫治主体是公安机关和司法机关的人民警察。强制隔离戒毒的期限一般为两年，矫治主体可以根据戒毒人员在接受强制隔离戒毒期间的表现和是否戒除毒瘾的事实，依法缩短和延长强制隔离戒毒时间。

强制隔离戒毒分两个阶段，即被强制执行戒毒的戒毒人员一般都要在公安部门强制戒毒 3 到 6 个月再转到司法机关执行余下的强制隔离戒毒期限。我国《禁毒法》规定强制隔离戒毒的期限为 2 年，执行 1 年后，可以提前解除或延长强制隔离戒毒期限，延长期限不得超过 1 年。提前解除和延长期限由司法机关提出意见，由公安机关（原决定机关）批准。

由于公安和司法机关在戒毒方面的关系不是本书研究的重点，这里不再论述。

（四）社区康复的矫治主体

社区康复的矫治主体与社区戒毒主体很类似，是由村民委员会、居民委员会组成的社区康复机构工作人员，必要时由作为上级机关的乡（镇）人民政府和城市街道办事处直接组成社区康复机构。在社区康复过程中，矫治主体要为矫治客体提供必要的心理辅导，在职业技能培训、就学、就业、就医等方面也要提供必要的帮助，使其有能力顺利回归社会。

二、矫治客体

自愿戒毒矫治客体是成瘾程度不深的戒毒人员。需要指出的是，成瘾程度由公安机关依法认定。

社区戒毒矫治客体是拒绝自愿戒毒且毒品成瘾较重的戒毒人员。吸毒人员是否被执行社区戒毒由吸毒人员所在地的公安机关决定，期限为 3 年。

强制隔离戒毒矫治客体由公安机关认定。吸毒人员在什么情况下会被强制隔离戒毒，《戒毒条例》有明确规定：一是拒绝接受社区戒毒的；二是在社区戒毒期间吸食、注射毒品的；三是经社区戒毒和强制隔离戒毒后复吸并且通过社区戒毒难以戒除毒瘾的戒毒人员。《戒毒条例》也规定了不适宜接受强制隔离戒毒的情形：如妇女怀孕或者正在哺乳自己不满 1 周岁婴儿者。

社区康复矫治客体是被解除强制隔离戒毒的人员，但并不是所有解除强制隔离的戒毒人员都有接受社区康复的过程，国家规定只有因吸食、注射阿片类毒品的解除强制隔离戒毒人员才能由决定机关责令其接受 1～3 年的社区康复。公安机关之所以作出这样的规定，是由阿片类毒品的毒性难以戒除所决定的。对吸食冰毒等其他毒品的解除强制隔离戒毒人员是否接受社区康复，则由解除强制隔离戒毒人员自己决定。此外，社区康复矫治客体要定期向社区康复机构报告康复情况。

作为中心范畴的矫治主体与矫治客体，对思想教育矫治活动中其他范畴起着影响和指引作用，是最基本的范畴。

第三节　中介范畴：管理与教育、内容与方法

管理与教育、内容与方法作为中介范畴，承担着让思想教育矫治主、客体“一切差异都在中间阶段融合，一切对立都经过中间环节而互相转移”[①] 的角色。因此，这两对中介范畴是吸毒与戒毒这对矛盾相互转化的关键载体，其中体现在强制隔离戒毒人员思想教育矫治上最为明显，社区戒毒、社区康复和自愿戒毒次之。

---

① 马克思，恩格斯．马克思恩格斯选集：第三卷［M］．中共中央马克思恩格斯列宁斯大林著作编译局，编译．北京：人民出版社，2012：909.

一、管理与教育

管理是人们通过有计划、有组织的活动来协调他人的行为，使他们的行为符合自己的要求，并与自己一起实现既定目标的社会实践活动。自《禁毒法》颁布实施以来，经过十几年的实践，目前我国很多省份对戒毒人员的管理具有一定特色，针对戒毒人员接受戒毒的时间、戒毒效果和戒毒态度形成了不同类型的管理模式。政府对吸食阿片类、大麻类毒品和吸食新型毒品的戒毒人员的管理方式是有区别的，根据文化程度的不同、性别的不同、年龄的不同，管理也是各异的。只有在管理上将各类戒毒人员区别开来，才能最好地实施教育活动。

关于教育的解释，《说文解字》用“教，上所能，下所效也”“育，养子使作善也”来概括。《中国教育百科全书》解释为“按一定的社会要求，有计划有目的地培养人的社会活动”①。马克思主义认为：“在社会主义社会中，劳动将和教育相结合，从而保证多方面的技术训练和科学教育的实践基础。”②我国对戒毒人员的教育是按照相关法律的规定进行的，离开了教育，戒毒人员将无法转变，强制隔离戒毒将没有任何意义。

在管理与教育的关系中，管理在前，教育在后。这是因为戒毒人员必须接受一定的约束，必须遵守强制隔离戒毒所的一切规章制度，这是前提和基础，在这个前提下，教育再跟进，才能达到矫治的目的。反过来，教育活动的成功开展也促进了管理的顺利进行。对戒毒人员实施有效的管理是实现教育目的的手段，而教育也必须在规范管理条件下才能有效实施，两者相辅相成、缺一不可，共同为实现思想教育矫治目的并让戒毒人员回归社会服务。

二、内容与方法

内容和方法这对中介范畴是实现戒毒人员思想教育矫治的核心，其中内容决定思想教育矫治的方向，也就是说内容决定了戒毒人员经过思想教育矫治后能否保持操守，能否成为自食其力的守法公民。而方法则是完成内容的方式，内容必须通过有效的、合理的方法才能实现其本身的价值。以强制隔离戒毒人员为例，目前司法部规定的内容有“入所教育、法律常识教育、思想道德教育、戒毒常识教育、心理健康教育、文化素质教育、戒毒康复训练、劳动教育

---

① 张念宏. 中国教育百科全书［M］. 北京：海洋出版社，1991：384.

② 马克思，恩格斯. 马克思恩格斯全集：第二十卷［M］. 中共中央马克思恩格斯列宁斯大林著作编译局，编译. 北京：人民出版社，1971：347.

和职业技能培训、回归社会教育”①。方法有“发挥课堂教学功效、提高个案化教育水平、突出心理咨询的特殊作用、发挥场所文化建设的教育矫治功能、实现教育矫治工作的社会化”② 等。

内容和方法将在后面章节中详细阐述。

第四节　成果范畴：内化与外化

内化是指戒毒人员将思想教育矫治内容化为自己内在素养的过程，这是戒毒人员通过接收外来信息而入脑入心的过程。外化是作为矫治客体的戒毒人员将思想教育矫治内容转化为外在的道德实践行为，是由内向外的转化过程。

在戒毒人员思想教育矫治过程中，内化与外化属于成果范畴，两者是对立统一的辩证关系。其对立性表现在两者在思想教育矫治过程中处于不同的发展阶段，内化是矫治主体将思想教育矫治内容转化为矫治客体自身戒除毒瘾的思想信念，外化则是戒毒人员将已经内化的戒毒思想信念转变为外在的道德行为，是信息的输入与输出的关系。内化主要是通过矫治主体的教育方法来完成，在内化过程中，矫治主体处于主动地位，戒毒人员要主动接受矫治主体的教育才能完成内化。外化则主要是通过戒毒人员自我教育的方法完成的，在外化过程中，矫治客体处于主动地位。其统一性表现为基础的统一和目的的统一，两者的基础都是思想教育矫治这一社会实践活动，离开了这一社会实践活动，就既无内化亦无外化，两者的目的和归宿都是通过使戒毒人员保持操守而获得良好的社会效应。

内化与外化相互依存、相互渗透，内化是前提和基础，外化是目的和归宿，思想教育矫治就是要让戒毒人员将教育内容内化于心、外化于行。

第五节　终点范畴：出所与融入社会

完成强制隔离戒毒的所有流程，戒毒人员将离开戒毒所融入社会。一旦离开戒毒所，戒毒人员的身份就发生了变化，严格来讲，我们就不能再称呼他们

---

① 参见：司法部关于印发《强制隔离戒毒人员教育矫治纲要》的通知。

② 同①.

为戒毒人员了。作为终点范畴，这里主要探讨戒毒人员如何融入社会以及社会能否接纳戒毒人员。戒毒人员这一特殊社会群体长期游走于道德和法律的边缘，与正常社会格格不入，是文明和谐社会的“麻烦制造者”。他们自从开始吸毒，就脱离了正常的社会环境，成为“另类”。思想教育矫治的最终目的就是使戒毒人员成功戒除毒瘾后正常融入社会，成为守法公民，问题是戒毒人员与社会的关系已远离和谐。戒毒人员在基本消除躯体对毒品的依赖后会面临心瘾未除的障碍。离开戒毒所后，因为以前“毒友”的一句话、一个动作就会产生“毒魔降临，一切如旧”的复吸冲动。他们面临家庭破裂、亲情缺失、毒资缺乏的困惑时有走上以贩养吸、诈骗、卖淫、抢劫等犯罪活动的危险，社会应该对他们伸出温暖之手，使其彻底远离毒品。家庭对戒毒人员的回归起着重要作用，能够增强戒毒人员与毒品做斗争的信心和勇气，激发内心的强大能量，因此家庭作为社会的基本细胞要主动接纳自己的亲人回归。此外，社会还应该在职业培训方面为戒毒人员回归社会提供帮助，这对增强戒毒人员回归社会的信心至关重要。

从起点范畴开始，经过中间阶段的多个范畴，最后落脚到终点范畴，是戒毒人员思想教育矫治的全部过程。这个过程是相互联系、相辅相成的，牵动了我国社会的诸多资源，如公安、司法、社区、民政、医疗、学校、企业、社会组织及志愿者等，构成了一个庞大的思想教育矫治工作系统，这个系统的良性运转，彰显了我国政府对“自由、平等、公正、法治”的社会主义核心价值观付诸实践的努力与成就。这个世界上的第一人口大国，对待这样一个拖社会发展后腿的特殊人群的精心呵护，体现了我国政府对人权的尊重，体现了社会主义制度的优越性。

第三章　中外戒毒人员思想教育矫治的历史与现实

我国实施开放政策以来，吸毒这一社会现象的出现和泛滥可以说是输入型的。本章将着手发掘中外戒毒人员思想教育矫治的历史，厘清西方国家对戒毒人员的教育矫治历史，以期对我国政府的戒毒矫治实践提供借鉴，但由于我国的社会主义国家性质与西方国家有着本质区别，因此在汲取西方经验时不能照单全收，一定要体现中国特色社会主义国家性质，显示思想政治教育的强大生命力。

第一节　国外戒毒人员戒毒矫治的历史变迁

如果单纯把罂粟作为毒品的起源物质（实际并非如此），那么欧洲就是毒品的故乡。考古人员在欧洲发现6 000年前新石器时代的罂粟种子和果实的遗迹。3 000年前，鸦片已广泛传遍欧洲、中东和北非。在3 500年前的埃及墓葬里，人们发现了鸦片样本。毒品研究在国外起步较早，但戒毒人员戒毒矫治的研究并没有自成体系，事实上，国外特别是西方国家不存在思想教育矫治一说，与思想政治教育相关的内容一般都是附在吸毒原因的分析后面，作为一个结语来引出预防和规劝对策。在意识到毒品危害后，各国开始了禁毒戒毒实践。总的来说，国外对戒毒人员的戒毒矫治经历了一个从单纯的惩戒到戒毒康复的过程，这个过程的实施是以立法作为保障的。

一、禁毒的国际法依据

国际禁毒立法是推动对吸毒成瘾者康复矫治的有力保障。近代，中国是世界上受毒品之害最深的国家，正因为如此，中国成了国际禁毒立法的有力推动者。1909年，尽管当时清政府的统治已摇摇欲坠，但仍然与英、美、法、德、俄、意、日等13个国家共同在上海召开了万国禁烟会，拉开了国际禁毒立法的帷幕。会议通过了9项禁毒决议案，主要内容有：与会各国承认中国对禁鸦片所做出的努力和取得的进步；各国将在本境或属地内逐渐推行禁吸鸦片的法令；各国将作医用以外的鸦片均视为禁品，并应防止鸦片运往禁烟之国；禁止制售吗啡；各国应在中国的居留地和租界内禁烟；有关药物法规属领事裁判权限内，各国在华公民应予遵守等①。从内容上看，上述决议案并无法律的约束效应，但以这次会议为起点，国际禁烟禁毒活动逐步发展壮大，直接促成了1912年《海牙禁烟公约》的制定。值得注意的是，外国列强之所以在中国租界禁毒，是因为他们认为中国租界已经是被征服的领土，已经是列强自己的"领地"。如果未被征服，他们可能还会大量贩卖毒品。

一战后，国际联盟成立，于1925年签订了《国际鸦片公约》和《关于熟鸦片的制造、国际贸易及使用的协定》，在国际禁毒运动中发挥了重要作用。后来又相继签订了《限制制造及调节分配麻醉品公约》《禁止非法买卖麻醉品公约》《远东管制吸食鸦片协定》等。这只是禁毒方面的公约性文件，没有对吸毒人员的戒毒治疗以及康复做出规定。

二战后，联合国成立，继续致力于国际禁毒立法。1948年，94个国家共同签署特别议定书，规定将二战后出现的人工合成麻醉品置于国际管制之下。1953年又签订议定书，限制和调节罂粟类植物的种植、鸦片的生产贸易等。到了20世纪60年代，毒品问题泛滥，联合国先后于1961年通过了《麻醉品单一公约》，1971年通过了《精神药物公约》，1988年通过了《联合国禁止非法贩运麻醉药品和销售精神药品公约》三个国际禁毒公约。到了20世纪80年代，毒品问题依然严峻，国际社会已意识到戒毒矫治的重要意义，1981年联合国通过《国际药物滥用管制战略》，首次提出使药物滥用者得到治疗和康复，并能重建与社会的关系。1984年通过了《管制麻醉品非法贩运和麻醉品滥用宣言》，提出国际社会应该通过道德、法律和组织手段同毒品做斗争，并认定禁毒是所有国家的共同责任。1985年通过《米兰行动计划》，该计划要求各国做出巨大努力，致力于控制直至根除非法贩运和滥用毒品。1987年通过了《管制麻醉品滥用今后活动的综合性多学科纲要》，提出了在今后的禁毒活动中开展综合治理的建议。1991—2000年被确定为"联合国禁毒10年"，通过《全球行动纲领》和《政治宣言》，达成了"促进有效的治疗、戒毒康复和

① 施红辉，李荣文，蔡燕强. 毒品成瘾矫治概论［M］. 北京：科学出版社，2009：60.

恢复社会生活”的矫治内容，明确要求各国制定针对吸毒者的戒毒治疗和康复方面的具体综合措施，以及针对儿童戒毒康复的方案。1990 年世界法律大会通过《北京宣言》，指出各国应“降低毒品非法需求”，意思是关注吸毒人群，通过早期干预和治疗康复，使其远离毒品。2005 年又通过了《关于打击非法药物的区域合作和相关事项的巴库协定：二十一世纪展望》，文件要求各成员国关注吸毒人群，并考虑在必要情况下以国家立法的形式规范和帮助吸毒人员的治疗和康复，对治疗和康复的方法也做了规定，如设立毒品案法庭、警方参加自愿治疗方案、其他替代治疗办法等，美沙酮治疗方法正是基于这一文件而施行的。文件还要求各成员国做出政治承诺，以加强各国有效执行预防吸毒的政策、战略和减少毒品需求方案，同时对吸毒者的教育矫治要早期介入，对防止因药物滥用而传播艾滋病和其他血液传播疾病也做了规定。

从国际立法的内容可以看出，国际上对吸毒成瘾者从惩戒到康复矫治的态度转变是一个过程，这个过程是和毒品泛滥程度的加剧同步进行的。

二、对吸毒成瘾者的惩戒

美国是世界上最大的毒品消费国，其对吸毒成瘾者的惩戒是通过完善的法律制度来实现的。1899 年，蒙大拿州规定对吸毒者处以小额罚款。1919 年，美国最高法院规定在毒品成瘾者没有疾病时，医务人员给其麻醉品是犯罪行为。1929 年国会通过立法批准建立两家麻醉品农场来收容吸毒者。二战后，美国曾掀起“赤色恐慌”，把毒品问题与国际共运相联系，通过立法将对吸毒人员的惩戒推向高潮，加利福尼亚州还通过了《健康与安全法》，该法明确将吸毒规定为犯罪。

在德国，凡非法持有毒品的行为一律被规定为犯罪行为，持有毒品者将被处以刑罚。凡吸食毒品者，法院依法酌情判处 2 年左右的徒刑。因吸毒被判处徒刑者，要么被送往监狱服刑，要么被送往强制治疗中心强制治疗，戒毒效果可作为减刑的依据，经强制治疗其毒瘾难以戒除者会被收监关押。

英国的《1971 年滥用毒品法》将吸毒规定为犯罪行为。法国规定检察官或法官可以命令吸毒人员强制戒毒，违者处以监禁和罚款。芬兰的法律规定了“非法使用毒品罪”。新加坡对吸毒行为的惩罚是世界上最严厉的，吸毒人员被判处监禁的同时还要受到鞭刑。近年来新加坡法律有所变化，初犯者将被送去戒毒，但第二次因同样原因被捕者则要被判处 5~13 年的监禁及鞭刑。泰国对吸毒者处 0.6 年~10 年监禁并处 5 000~100 000 泰铢罚金。日本和韩国都是世界上对吸毒行为采取严厉惩罚的国家，日本有《大麻控制法》《兴奋剂控制法》等，分别有“非法施用大麻罪”“非法施用麻醉品罪”“非法施用精神药品罪”等罪名。1953 年韩国《韩国刑法典》规定对吸毒者处 5 年以下劳役。

以上是各主要国家对吸毒人员的惩戒规定，这些国家对吸毒人员的惩戒程度虽然有所不同，但都随着联合国有关国际法的规定变化而对吸毒人员的态度有明显转变。

三、对吸毒成瘾者的康复矫治

如前所述，联合国 1981 年的《国际药物滥用管制战略》是国际社会对吸毒人员由单纯的惩戒到帮助其治疗和康复，并能重建与社会关系的转折点。至此，世界各国根据自身的情况，对吸毒人员的教育矫治工作开始重视起来。

在此之前，美国已意识到对吸毒人员只惩不教、只堵不疏的严重社会后果。在美国社会“赤色恐慌”的同时，杜鲁门总统于 1951 年签署行政令，批准成立“政府机构间麻醉品委员会”，从联邦立场出发研究吸毒成瘾者的治疗与康复。随着卫生科学的发展，政府和公众对吸毒人员的看法发生了变化，吸毒成瘾不再被视为一种“罪恶”，更多地被视为一种疾病。1965 年美国通过《药物滥用修正案》迈出了由惩戒模式向康复模式转变的重要一步。1966 年又通过立法确认对吸毒成瘾者视其情况可免于起诉，1970 年国会通过《大麻与健康法》提出支持戒毒教育的步骤，把贩毒与吸毒区别开来，但仍然对吸毒规定要处以一万美元以下的罚款。美国对吸毒人员的“去监禁化”反而让越来越多的青少年吸毒。20 世纪 80 年代以后，美国社会在强调打击毒品犯罪的同时，对毒品成瘾者的治疗和教育开始重视起来。除个别州将吸毒规定为犯罪外，多数州通过立法对毒品成瘾者进行不同模式的戒毒、治疗和康复。

德国随着对毒品认识的深化，关于吸毒成瘾的政策也有调整，1994 年通过立法规定对于因自己使用而持有或购买少量的麻醉品不予处罚。新加坡目前把服用大麻和可卡因的初犯者送戒毒所戒毒与辅导，使他们系统戒毒，重返社会，不会因坐牢而留下案底。在日本，吸毒成瘾者必须被送到中毒医疗中心接受强制戒毒，医生负有将戒毒全过程向上级汇报的责任，戒毒者戒毒出院后，地方行政官员负责对其进行监督。俄罗斯《俄罗斯联邦刑法典》规定，法院在判处缓刑时，可责令罪犯履行戒毒治疗义务。法国对吸毒做犯罪处理的同时，对吸食硬性毒品（如海洛因）者交专门机构戒毒，对吸食软性毒品（如大麻）者主要借助公益机构通过心理疗法治疗。其他国家也都类似，对吸毒成瘾者采取教育矫治措施，只是模式不同而已。

四、国外主要教育矫治模式

世界各国对吸毒成瘾者的戒毒教育矫治模式主要有：强制型、自愿型和复合型。

首先是强制型。日本和新加坡是这类戒毒矫治模式的代表性国家。日本警察和毒品监控官员可以依据法律逮捕吸毒者，吸毒人员被逮捕后，其戒毒康复治疗多数是在监狱中开展的。“日本被认为是发达国家中药物依赖和药物滥用管理与防治最成功的国家。”① 在新加坡，如果在尿检时发现某人是吸毒人员，医疗机构将上报给中央毒品对策局，由局长签署文件，对其实施强制收容，吸毒人员将被送到治疗中心强制戒毒治疗，治疗期间，他（她）们要进行为期6个月的禁毒学习，在禁毒学习期间不得与社会接触。戒毒人员出院后2年内必须接受政府的管理和监督并进行定期尿检。如果发现其再次吸毒，复吸者将再次被送去戒毒，逃避戒毒者将被依法逮捕。

其次是自愿型。德国、荷兰和瑞士是这种戒毒矫治模式的代表性国家，其中德国利用大众媒介广泛开展宣传和警示教育。该国建立的戒毒中心免费为吸毒人员提供戒毒治疗，全国有1 000多家戒毒咨询站、1 500个戒毒所，建立了高质量和个性化的戒毒治疗援助体系。德国的教育矫治分为四个阶段：接触与激励、戒毒康复、继续治疗和后续照顾。其将教育矫治深入特殊的家庭护理、再就业项目和职业复原计划等方面。“荷兰模式”着眼于“维护公共健康，减少伤害”，在世界上是比较独特的。政府认为吸毒人员在规定的地点购买或吸食规定量的毒品是合法的，对吸毒人员实行登记管理制度，实行海洛因分发计划。在荷兰政府看来，在医务人员的监督下分发海洛因，再搭配美沙酮维持治疗②，是改善吸毒问题的有效办法。而在瑞士，不同地方对待吸毒人员的态度是不一样的，除个别地方外，大多数地区对吸毒采取宽容态度，允许吸毒者在有人监督的情况下免费领取毒品。

最后是复合型。这类戒毒矫治模式的代表性国家主要有英国和美国。根据英国的《吸毒治疗与测试令》，法庭可判决吸毒者强制接受0.5年~3年的强制戒毒治疗，但吸毒者也可以依法选择自行到戒毒机构接受戒毒治疗，政府给了吸毒者很大的选择空间。英国政府还同时采用以“毒品奖励戒毒者”（戒毒

---

① 贾东明. 毒品：成瘾与康复［M］. 杭州：浙江大学出版社，2013：113.

② 这是一种药物替代和递减的综合脱毒治疗方法，定期给吸毒者以限量的毒性较低的美沙酮进行维持，防止和减轻戒毒者对毒性强烈的海洛因的欲求和觅药行为，此方法只限于生理毒瘾的戒断。

一段时间可获得美沙酮）、物质奖励和社区矫治政策并举的方法，接收社会组织和自愿者参与矫治工作。美国政府对戒毒人员采取美沙酮维持治疗，吸毒者也可以选择“长期居住地治疗”“门诊心理社会治疗”及“短期住院治疗”等多种形式，以心理行为治疗为教育矫治重点，主要方法有集体心理教育、认知行为教育和预防复吸教育，此外还有奖惩处置教育、家庭教育、动机强化教育等。

近年来，国外戒毒矫治工作通常是整合了心理学工作者、社会工作者、康复咨询人员及精神病医生对吸毒者进行认知治疗和行为治疗，包括诸多自愿戒毒康复机构所提供的服务、宗教团体提供的服务或是由政府资助民间办理等机构提供的面向戒毒者的服务。

第二节　我国戒毒人员思想教育矫治渊源和发展概况

鸦片是最早流入中国的毒品，由罂粟果浆晒干而成，在唐朝由阿拉伯人传入中国。到了金元时期，人们已普遍将罂粟作为主治咳嗽及泻痢的药材，但中医对罂粟的巨大副作用已有初步的认识，建议慎用。近代以来，我国人民对鸦片危害性的认识达到了一个新的高度，在禁绝鸦片这个问题上，不管是清政府、北洋政府还是民国政府都给予了足够的重视。

一、中华人民共和国成立前——重禁轻戒

在中国历史上的元朝初年，由于当时印度盛产鸦片，元军征伐印度，获得胜利后将鸦片作为战利品带回中国。一时间“士农工贾无不嗜者”，从此中国社会流行服食鸦片①。到了明代后期，不论是在宫廷，还是在民间，食用鸦片之风日益盛行②。到了清代，鸦片的大量流入与白银的大量外流，已造成严重危机，清政府已明显感觉到经济上入不敷出的巨大压力，被迫采取禁烟运动。雍正于1729年颁布禁烟法令《兴贩鸦片及开放烟馆之条例》，对贩卖鸦片者施以“枷号”“充军”“从杖”甚至“绞监候”等处罚。该法令是世界上第一个禁烟法令。此后乾隆三十八年（1773年），当英属东印度公司在印度开始实行鸦片专卖政策之后，鸦片输入量急剧增加，到19世纪初期，每年输入中国

① 姚志辉，薛乐．中国禁毒历史概况［M］．北京：中国人民公安大学出版社，2004：6.
② 薛风雷．毒品犯罪侦控若干问题研究［D］．长春：吉林大学，2012：18.

的鸦片已达4 000多箱[①]。嘉庆颁布了比前朝更加严厉的禁止吸食鸦片的条例，对违反禁令的行为进行严惩；道光继位后，又颁布了《钦定查禁鸦片章程》，命林则徐前往广东禁烟，取得了空前的成绩。但中英鸦片战争以清政府失败告终，鸦片进口被迫合法化，直至泛滥成灾。

民国时期，鸦片继续危害社会，孙中山及后来的民国政府加大了戒烟力度。1912年3月2日，孙中山发布《大总统禁烟文》，通令全国禁鸦片。10日，南京临时政府发布的《暂行新刑律》规定有鸦片烟罪。袁世凯发布铲除烟苗令、禁烟令。1916年内务部还规定吸食鸦片者视其年龄分别处以10~15年徒刑。1928年民国政府成立禁烟委员会，制定了《禁烟法》。1935年《中华民国刑法》规定对吸毒罪犯实行强制戒毒。从1937年起，凡吸毒及私打吗啡针者，一律处以死刑或无期徒刑。国民政府的禁毒制度是严厉的，但由于日本侵华势力的不断扩张和毒化政策的恶劣影响，烟毒泛滥成灾。至新中国成立前夕，全国罂粟种植面积达100多万公顷，吸食鸦片等毒品人数达2 000余万人，制、贩毒品的现象遍及全国[②]。

二、中华人民共和国成立后——禁戒并举

中华人民共和国成立后，政府坚持严厉的禁毒方针，陆续发布《关于严禁鸦片烟毒的通令》《关于推行戒烟、禁种鸦片和收缴农村存毒的指示》《关于严禁私种罂粟和贩卖、吸食鸦片的通知》，数量虽没有民国政府的多，但执行得力，在各类运动的配合下，经过3年轰轰烈烈的禁毒禁烟运动，到1953年，2 000余万吸毒者全部戒除毒瘾，我国成为“无毒国”，这是世界禁烟史上的奇迹。

到了20世纪80年代，我国开始实施改革开放政策，毒品开始流入中国市场，国内毒品的非法使用迅速蔓延，毒品种类也由传统毒品发展到新型毒品，毒品生产方式也发生了变化，由境外输入到国内产、供、销一条龙服务。吸毒群体的构成也发生了变化，从个别人群到娱乐明星乃至政府工作人员都有涉及。吸毒范围遍布全国34个省（自治区、直辖市）。我国也为此颁布了一系列涉及毒品成瘾矫治内容的法律法规，对吸毒行为的性质、法律处分、矫治机构、矫治体系、方法内容等作了规定。1981年《国务院关于重申严禁鸦片烟毒的通知》规定：“对于鸦片等毒品的吸食者，应当由公安、民政、卫生等部

---

① 胡绳. 从鸦片战争到五四运动［M］. 上海：上海人民出版社，1982：33.

② 施红辉，李荣文，蔡燕强. 毒品成瘾矫治概论［M］. 北京：科学出版社，2009：82.

门组织强制戒除。”后来各省先后制定了禁毒戒毒的相关规章。1995 年国务院制定了《强制戒毒办法》，对强制戒毒工作的主管机关、场所设置以及对强制戒毒人员的管理等方面作了明确规定。至此，我国形成了以劳教戒毒为主、自愿戒毒为辅的戒毒矫治格局。我国劳动教养制度被废止后，劳教场所集体转型为强制隔离戒毒所，承担了对戒毒人员实施司法强制隔离戒毒任务。

三、我国各地教育矫治模式探索

2008 年我国《禁毒法》开始实施，2011 年我国《戒毒条例》将戒毒方式规定为自愿戒毒、社区戒毒、强制隔离戒毒和社区康复四类。司法部 2014 年《强制隔离戒毒人员教育矫治纲要》是针对第三类戒毒人员的纲领性规定，并将“以人为本”等确定为教育矫治原则。2015 年 12 月，国家禁毒委员会办公室、中央综治办、公安部、司法部等 11 部委联合发布《全国社区戒毒社区康复工作规划（2016—2020 年）》。各地对戒毒工作开展了有益的探索，归纳起来主要有如下模式：

（一）自愿教育矫治模式

把自愿教育矫治模式作为首选，是我国《戒毒条例》规定的[①]，它显示了我国政府对戒毒人员的最大宽容与信任，充分顾及了吸毒人员的人格尊严。它与思想政治教育中的自我教育、自我约束有机结合在一起，最大限度地保证了戒毒人员的自尊。

（二）社区教育矫治模式

对于不能有效地进行自我教育、自我约束的戒毒人员，即吸毒成瘾不能自制者，我国对他们开启社区教育矫治模式。这是一种略带强制性的教育矫治模式，这里我们称之为“弱强制”，配合这种模式的是“社区戒毒”和“社区康复”两种方法。公安机关是戒毒人员接受社区教育矫治的决定者，由前文所提到的教育矫治主体负责具体实施。

尽管社区戒毒、社区康复教育矫治模式在实际运行中存在诸多问题与困难，但国家通过《全国社区戒毒社区康复工作规划（2016—2020 年）》已着手规范这一模式。根据这一规划，未来五年，我国社区戒毒与社区康复工作将

---

① 《戒毒条例》规定：吸毒人员可以自行到戒毒医疗机构接受戒毒治疗，公安机关对其原吸毒行为不予处罚。戒毒医疗机构与自愿戒毒人员或者其监护人签订自愿戒毒协议，就戒毒方法、戒毒期限、戒毒人员个人信息保密、戒毒人员应当遵守的规章制度、可以终止戒毒治疗的情形等做出约定，并应当载明戒毒治疗的适应症、戒毒疗效、戒毒治疗风险。戒毒医疗机构要采取心理康复、行为矫治等多种治疗措施，依法保护自愿戒毒人员的隐私，不得歧视自愿戒毒人员。

有重大突破。规划不仅确定了社区戒毒模式的原则①，还规划了2016—2020年的目标：一是促进社区戒毒社区康复工作全面形成体系；二是全面建立社区戒毒社区康复专职队伍；三是完善并全面落实各项戒毒康复措施；四是社区戒毒社区康复执行率稳步提高。

（三）强制教育矫治模式

对强制教育矫治模式的研究是目前国内比较活跃的，经过多年的实践，我国不同省份根据自身的具体情况，逐步形成了一些比较有代表性的教育矫治模式。这里我们可称之为强制隔离教育矫治模式下的分模式，主要有：

1. 分段式教育矫治模式

分段式教育矫治模式是指为强化教育矫治每个阶段的重点工作，戒毒场所将戒毒人员强制隔离戒毒时间分成多个矫治阶段，每个阶段有不同的、渐进式的教育矫治任务，以便取得良好的教育矫治效果。代表性的有：①北京“四阶段”戒毒模式。该模式将戒毒过程分为“脱毒治疗、康复、巩固和社会适应”四阶段，并强调深化教育矫治工作，加强心理矫治。②北京天堂河的“351”戒毒工作模式。“351”是指三个理念、五项措施和一项诊断评估方法。三个理念指以治疗为核心、科学戒毒和为戒毒人员服务的理念，五项措施是指恢复生理机能和行为、认知、心理以及修复家庭和社会关系等措施。③上海戒毒“四流程”工作模式。“四流程”指“生理脱毒、心理脱瘾、康复矫治、回归适应”为主导的强制隔离戒毒流程。④江苏省的“三期一延伸”戒毒模式，指脱毒戒断期、康复矫治期、回归适应期和延伸跟踪戒断。⑤云南省“三期六项一延伸”戒毒管理模式，指在以药物脱毒、心理治疗和劳动康复为内容的戒治模式中分期分项的戒毒模式。⑥浙江省的“三期四段”戒毒模式，即指生理脱毒期、身体康复期和戒毒巩固期，脱毒阶段、康复阶段、适应阶段和考察阶段。⑦湖南省“三期四区”模式。“三期”指生理脱毒期、身体康复期和回归适应期，“四区”是戒毒人员入所后的四个功能分区，即医疗戒治区、

---

① 社区戒毒、社区康复工作原则：坚持以人为本、关怀救助，注重人性化关爱帮扶，最大限度地教育、感化和挽救戒毒康复人员；坚持科学戒毒、综合矫治，积极适应不同吸毒人员不同需求，有针对性提供戒毒医疗服务，综合运用多种戒毒康复措施，帮助吸毒人员恢复身心健康；坚持部门参与、社会共治，认真履行政府部门和基层组织的法定职责，引导社会力量积极参与，共同做好吸毒人员管理服务工作；坚持因地制宜、分类指导，区分不同毒情、不同基础和不同条件，探索符合本地实际的戒毒康复模式，努力提高戒毒康复工作实效；坚持以点带面、整体推进，深入开展社区戒毒社区康复示范创建活动，培育典型、先行先试，带动面上工作整体发展；坚持突出重点、改革创新，以帮助吸毒人员回归社会为核心，完善政策制度，推进实践创新，实现社区戒毒社区康复工作健康持续发展。

康复教育区、常规矫治区和回归适应区。⑧广东省“三段四期五环”戒毒模式。该模式实施“3+1”戒毒矫治康复流程，分为所内进行的生理脱毒、身心矫治康复、回归社会训练三个流程和所外进行的社会帮教跟进流程。⑨广西“八段式”模式和预防复吸的“十步训练法”。“八段”指思想矫治、行为矫治、心理矫治、场景模拟、亲情规劝、社会考验、归所质疑和三试检验，“十步训练法”指：认识毒瘾、毒害识别法，改变现状、立志戒毒法，列出清单、个性修复法，谈个人清单、寻求他人帮助法，忏悔道歉、伤害他人补偿法，制订计划、改变生活方式法，提高警觉、毒瘾复发感知法，巧妙回避、高危状况避免法，果断避开、毒品拒绝法，后续照管、团体互助法。⑩新疆“351”戒毒模式。该模式主要涉及强制隔离戒毒、自愿戒毒和社区戒毒三个方面的主要工作。“351”指三期管理、五疗并举和一个延伸。三期指脱毒、康复和巩固期，五疗指药疗、理疗、心疗、食疗和体疗，一个延伸指向社会伸延，跟踪帮助回归人员巩固康复成果。⑪四川省“三期九段戒毒法”模式，指根据矫治对象、工作目标、管理方式、矫治方法和评价机制的不同方面而将教育矫治分为三个期，即“生理脱毒期、心理康复期和社会调适期”，每个期又分为三个段共九段，即“急性脱毒、生理戒治、身体康复、意志训练、心理矫治、心理康复、所内适应、所外适应和社会考察阶段”，“期”“段”密切联系，构成了完整的教育矫治过程。

分段式教育矫治实施过程，也是教育者将思想政治教育活动寓于其中的过程，在这个过程中，戒毒人员要接受课堂与课外教学活动、生产劳动、心理辅导、文娱体育、个别谈话等教育矫治活动。

2. 社工-心理教育矫治模式

社工-心理教育矫治模式是近几年从我国港澳台等沿海地区兴起并向内地辐射的一种新的教育矫治模式，它的学科基础是社会工作与心理学。这种模式是教育者充分运用社会工作方法即团体工作、小组工作、个案工作、社区工作等实施思想政治教育矫治。实施这一矫治模式的主体多为有社会工作专业背景的社会工作者，也可以是场所民警。它通过了解戒毒人员的问题与需要，利用社会各类组织的人、财、物等资源进行协作与支持，以帮助戒毒人员及时解决困难，以“授人以鱼不如授人以渔”的形式达到身心戒毒的目的。

如山西省在女性强制隔离戒毒人员中开展“6+1”心理戒毒及防复吸干预模式构建的实践，“6+1”是指“心理健康教育、个体心理咨询、团体心理辅导、防复吸教育、拒毒训练、随访照管和家庭治疗”。通过这种模式，山西省成功培养了一支专兼职心理咨询师队伍，并初步形成了一套高效、经济、系统的心理戒毒及防复吸干预模式①。上海市自强社会服务总社运用社会工作专业理论与方法技巧，以个案工作为基础、小组工作为重点，整合社会资源，开展多元化戒毒康复帮教服务，也取得了一定效果。

社工-心理教育矫治方法与思想政治教育有着密切的联系，两者都是以教育、挽救戒毒人员为己任，都是在充分了解戒毒人员需求的前提下实施教育矫治活动，不同之处在于思想政治教育矫治具有浓烈的意识形态性。

3. 项目型教育矫治模式

该模式是以科研项目为引导的教育矫治模式。近年来，各地根据所处地区的实际情况，大胆进行戒毒模式的创新，取得了一定的成绩。如四川省绵阳市强制隔离戒毒所提出以“多元整合、积极戒毒、生命复原”为核心理念的“常青藤生命复原戒毒康复模式”，引进企业到戒毒所开发，招募已戒毒人员为员工，收到良好效果。该模式有三个重点：一是培育复原力戒毒人员，即培育戒毒人员的健康身体素质和场所适应能力，培育戒毒动机和戒毒意志并积极行动，培育健康心理、人文素质和社会适应能力；二是构建复原力场所，即构建一个有利于戒毒人员培育和发挥复原力的场所环境，建设复原力民警队伍，构建复原力模拟治疗小区；三是协调构建复原力家庭及社区。

目前，项目型教育矫治模式比较受戒毒场所欢迎，但因为研究人员的缺乏、资金支持的不足掣肘了项目的生成与推进。这一模式需要热心的企业家投资，共同参与教育矫治事业。

我国戒毒人员思想政治教育矫治事业虽然时间不长，但取得的效果明显，近年来，通过学习西方的一些矫治经验，结合我国各地实际，逐步形成了具有各地特色的教育矫治模式，这些模式有的较为成熟，有的还在不断调适改进中。

第三节　中外戒毒人员思想教育矫治对比

中外对戒毒人员思想教育矫治工作都是在国际禁毒框架下的共同工作，因此具有相同或相通之处，这里主要分析中外在戒毒矫治方面的联系与区别。中外各国因毒品管控不同、文化背景不同、国情不同，在对戒毒人员思想教育矫

① 王凤兰，阎晓丽，杨遇林，等. 女性强制隔离戒毒人员“6+1”心理戒毒及防复吸干预模式构建的实践［C］. 2015 年全国药物滥用防治研讨会论文集，2015：317.

治上是有很大区别的。

一、中外戒毒人员思想教育矫治的联系

中外都通过立法规范戒毒人员矫治工作。1981 年联合国通过《国际药物滥用管制战略》以后，中外同时起步规范戒毒人员矫治工作。由于当时我国吸毒现象并不严重，绝大多数省份还是无毒省份，因此我国只是对新中国成立初期的规范进行了重申。到了 20 世纪 90 年代，我国吸毒问题变得严峻起来，戒毒法律也相继出台，其间经历了从劳教戒毒到自愿戒毒、社区戒毒、强制隔离戒毒和社区康复“四措并举”的过程。国外虽然对戒毒矫治的法律制度不同，但都是在法律调整下的教育矫治。世界各国对戒毒人员教育矫治主要有三种形式：一是集刑事、行政、实体程序等于一体的综合性禁毒和毒品成瘾矫治法，以美国、德国、新加坡、日本和瑞士为代表；二是刑事或行政、组织等专门性禁毒戒毒法，以英国、俄罗斯、澳大利亚和韩国为代表；三是个别国家禁毒和毒品成瘾矫治法律规定散见于有关法律中，以法国、马来西亚和芬兰等为代表①。各国都从本国国情和毒情出发，及时修订和完善本国涉及禁毒戒毒的法律制度。

二、中外戒毒人员思想教育矫治的区别

严格来讲，“思想政治教育”是我国的专利，其他国家没有这一提法。将思想政治教育运用于戒毒人员的教育矫治工作中，这也是我国的专利。围绕这一工作，中外的区别如下：

首先，从时间上看，国外起步早，我国起步晚。西方人的吸毒行为具有悠久的历史，因此，国外对戒毒人员的矫治工作起步早。而我国从 20 世纪 50 年代初到 80 年初出现毒品断层，几乎没有吸毒人员。因此我国对戒毒人员思想教育矫治工作整体晚于西方。

其次，从内容上看，国外侧重刑事处罚，辅之以维持治疗，我国侧重行政处罚与思想政治教育。由于人口等国情不同，国外重个体矫治，在内容上广泛采用美沙酮维持治疗，近年来流行的循证矫治疗法是针对个体矫治而采用的。中国人口多，基数大，戒毒场所数量有限，管理人员数量和质量有待提高，更重视强制集中矫治，在这个过程中重视思想政治教育的作用以达到戒毒人员思想和行动的统一。

---

① 施红辉，李荣文，蔡燕强. 毒品成瘾矫治概论［M］. 北京：科学出版社，2009：66-72.

最后，在康复方面，国外将生理脱毒作为起点，我国现阶段许多地方将其作为终点。我国与发达国家相比尤其缺乏脱毒之后的综合性措施，专门场所内缺乏促进吸毒成瘾者行为和心理康复的科学、有效手段，吸毒成瘾者回到社会后也缺少有效防止复吸的医学、心理和社会手段①。国外的宗教机构和民间组织也在帮助成瘾者戒除毒瘾，而我国是以政府为主导的教育矫治体系，社会组织的介入需要政府买单。

我国广泛采用思想政治教育方法，这是与发达国家的最大不同，但我国的思想教育矫治措施需要完善，其历史原因是我国有约 30 年的无毒历史，没有戒毒方面的经验，现实原因是我国是发展中国家，基础设施和人员培训与发达国家相比还存在差距。

三、坚定走中国特色思想教育矫治之路

人类社会从低级走向高级，其社会治理应该符合高一级社会制度的现实，我们要实现社会主义的治理体系和治理能力现代化，其管理社会的标准应该是社会主义的。因此，在西方式自由主导下的戒毒“先进经验”，我们绝不能照单全收，只能选择性使用。为此，我们要有清醒的头脑，对社会主义制度下戒毒人员思想教育矫治工作要充满信心，坚持自己的思想，坚定地走中国特色的社会主义思想教育矫治之路。

首先，强制劳动是强制隔离戒毒人员必须从事生产实践活动。物质资料的生产是人类社会长期存在和发展的基础，劳动是物质资料生产的必要手段，离开劳动，人就会堕落。马克思说：“任何一个民族，如果停止劳动，不用说一年，就是几个星期，也要灭亡，这是每一个小孩子都知道的。”② 我国社会主义道德历来将劳动视为最光荣的社会实践活动。新中国成立以来，我国以劳动为手段，不知改造了多少人，就连末代皇帝经过劳动改造都可以成为自食其力的人。对此，我们要有清醒的认识，要坚定自己的立场，理性分析，不被西方价值与西方话语所绑架，坚定地走自己的路，让中国的价值标准与价值判断成为我们改造戒毒人员的唯一依据。

其次，强制接受教育是戒毒人员必须接受的义务。戒毒人员在接受强制隔离戒毒期间必须接受有效的教育，要让戒毒人员认识到接受教育是毫无价钱可讲的义务，这是对特殊人群灌输社会主义核心价值观的有效途径。在强制隔离

---

① 贾东明. 毒品：成瘾与康复［M］. 杭州：浙江大学出版社，2013：121.

② 马克思，恩格斯. 马克思恩格斯选集：第四卷［M］. 中共中央马克思恩格斯列宁斯大林著作编译局，编译. 北京：人民出版社，2012：472.

戒毒场所，改造的是什么人？如何改造这些人？将其改造成什么样的人？这三个问题应该是对戒毒人员实施有效改造的最基本又是最重要的问题，教育特别是思想政治教育是解决这三个问题的唯一方式。对教育客体的认知是第一步，也就是回答"改造的是什么人"的问题。我们知道，吸毒既然是一种社会现象，吸毒人员当然就不是洪水猛兽，能够配合司法机关戒毒的吸毒人员更是我们实现改造目的的有效对象。因此，对戒毒人员回归社会过正常人的生活要有乐观的认识，这是教育者实现教育目的的精神基础。设计教育目标是第二步，也就是将戒毒人员"改造成什么样的人"的理论预期。成为遵守社会主义法律（而非西方法律）公民理应成为教育目标。教育的途径、方法、内容是连接前两步的载体，是解决"如何改造这些人"的重要环节。对戒毒人员的教育，要强制灌输，也就是说，不管戒毒对象愿意与否、配合与否，司法机关必须牢牢掌握强制教育这个环节的主动权。

最后，场所条件应有助于戒毒人员接受改造。我国的场所条件曾经也是被西方话语指责的对象，他们以西方的价值标准考量我国场所条件，毫不考虑我国经济落后、起点低、人口多的现实，强行将场所条件与人权挂钩，矛头直指共产党领导下的中国特色社会主义制度。为避免这些人继续说三道四，同时也为了我国能深入参与国际交流，进入 21 世纪后，我国劳动教养场所借转型之机进行了大转移，从条件艰苦的山区转移到大中城市。改善场所条件是应该的，即使没有西方话语，我们也会在经济和社会条件成熟的时候逐步改变我国落后的基础设施。对戒毒所而言，急需改善的条件有三类，一是思想教育矫治主、客体的工作与生活条件；二是场所医疗条件，特别是戒毒人员的康复医疗条件；三是矫治主体的素质条件，要配齐配强警察队伍，不断强化队伍建设，使其既懂管理又懂教育，既是业务能手又坚持社会主义的思想教育矫治方向。戒毒人员的生活条件应与其身份相匹配，差的条件环境不符合人道主义精神，过度优越的条件环境可能会让有些戒毒人员乐不思归，也可能会使回归社会者"创造条件""二进宫"① 甚至"数进宫"，不利于戒毒人员的改造，造成社会资源的浪费，也是一种社会的不公平。因此，场所条件的标准应定位于有助于强制隔离戒毒人员接受改造。

虽然人类吸食毒品的历史较长，但中外是有差距的。根据历史记载，国外要早于我国，但我国是受毒品之害最深的国家之一。在禁毒戒毒问题上，不管是一战后的国联，还是二战后的联合国这一全球性国际组织，都对戒毒问题做

① "二进宫"，即二次强制隔离戒毒。

出了规定，以指导各国实践。

“领导我们事业的核心力量是中国共产党，指导我们思想的理论基础是马克思列宁主义。”① 中国无论怎样发展，都不能背弃我们的指导思想与领导核心，只要我们统一思想、团结一致，就可以在任何时候、处理任何事务时都可以根据事情“本身的是非曲直”来判断，而不必看别人的脸色。对戒毒人员思想教育矫治而言，我们应始终坚持“以人为本”的原则，坚定地走自己的禁毒道路，净化社会风气。只有“撸起袖子加油干”，努力实现“国家富强、民族振兴、人民幸福”的中国梦，我们才能坚定地走出一条中国特色思想教育矫治之路。

---

① 毛泽东. 毛泽东选集：第五卷［M］. 北京：人民出版社，1977：133.

第四章　戒毒人员思想教育矫治的性质、特征和功能

分析戒毒人员思想教育矫治的性质是要搞清楚这项事业是谁主导、谁受益的问题，而特征和功能是由性质所决定的固有存在，前者决定后两者，后两者是前者的具体体现。

第一节　戒毒人员思想教育矫治的性质

每项事业都有其工作性质，特别是戒毒人员思想教育矫治的问题，事关我国的社会治理与社会稳定。虽然我国的强制隔离戒毒工作起步较晚，但戒毒矫治工作必须要求有鲜明的性质定位。在现有的文献中，找不到对此项工作性质的归纳与阐述。根据《强制隔离戒毒人员教育矫治纲要》对戒毒人员教育矫治工作目标[①]的阐述，戒毒人员思想教育矫治的性质可归纳为思想性与政治性、自愿性与强制性、基础性与创新性。

一、思想性与政治性

单从“思想政治教育”字面上理解，这一概念包含了三个相互独立但又相互联系的子概念：“思想”“政治”和“教育”。“思想”是客观事物反映在人的意识中经过思维加工而产生的结果，是人类一切行为的基础。不同的人，其思维加工方式是不同的，产生的结果也各异，因此思想是异质的。“政治”

① 《强制隔离戒毒人员教育矫治纲要》规定了教育矫治目标：通过综合运用各种教育矫治方法和手段，帮助戒毒人员认清毒品危害，树立法制观念，提升道德情操和文化素养，改善不良心理，掌握就业谋生技能，增强社会适应能力，戒除毒瘾，成功融入社会。

在不同历史时期和不同文化背景下，以及不同语言、不同学科、不同学者对它的论述是不同的，其内涵也在不断变化，始终没有公认的定义，但“统一性”作为“政治”的共性是毋庸置疑的，因此“统一思想”“统一战线”“统一步调”历来都是我们党最大的政治。凡是增进人们的知识技能、影响人们的思想品德的活动都是“教育”，教育是个动态的过程，因此，教育永远在路上。人们通过教育的方式，让思想的异质性达到政治的同质性就是思想政治教育。教育包括主体对客体的影响，也包括主客体的互动与自我教育。因此，思想政治教育是人们通过教育与自我教育，使不同的思想意识在政治上达成统一的过程。这一界定和现在使用的概念，即“一定的阶级、政党、社会群体遵循人们思想品德形成发展规律，用一定的思想观念、政治观点、道德规范，对其成员施加有目的、有计划、有组织的影响，使他们形成符合一定社会、一定阶级所需要的思想品德的社会实践活动”① 并不矛盾。因为两者都体现了思想政治教育是具有鲜明阶级性的社会实践活动，唯一不同之处在于，前者是“以政治为中心”的社会实践活动，而非“以教育为中心”。正因为如此，思想政治教育的实效性就是要体现政治上的统一与共识，教育只是让不同思想在政治上达成统一的桥梁。

戒毒人员来自社会不同阶层，出生在不同的年代，文化背景各异，思想的异质性凸显。要让这个群体在政治上达成统一，难度是巨大的。但能否做到在强制隔离戒毒期间，在社区戒毒和康复期间达到思想性和政治性的统一呢？答案是肯定的。在以政府主导的强制隔离戒毒、社区戒毒和社区康复实践活动中，思想教育矫治主体可以在日常管理教育过程中为戒毒人员划定统一的政治红线。

一是守住四项基本原则的政治红线。戒毒人员当初为什么要吸毒，不同人员有不同的原因，这里不再列举。但有个共同之处，就是吸毒成瘾过后对社会、对生活的绝望是一致的，难免会有抹黑党和政府、抹黑伟人的事实存在。在对戒毒人员的管理教育过程中，要强化政治理论教育和引导。戒毒机关应将其作为教学计划的首要内容加以执行。

二是遵纪守法的法律底线。戒毒人员当初的吸毒行为本身就是无视法律的存在、随意践踏法律的表现，这种受违法思想支配的行为必须在戒毒期间得到纠正。对他们进行强制性法制教育，帮助其认清毒品危害，树立法制观念是戒

---

① 张耀灿，郑永廷，吴潜涛，等. 现代思想政治教育学［M］. 2 版. 北京：人民出版社，2006：50-51.

毒机关和社区的应有之义，是净化社会空气、减少毒品犯罪的有效途径，是维护法律尊严、体现“教育”作为法律第一功能的必由之路。

三是接受道德教育和文化教育，改善不良心理。在吸毒人员被勒令接受强制隔离戒毒后，他们追求享乐主义的思想和不良的吸毒心理并没有随之消除，反而这种违反道德的心理可能因为失去吸毒的机会而变得弥足尊贵，使他们对各类教育存在抵触情绪。因此戒毒机关必须强制性地让戒毒人员接受系统的道德教育、文化教育，在改善不良心理的过程中，道德原则才能被戒毒人员接受。

四是掌握生产生活技能，增强社会适应能力。如果说强制性的法制教育、道德教育和文化教育只是说服教育的话，那么对戒毒人员进行系统的职业培训，使他们能够掌握谋生技能就是思想教育矫治实效性的具体体现。对于大多数戒毒人员来讲，如果能够掌握一门生存技能，有一份正当的职业，无疑会促进他们提高遵纪守法的主动性，增强他们按道德标准要求自己的积极性。

五是戒除毒瘾，成功融入社会。成功戒除毒瘾本身就是戒毒人员通过强制隔离戒毒后的最终归宿，而前四点是他们戒除毒瘾的基础，也是融入社会后保持操守的必备素质。

五个方面相辅相成、缺一不可，构成了一个有机整体，其中后三项看似与政治无关，但因其是对戒毒人员的统一要求，因而具有鲜明的政治性。

二、自愿性与强制性

我国政府“采取自愿戒毒、社区戒毒、强制隔离戒毒、社区康复等多种措施，建立戒毒治疗、康复指导、救助服务功能兼备的工作体系。”其中后三种是强制性质的戒毒，社区戒毒和社区康复是与社会不隔离的强制，而强制隔离戒毒是完全与外界隔离。对于吸毒人员满足什么条件可以自愿戒毒，在何种情况下必须强制戒毒，我国政府也做了明确的规定，即吸毒人员可以选择自愿接受戒毒治疗，公安机关对其不采取治安处罚措施。对于不愿意自行戒毒的，政府责令其参加社区戒毒，而拒绝接受社区戒毒的，或在社区戒毒期间吸食、注射毒品的戒毒人员则被执行两年的强制隔离戒毒，在公安机关的强制隔离戒毒所3~6个月后转送司法行政部门的强制隔离戒毒场所继续执行强制隔离戒毒。因吸食、注射阿片类毒品强制隔离戒毒的人员，在执行完毕后可接受1~3年的社区康复，社区康复人员应定期向社区康复工作小组报告康复情况。

可见，我国政府对吸毒人员的戒除毒瘾工作是遵循“自愿→弱强制→强强制”的思路进行的，给吸毒人员充分的自省、自戒和自律空间。这种自愿性和强制性的统一既基于我国社会经济发展水平，也充分顾及了吸毒人员的人格尊严。

三、基础性与创新性

基础性是指戒毒人员思想教育矫治基本层面的工作，包括几个方面的基础性工作：一是针对自愿戒毒医疗机构的认定与审批，国家做了规定，戒毒医疗机构与自愿戒毒人员以协议的形式，对戒毒过程中的各种情形做出约定，还要主动对自愿戒毒人员进行艾滋病检测，开展艾滋病的预防、咨询教育、心理康复、行为矫治等多种治疗措施；二是密切掌握社区戒毒和社区康复人员基本信息、家庭和社会关系等，严格制定和执行管理和教育制度，落实负责社区戒毒工作的机构和社区戒毒工作小组的负责人、联系社区戒毒人员的工作人员等；三是落实强制隔离戒毒场所基础设施的建设、警察队伍建设、医疗设施的配备等，还要严格制定与执行各类制度，切实制订教学计划等。

创新性是对基础性工作的有益延伸。“加强和创新社会管理，完善和创新流动人口和特殊人群管理服务”① 是党的十八大报告要求的。由于我国对戒毒人员思想教育矫治工作整体还处在起步与探索阶段，具有相当的创新空间。在这个过程中要有效地吸收发达国家的先进经验与教训。重点要在几个方面创新戒毒人员思想教育矫治：一是戒毒过程中充分运用现代教育学和心理学理论，在实践基础上加强科学研究；二是充分发挥社会工作对戒毒人员思想教育矫治的作用，加强专业社会工作者队伍建设；三是后续帮助上创新工作方法，如加强政府与企业合作以解决戒毒人员职业技能培训，使其提高就业能力，重塑生活信心。

基础性和创新性要相统一，这是与我国社会发展水平相适应的，如管理者的实际素质、社会学心理学学科水平的提高、医疗设施与医学水平的升级等。基础性与创新性的统一是个动态过程，是随着我国综合国力不断提升和社会管理水平的不断进步而逐步实现的。

思想性与政治性、强制性与自愿性、基础性与创新性相互结合是戒毒人员思想教育矫治工作性质的体现，具有鲜明的民族性和时代性，与西方发达国家的戒毒矫治工作既有相同也有相异之处。我们应长期遵循这三者的有机结合，不断地推进我国戒毒思想教育矫治工作取得实质性进步。

---

① 胡锦涛. 坚定不移沿着中国特色社会主义道路前进为全面建成小康社会而奋斗：在中国共产党第十八次全国代表大会上的报告 [R]. 2012 年 11 月 8 日.

第二节　戒毒人员思想教育矫治的特征

根据中国共产党带领全国人民整体脱贫、整体小康和整体进步的特点，对戒毒人员这个特殊群体的挽救工作也是整体推进的。由于我国在戒毒矫治方面与西方发达国家相比还有差距，因此戒毒人员思想教育矫治工作是个循序渐进的过程，与促进人的全面发展和推动我国社会全面进步进程是相一致的。结合我国各地的工作实践，我国戒毒人员思想教育矫治过程具有三个特征，一是身心戒毒，二是人性复归，三是重塑“三观”，我们可以简单地将其概括为“三个过程”。

一、身心戒毒的过程

身心戒毒即从生理到心理戒毒的过程，其中生理戒毒是前提和基础，心理戒毒是目标和落脚点，而思想教育矫治工作则是实现生理戒毒到心理戒毒的桥梁。

（一）生理戒毒——痛苦的挣扎

在生理脱毒过程中，戒毒人员会出现系列戒断症状。戒断症状是指停止或减少使用毒品后身体出现的特殊症状，不同类别毒品所致的戒断症状因其药理特性不同而不同，一般表现为与所使用的毒品作用相反的症状。从体表症状来看，表现为出汗、流鼻涕、体毛竖起、精神恍惚、瞳孔散大等；从体内症状来看，表现为腹痛、腹泻、全身酸痛、血压上升、心跳过速、自发射精、头晕、头痛、脉搏加快、发热、失眠、焦虑、烦躁、恐惧等；从暴力性危险倾向来看，出现扯头发、撞头、打滚、自伤、自残，严重时出现虚脱和休克症状。不同体质的人其戒断症状持续的时间是不一样的，集中在 2 天至 3 周之间。对于青少年来讲，戒断症状更为极端，一些年轻人会用烟头烧烙肢体或针扎、刀割、撞墙，吃沙子、瓦砾、铁钉、螺丝等，用更痛苦、更残酷的方法和手段来压制毒瘾戒断反应所致的痛苦。

生理脱毒这一过程很痛苦，但绝大多数戒毒者在外界强制性干预下是可以挺过去的，对他们来讲，更痛苦的还是心理戒毒这一关。

（二）心理戒毒——美丽的梦想

如果说生理脱毒是在痛苦中挣扎着开始的话，那么心理戒毒就是个美丽的梦想。这个梦想的实现要经过脱胎换骨的煎熬，但绝不是空想，只要借助外力，加上内心的执着，两者形成合力，梦想定能成真。吸毒成瘾本身是社会、心理和生物学等多种因素相互作用的结果，社会环境、同伴影响、毒品价格和易获得度、法律对吸毒现象的容忍度等对吸毒和复吸均起着重要作用，这只是外部环境。而个体对毒品的主观体验与心理因素关系更为密切，因此，实现心理戒毒这个美丽的梦想需要解决自身心理几个关键的问题。

首先，要解决好奇心问题。针对青少年涉毒的多项研究表明，好奇心是诱使大多数青少年吸毒的罪魁祸首，因看到别人吸毒时的享受状态而感到新鲜好奇促使自己开始尝试吸毒，逐渐成瘾而不能自拔。当然，成瘾后的吸毒人员已经有过因好奇心而堕落的经历，会不会再次因好奇心而越陷越深呢？我们知道，海洛因曾经作为鸦片的戒毒药品而让想戒除鸦片烟瘾的人越陷越深，冰毒一开始也是作为海洛因的戒毒药品而出现的，结果可想而知。因此，想解决好奇心，就要勇敢地走进戒毒医院接受正规的戒毒治疗。

其次，要解决因情绪波动而追求刺激问题。人有不如意时，或遇到突发挫折时，因缺乏正确与健康的应对方法而觉得人生无望，在苦恼和焦虑不安时容易从毒品中“走出困境”，以麻痹自己的方式来逃避现实。因一些毒品具有麻醉和暂时缓解不良情绪的作用而受到不良情绪者的青睐，有的人追求性刺激吸食新型毒品，因为新型毒品可以对人的某一项能力有短时间的提高，如长时间不睡觉而精神倍增，有的人为了减肥而吸毒，有的人以吸毒为时尚，有的人还可能自信地抱着“吸一次不会上瘾”的想法。戒毒人员应该克服这些情绪特征，为心理戒毒扫清道路。

最后，要解决同伴引诱而产生的从众心理问题。人的行为在很大程度上受到同类或同伴的影响。如果同一人群中的吸毒行为变得流行，不吸毒者往往也就会跟着做，心理学家们将这种影响称为“同伴影响力”。研究表明，同伴的压力，尤其是在最初使用毒品时的作用相当明显。如一般人在最初吸食海洛因时有恶心、呕吐和头晕等不适症状，但吸毒同伴会告诉他这一过程结束后，再次吸食就会有快感，这样初吸者会为了克服这一症状而再次吸食，从而导致上瘾。因此，戒毒人员在戒除毒瘾后应远离原来的同伴，结交新的正常朋友。

（三）思想教育矫治——通往梦想的专列

在戒毒人员从生理到心理戒毒过程中，思想教育矫治起着至关重要的作用。一个人在最迷茫和最无助的时候，如果遇到正面的教育引导，他的反应将是积极的，反之便是消极的。思想教育矫治这一通往梦想的专列在正面引导戒毒人员过程中应充分运用多种方法与渠道，帮助其走向成功的彼岸。思想教育矫治在戒毒人员从生理到心理戒毒过程中的作用体现在以下三个方面：

首先，思想教育矫治工作是戒毒人员的“救命稻草”。思想教育矫治工作由民警实施，其内容主要包括控制戒毒人员情绪，进行无处不在的军事化管理。在强制隔离戒毒所，戒毒人员要按时参加锻炼、劳动、整理内务、接受法制与文化教育，民警还要定期与戒毒人员谈心。这些思想教育矫治活动陪伴着戒毒人员的每一天，使他们无暇顾及吸毒的感受，成为戒毒人员的“救命稻草”。

其次，思想教育矫治工作者是戒毒人员的心灵依靠。吸毒人员被送到强制隔离戒毒所接受教育矫治，这是他们对其吸毒违法行为并拒绝自愿戒毒和接受社区戒毒所付出的代价。在此期间，戒毒人员的心灵会受到震动，会感受到法律的威严以及自身因违法而产生的严重后果。他们的内心会相当恐惧，绝大多数戒毒人员普遍有种无依靠的被遗弃感，这种被遗弃感在第一次接受强制戒毒的人员中感觉最为明显，他们会逐渐产生消极和悲观的自卑情绪，如不及时掌握戒毒人员思想动态，这部分戒毒人员会丧失重新做人的勇气和信心。在生理和心理脱毒过程中，民警作为思想教育矫治工作的主体，像教师对待学生、医生对待病人一样出现在戒毒人员的生活中。戒毒人员会逐步体会到政府的温暖、社会的宽容。只要民警多多关心他们的冷暖、多听他们的想法与愿望，工作做深做细，就能成为戒毒人员的倾诉对象，成为他们的心灵依靠。

最后，思想教育矫治工作者是戒毒人员的指路人。在心理戒毒过程中，戒毒人员会认为前途渺茫，产生心理波动，甚至破罐子破摔、诈病怠工、借故闹事。思想教育矫治工作者在严格管理的同时，要给予他们更多的关怀，这是整个社会文明进步的表现。民警要从人的本性出发，从戒毒人员自身的具体情况出发来研究和关爱这一个特殊群体，让他们能够充分感受到党和政府的温暖，从而在爱的沐浴下，逐步回归正常生活，成为一个自食其力的人，一个真正的社会人。在此基础上，多采用个别谈话的方法，逐一指出戒毒人员的不足与闪光点，使其扬长避短，进入社会后能用自己的劳动养活自己和家人，成为他们扬起生活风帆的指路人。

戒毒人员身心戒毒的过程是思想教育矫治的首要的基本的特征，其中生理戒毒、心理戒毒和思想教育矫治工作三者环环相扣，缺一不可，共同构成这个过程的全部要素。

二、人性复归的过程

吸毒人员在人格、思想、行为上异于其他社会人员，“据统计，男性吸毒者80%有其他违法犯罪行为，女性吸毒者80%从事卖淫活动，在一些地区的抢劫、抢夺和盗窃案件中，有60%~80%是吸毒人员所为。”① 这种人性偏颇引起行为的无序，给社会治安、社会稳定带来严重的影响，是社会治理的顽疾。因此，人性复归是思想教育矫治的又一显著特征。

（一）关于人性问题

人性是指人之所以为人的特殊属性。中国古人对人性的认识见仁见智，众说纷纭。这里仅以人性善恶标准来梳理人性理论，有孟子的性善论，认为“人性之善也，犹水之就下也。人无有不善，水无有不下”②；有荀子的性恶论，认为“人之性恶，其善者伪也”③；有告子的无善无恶论，认为“生之谓性”“食色，性也”④；有汉代扬雄的善恶混论，认为“人之所好而不足者，善也；所丑而有余者，恶也”⑤。“长期以来，中国哲学家们之所以在人性问题上争论不休，难以达成共识，根本性的原因在于，他们没有区分先天的（即与生俱来的）‘人性’（human nature）与后天的（即在社会环境中形成的）‘人的本质’（human essence）这两个不同的概念。”⑥ 我国传统人性理论（以善恶标准评价）虽有不同观点，人们还是愿意把性善排在第一位，认为“人之初，性本善”。但人性并非中国古人分析的那样简单，只有马克思主义关于人的本质理论即“不是单个人所固有的抽象物，在其现实性上，它是一切社会关系的总和”⑦ 才能完整表达人性的问题。因此，我们探讨人性，必须将其置于一定的社会关系中，只有在这个前提下，我们才能谈论戒毒人员人性复归的问题。

（二）戒毒人员人性复归

下面是四川某强制隔离戒毒所戒毒人员王某感悟：

如果没有吸毒，现在拥有一份稳定的工作，可能跟女友已经结婚了连小孩都有了，一家人美满幸福地生活在一起。可人生没有假设。本想靠做兼职减轻父母负担，可遗憾的是我却染上了毒品，为毒所陷，迷失人生方向。“吸毒虽然不对，但偶尔吸不会上瘾”的一念之差，我从此坠入了万丈深渊，亲情、爱情、伦理统统抛在了脑后。为了筹集毒资，变着法子向父母、亲戚、朋友借钱。对于吸毒人来说，没有比吸食毒品更重要的事了。

---

① 王瑾，丁开杰. 社会建设与和谐社会［M］. 杭州：浙江人民出版社，2007：69.

② 孟子. 孟子［M］. 赵清文，译注. 北京：华夏出版社，2017：244.

③ 曹增节.《荀子》一日一语［M］. 杭州：浙江人民出版社，2000：129.

④ 孟子. 孟子［M］. 赵清文，译注. 北京：华夏出版社，2017：246.

⑤ 洪迈. 容斋随笔精华［M］. 陈立仁，译注. 北京：开明出版社，2017：207.

⑥ 俞吾金. 再论中国传统人性理论的去魅与重建［J］. 哲学分析，2013（2）：27.

⑦ 马克思，恩格斯. 马克思恩格斯选集：第一卷［M］. 中共中央马克思恩格斯列宁斯大林著作编译局，编译. 北京：人民出版社，2012：135.

戒毒人员当初受多种因素影响而吸食毒品。调研情况是：初次吸毒的原因有“好奇心唆使”（占 61.6%）、“好玩”（占 6.2%）、“止痛，认识不清”（占 10.7%）、“想忘记烦恼”（占 7.3%）、“朋友引诱”（占 14.2%）。复吸的原因是：“旧环境因素”（占 44.6%）、“心瘾”（占 32.6%）、“心情不好”（如家庭、社会歧视等占 21.7%）、好玩（占 1.1%）。当吸毒成瘾或者复吸时，其人性已然发生了偏颇。他们以自我为中心，不考虑自己的关系人的感受，盲目地走上吸毒之路，与吸毒成瘾相关的“次生灾害”随即在自己和关系人身上发生。我们不能仅从善恶标准来分析戒毒人员的人性复归问题，简单地将其人性复归的过程用“善—恶—善”来表达。因为善恶是相对的，戒毒人员在吸毒之前绝不是全善，吸毒之后也绝不是全恶，因此在这个框架下我们无法理解戒毒人员的人性复归。只有摈弃戒毒人员“单个人所固有的抽象物”，将其置于家庭、单位和社会中，我们才能完整理解这个问题。

戒毒人员是家庭、单位和社会的一分子，强制隔离戒毒无疑让他们远离既有的群体而融入一个陌生的群体。这个陌生的群体是临时性的，他们最终的归宿还是家庭、单位和社会。因此，所谓戒毒人员人性回归，是指具有特殊属性的戒毒人员个体、心理和社会关系经过教育主体的思想教育矫治活动而重新归宿到原有的家庭、单位和社会的过程，使戒毒人员将与自己相关的社会关系而不是毒品放在第一位。

（三）思想教育矫治是人性复归的保障

戒毒人员因自身的原因离开了家庭、单位和社会，必须经过脱胎换骨式的思想教育矫治才有资格复归到既有的家庭、单位和社会，这只是单向的“有资格”即具备复归的主观条件。而家庭、单位和社会是否原谅戒毒人员之前的吸毒行为，是否愿意接受戒毒人员的复归，则是戒毒人员人性复归的客观条件。只有主、客观条件同时具备，才能铺就戒毒人员的人性复归之路。

现实情况并非如此简单，事实上，戒毒人员被强制隔离戒毒后的最终出路很复杂，即戒毒人员面临着是否顺利戒毒、是否保持操守、是否重新做人、愿意与否复归自己的家庭、单位和社会，而自己的关系人愿意与否接受戒毒人员的复归等情况。作为思想教育矫治主体，对戒毒人员解除强制隔离戒毒后的出路预期是顺利戒毒、保持操守、复归家庭、单位和社会。要实现这样的预期结果，思想教育矫治有很多具体工作要做：一是帮助戒毒人员完成复归的主观条件；二是增进戒毒人员生存技能；三是与戒毒人员复归的客观当事人密切沟通，为戒毒人员的复归创造条件。因此，思想教育矫治充当了戒毒人员人性复归的保障角色。

三、重塑“三观”的过程

思想教育矫治的过程是一个做戒毒人员思想政治工作的过程，更是一个帮助他们重新树立正确的世界观、人生观、价值观的过程。在这个过程中，教育主体要引导戒毒人员重新认识自己的思想，重新规范自己的道德行为，促进他们不断恢复和提升素质能力，以期成为社会有用之人，至少成为一个对社会无害之人。

（一）关于“三观”问题

这里的“三观”是指哲学意义上的世界观、人生观和价值观，它是现实生活中人们无法回避的问题。世界观也叫宇宙观，是哲学的朴素形态。在人类社会，由于人们的社会与经济地位存在差异，因而观察问题的角度是有区别的，不同的人对世界的理解与看法也就不同。哲学基本问题是物质与意识、思维和存在的关系问题，人们对这两者关系的不同回答，可将世界观划分为两种根本对立的，即唯心主义世界观和唯物主义世界观。人生观是指人们对人生目的、意义的根本看法和观点。由于人类社会是世界的组成部分，因而人生观是由世界观决定的，有什么样的世界观就有什么样的人生观。人生观是在人们社会实践中逐步产生和发展起来的一定社会历史条件和社会关系的产物，不同阶级的人生观是不同的，它代表一定社会或阶级的意识形态。价值观是人们在认识事物价值基础上形成的对具体事物价值的看法和根本观点，价值观具有相对稳定性，但并非一成不变的，人们的价值观受周围人员更替和环境变化的影响而不断变化，传统价值观和新价值观、正确的价值观和错误的价值观会相互影响，此消彼长。

（二）戒毒人员的“三观”

戒毒人员一旦被贴上带“毒”的标签，在人们心目中多半会打上“三观尽失”的烙印。然而事实并非如此。如前所述，人的本质并不是孤立的，而是社会化的。诚然，在戒毒人员中反映出来的反社会心理、超现实的精神物质享受、寻求感官刺激和心理感应、扭曲价值观等都带有普遍性，但他们形成这样的“三观”并非一人之过，而是主、客观多种因素“合力”的结果。如果深入戒毒者的生活和内心世界，我们会发现每一名戒毒者之所以走上吸毒道路，都与生活失败有着必然的联系。“所谓生活失败是多方面的、因人而异的，譬如失学、辍学、失恋、就业失败、事业受挫、婚姻家庭破裂、信仰缺失、伦理道德失范、生活空虚、人格扭曲、疾病灾祸……这些问题并非哪一个人独有的，而是大多数人生活中都要经历和面对的，关键是面对这些问题时所采取的态度。"① 在戒毒人员错误的世界观和人生观指导下的价值观自然是错误的，但却是可以改变的。改变和重塑戒毒人员错误的"三观"需要在思想教育矫治的影响下通过自身的努力加以实现。

（三）思想教育矫治是重塑"三观"的桥梁

思想教育矫治在戒毒人员重塑"三观"教育中起着桥梁和推手的作用，只能外化于形，是否内化于心，需要戒毒人员的主观配合与努力。实践活动中，对戒毒人员重塑"三观"教育要从多方面着手，如道德大讲堂、文化讲座、亲情帮教等。通过对戒毒人员"三观"的掌握，有针对性地开展"幸福是人生追求的目标""人生观是可以选择的，价值观是可以改变的""人应当追求高尚的品格""学会做一个人格健全的人"等主题活动来积极引导，帮助戒毒人员树立正确的"三观"。

从生理到心理的戒毒过程、人性复归的过程、重塑"三观"的过程体现了我国戒毒人员思想教育矫治的特征，也是我国教育矫治工作的目标。这个过程的实现并非一帆风顺，实际工作中会困难重重，但只要遵循思想政治教育规律，结合我国各地的工作实践，按照循序渐进的方法逐步推进，我们就能实现符合我国特色的戒毒矫治目标。

第三节　戒毒人员思想教育矫治的功能

功能是指某举措着力于某事物时所发挥的效能，这种效能分为有利效能和有害效能，因此，我们可以将功能分为正功能和负功能。功能的正、负效能之分告诉我们，做每一项工作都要扬长避短，尽可能地发挥正功能，最大限度地抑制负功能。思想教育矫治工作是矫治主体围绕戒毒人员开展的系列集思想教育与教育矫治于一体的功在当代，利在千秋的事业，正确执行党的戒毒工作方针政策有利于戒毒人员的思想转化与毒瘾戒除，拯救无数家庭于水火，反之，我国的戒毒事业就会遭受损失。综合分析，戒毒人员思想教育矫治功能分为一般功能和特殊功能。

一、一般功能

一般功能也称社会功能、普通功能，是指思想教育矫治工作的开展与取得

① 车孟春. 对培育戒毒信心的建议［C］. 2015 全国药物滥用防治研讨会暨第九届内地与港澳地区药物滥用防治研讨会论文集：54.

的成果对社会的普遍性影响与效能。净化功能与导向功能是当前这一工作的一般功能。

（一）净化功能

禁毒能净化社会环境，促进社会治安的良性循环，这是不争的事实。戒毒人员的思想教育矫治工作作为禁毒工作的一个重要环节，其对禁绝毒品起着标本兼治的作用。一方面，戒毒人员来到戒毒机关接受戒毒教育矫治，客观上减少了社会上的吸毒人员数量，极大地消除了人民群众潜在的安全威胁；另一方面，戒毒人员思想教育矫治工作可以通过一系列科学的方法，让戒毒人员摆脱对毒品的生理与心理依赖，回归社会成为守法公民。可以说，前者作为收容阶段，是治标，后者作为思想教育矫阶段，是治本，两者的无缝衔接净化了社会环境，保证了社会治安综合治理的顺利进行。

（二）导向功能

导向功能是戒毒人员思想教育矫治的根本功能，体现了思想教育矫治的内在本质，分为思想导向、行为导向和价值导向。

首先，思想教育矫治工作可以让广大人民群众从思想上认识到党和政府打击毒品犯罪的决心、禁绝毒品的信心和教育挽救吸毒人员的恒心，引导人们真心拥护党的领导，坚持社会主义制度，坚信理想信念不动摇；其次，思想教育矫治工作既可以震慑社会上的吸毒人员（特别是隐形吸毒人员）要检点自己的行为，又可以促使戒毒人员回归社会后正确约束自己，保持操守，争取得到自己家人、朋友的谅解与接纳；最后，改革开放的背景下，有些人对吸毒现象视而不见，一些群体对吸毒行为不以为耻，反以为荣，败坏了社会风气，思想教育矫治工作可以引导人们对吸毒这一社会现象进行善、恶、美、丑等价值评价。

思想导向、行为导向和价值导向对思想教育矫治工作本身同样提出了考验，如上文所述，功能有正负功能之分，那么导向也会存在正导向与负导向。因此，在进行思想教育矫治工作时，戒毒机关、社区要严格按照党的方针政策教育挽救戒毒人员，正确导向人们的思想和行为。

二、特殊功能

特殊功能是指思想教育矫治工作对戒毒人员个体及家庭的影响与效能，有转变功能与发展功能两种。

（一）转变功能

思想教育矫治的目标，是让戒毒人员戒除毒瘾，成功融入社会。一方面，对每一名戒毒人员个体来讲，进入戒毒场所面临的第一个目标就是转变，这需要思想教育矫治主体正确运用各种方法对戒毒人员施加影响，解决“戒毒人员自身戒毒意愿与身心对毒品依赖之间的矛盾”，促成其实现从生理戒毒到心理戒毒的转变；另一方面，要促成戒毒人员家庭成员的转变，解决“戒毒人员回归社会的愿望与社会接纳度之间的矛盾”，这需要戒毒机关与社区共同努力，争取更多的家庭参与到挽救戒毒人员的事业中。

转变个体、转变家庭是实现思想教育矫治目标的必然要求，否则，戒毒人员势必会在“吸毒→戒毒→复吸→再戒毒”中来回循环。

（二）发展功能

“人的发展”是马克思主义人学理论的核心内容，在戒毒人员实现自身的转变后，发展就成了他们追求的目标。转变个体、转变家庭对于戒毒人员及其家庭来讲只是第一步，思想教育矫治工作还要让戒毒人员学会劳动、学会与人相处，习得一技之长，同时让戒毒人员家庭学会理解、学会宽容。戒毒人员成功融入社会，最重要的就是成功融入家庭，并能够靠自己的劳动实现身心的发展。由于每个人都有实现自己人生价值的潜在要求，戒毒人员也不例外，因此，思想教育矫治主体应该引导戒毒人员及其家庭为实现共同的目标而努力。

世界各国在戒毒人员矫治问题上的做法是有区别的。我国根据中国特色社会主义的现实，对戒毒人员施以思想教育矫治，这一工作具有鲜明的思想性与政治性、强制性与自愿性、基础性与创新性，是三者的有机统一；具有明显的身心戒毒、人性复归、重塑“三观”的特征；也具有促进戒毒人员身心发展的一般功能与特殊功能。

第五章　戒毒人员思想教育矫治原则

原则即准则、法则，是人们观察和处理问题时的参照标准。所谓戒毒人员思想教育矫治原则，就是指戒毒机关对戒毒人员实施思想教育矫治过程中应当遵循的准则、法则。根据教育矫治工作目标，结合现阶段戒毒工作实践，国家规定了对戒毒人员的教育矫治原则，即“以人为本、因人施教、综合矫治、面向社会和科学创新”。如何正确认识上述原则，是做好思想教育矫治工作的重要环节。这里需要提出的是，教育矫治和思想教育矫治两者是相通的，教育矫治自然包含了思想政治教育的内容。

第一节　以人为本原则

这里的以人为本是指以戒毒人员为出发点和归宿，围绕激发他们的主动性和积极性开展思想教育矫治工作，提高教育矫治质量，实现其全面康复的目标。国家规定以人为本原则要“立足戒毒人员的戒毒需要，科学安排教育内容，选择有针对性的教育方法，给予戒毒人员人文关怀和必要的社会救助，营造尊重、信任、互助的人文矫治氛围，充分调动戒毒人员自觉、主动参与教育矫治的主体意识”。这一规定涵盖了五个方面内容：一是戒毒人员需求；二是教育内容与方法；三是人文关怀与社会救助；四是营造氛围；五是与调动主体意识。

一、戒毒人员需求

戒毒人员具有违法者、病人和受害者的多重属性，因此他们的需求应是基于三重身份为立足点和出发点的对周围社会和相关人的要求。首先，从法律角度来看，吸毒行为违反了《中华人民共和国治安管理处罚法》和《中华人民共和国禁毒法》，吸毒者是违法者；其次，从医学角度来看，吸毒者大脑神经功能受到严重损伤，吸毒者是脑疾病患者；最后，从社会学角度来看，吸毒成瘾对其身心造成严重损害，成为毒品的受害者。基于马斯洛需求层次理论，综合戒毒人员三重身份的现实，现对三个强制隔离戒毒所的戒毒人员需求情况进行问卷统计，结果如表 5-1 所示（抽样统计数据，共发放问卷 600 份，收回有效问卷 526 份）。

表 5-1　戒毒人员需求情况抽样调查表

需求等级	需求内容	人数/人	百分比/%
生理需求	睡眠质量好	289	54.9
	获得更多的食物与日用品	146	27.8
	劳动任务少一点	301	57.2
	宿舍条件：夏天凉爽些，冬天暖和些	313	59.5
安全需求	希望与民警和其他戒毒人员关系好	321	61
	希望民警对自己印象好	217	41.2
	希望受到奖励而减期	113	21.5
	希望不得艾滋病	277	52.7
社交需求	希望亲戚朋友多来探视并多带日用品和食品	123	23.4
	希望缩短戒毒时间，或戒毒日子过得快些，以便早日回归社会	508	96.6
尊重需求	希望在同戒人员面前有面子，经常获得同戒人员赠送的食物	48	9.1
	希望民警对自己好的方面多留意一些	208	39.6
	希望期满回归后不被家人和社会歧视	406	77.2
	希望将来在社会上有面子	106	20.2
自我实现	希望自己将来不再违法甚至犯罪，不被强制戒毒	353	67.2
	希望将来能赚更多的钱过自己想过的日子	265	50.3
	希望得到社会的承认并为社会做一点有益的事情	306	58.2

上述需求虽然是抽样统计的结果，但有一定的代表性。值得注意的是，戒毒人员的现实需求是随着环境条件的改变而变化的，在强制隔离戒毒的不同阶段，其需求会有所调整。思想教育矫治主体应充分了解这一变化并准确把握戒

毒人员接受强制隔离戒毒不同时期的需求状况，用运动、变化和发展的态度来应对并开展工作。

二、教育内容与方法

根据戒毒人员在不同的矫治阶段而设定思想政治教育矫治的内容，确立与内容相匹配的教育方法是提高思想教育矫治针对性和实效性的重要举措。

就教育内容而言，目前我国强制隔离戒毒所对戒毒人员教育矫治的内容包括七个方面：一是思想道德教育，二是法制文化教育，三是禁毒专题教育，四是行为养成教育，五是艾滋病防治教育，六是职业技术教育，七是生活技能教育。思想道德教育是消除戒毒人员精神污染、净化灵魂、破除错误思想观念进而建立新思想、新观念，培养良好品德的教育；法制文化教育包括法律知识和文化知识教育，以提高戒毒人员认识水平，树立守法意识；禁毒专题教育帮助戒毒人员认清毒品危害，认识党和政府打击毒品犯罪的决心和信心；行为养成教育是纠正戒毒人员的不良行为，养成文明习惯；艾滋病防治教育帮助戒毒人员认清艾滋病危害，主动约束自己的行为；职业技术和生活技能教育教会戒毒人员懂得工农业生产和服务行业基本知识和基本技能，懂得采取正确的、恰当的行为来处理生活中的事务。

就教育方法而言，目前在使用的主要有集体教育、个别教育、课堂教育、辅助教育、所内教育、社会教育和自我教育。集体教育是群体化的教育模式，以集会和现场、分组教育为主要形式；个别教育指矫治主体针对戒毒人员的特殊问题采取的特殊教育，个别教育包括对个别戒毒人员的教育，也包括针对个别事项的教育，以达到情感沟通和心理疏导的效果；课堂教育是有教学计划的，由专门的教育者实施的以课堂讲解为主的教育活动；辅助教育指根据教育目的要求，组织戒毒人员开展的有利于教育目的实现的教学活动；所内教育是戒毒机构依托场所内人、财、物对戒毒人员实施的一切教育活动；社会教育实质上是一种跟进式教育，是戒毒人员回归社会后接受的教育，也可以是社会组织到戒毒所进行的帮教；自我教育是戒毒人员在教育者影响下的自省和内化教育。

三、人文关怀与社会救助

对戒毒人员的人文关怀与社会救助要以尊重和维护他们的合法权益为出发点，以达到使其顺利回归社会、达到身心健康并习得一技之长的目的。每个人都有自己的人格，有自己的个性与尊严，戒毒人员更需要在自己最无助的时候得到关心与帮助、得到理解与尊重。这就要求我们在确定教育内容和方法时充分体现人文关怀和社会主义人道主义精神，关注戒毒人员的需求，对特殊困难者要引进社会救助机制，以解决实际困难，提高思想教育矫治的实效性。所谓社会救助是指政府或者政府的相关部门，以及其他社会组织对于特殊困难群体给予物质帮助或精神救助，以维持其基本生活需要的活动，其目的是保障困难群体最低生活需要，维护社会的和谐稳定。可见，社会救助包括物质救助与精神救助，戒毒人员属于特殊群体，不管是强制隔离戒毒人员还是社区戒毒社区康复人员，在物质和精神上或多或少都有需要帮助的地方。有效解决戒毒人员的生活需求和精神需求，是全面建成小康社会的现实课题，需要引起戒毒场所和社区的高度重视。

四、营造氛围与主体意识

氛围是指人们周围的气氛和情调。营造氛围实质上是思想教育矫治环境建设的问题，氛围包括自然氛围和人文氛围。自然氛围的营造要有利于戒毒人员的生活和劳动，人文氛围要求思想教育矫治主体与戒毒人员之间确立人格上的平等关系，思想教育矫治工作是人与人的互动，而不是人对物的支配。要让多数戒毒人员树立想戒毒、能戒毒的信心和勇气，为此，要纠正一些以前我们看似合理合法，但却潜藏着不利影响的毒品宣传理念，因为“对戒毒者过多地宣传毒品的危害、毒瘾的顽固和戒毒的艰难，结果只能适得其反”①。其结果往往是“戒毒者进入戒毒机构大门的同时，多数人就已经放弃了戒毒”②。正确的方法是营造良好的戒毒氛围，增强戒毒人员主体意识，以树立他们对戒毒的信心。

“以人为本”的哲学思想在价值层面回答了人类社会最重要、最根本、最值得关注的是什么。这涉及“自由”这个命题，如何让人成为最重要、最根本、最值得关注的群体，则是一个自由的失去和自由获得的过程，而自由的获得，则是通过自由的让度而来的，即人要得到自由就必须失去自由，或者说让多数人获得应有之自由，就必定会使少数人失去自由，失去彼自由而获得此自由，失去一时的自由而获得长久的自由，反之亦然。因此，对戒毒人员的“以人为本”是在其失去自由前提下的相对以人为本，思想教育矫治主体务必明白这个道理并把握好这个尺度。

---

① 车孟春. 对培育戒毒信心的建议［C］. 2015 全国药物滥用防治研讨会暨第九届内地与港澳地区药物滥用防治研讨会论文集：53-54.

② 同①.

第二节　因人施教原则

国家规定因人施教要“根据戒毒人员的认知规律、生理、心理和行为特点，确定个性化的教育矫治方案，帮助个体戒除毒瘾，实现不同程度的改变和成长。”根据这一规定，因人施教原则包括两个方面内容：一是要符合戒毒人员自身特点；二是确定个性化矫治方案。

一、戒毒人员特点

戒毒人员因长期吸食毒品，在各方面有别于其他社会群体，主要是在生理、心理、认知和行为方面表现比较突出。

生理特点：吸食毒品对于人的生理具有超出人的意志力所能控制的强烈的破坏作用，导致神经、内分泌、消化、呼吸和心血管系统疾病。身体免疫系统出现紊乱，生殖功能也在下降，感染性病、艾滋病的概率陡然上升。此外，戒毒人员在刚入所接受强制隔离戒毒时，因上述疾病还导致不同程度的并发症以及由并发症所引起的其他疾病。他们因营养不良而导致体质普遍下降，戒断症状明显，身体上要经受巨大的痛苦。

心理及认知特点：吸毒行为让多数人丧失对社会和家庭的责任感，对毒瘾发作后的种种失态缺乏羞耻感，以至于他们的认知、思维、情绪会发生深刻变化，这些变化严重影响了戒毒人员的意志力、注意力、记忆力和判断力，出现“三无”症状（无效率、无兴趣、无能力）。表现为思维混乱、疑惧、精神空虚与偏执、情绪紧张、攻击性强、焦虑、烦躁、孤独等特点。

行为特点：初次戒毒者对未来不抱希望，缺乏对生活的长远规划，而多次戒毒者觉得戒毒很难，缺乏戒毒信心和动力，走一步看一步，丧失重新做人的勇气，甚至破罐子破摔，走上逃避甚至对抗教育矫治的道路。一些戒毒人员认识不到吸毒对个人、家庭及社会的危害，错误地认为吸毒是自己的事情，不算违法，因而不去考虑如何戒毒与重新做人，反而对教育矫治主体抱敌视、对立的态度，严重时还采取哄闹、打架、罢工、绝食、自杀等极端方式对抗管理与教育矫治。

二、个性化矫治方案

在了解了戒毒人员生理、心理及认知、行为的特点后，通过“视其所以，观其所由，察其所安”[①]，确定个性化教育矫治方案是因人施教的重要一环。这个过程强调思想教育矫治主体要有针对性和灵活性，承认戒毒人员的个体差异，并用科学的态度和方法认识这些差异。只有充分认识戒毒人员的个性差异，才能使思想教育矫治工作取得成效。为了体现个性化矫治的需要，我国采取分类戒毒矫治模式。分类戒毒矫治模式体现为“分别管理、分期管理和分级管理”，其中“分别管理”以戒毒人员性别、年龄、患病等情况为依据，“分期管理”是根据戒毒治疗情况，视戒毒人员入所后的不同时期而实施不同的管理，而“分级管理”则是根据戒毒人员入所后的表现情况，实行宽严有别的管理。个性化思想教育矫治的主体是人民警察，对戒毒人员实行直接管理，其他人员不得代行人民警察的管理职权。女性戒毒人员只能由女性人民警察直接管理。上述个性化教育矫治规定是《司法行政机关强制隔离戒毒工作规定》（2013）确定的。这些体现以人为本原则的规定彰显了我国对戒毒人员“自由”“人权”的呵护。

因人施教原则要求思想教育矫治主体从实际情况出发，根据戒毒人员的不同特征和个别差异，有的放矢地进行思想教育矫治活动。因此，在实践中要充分考虑戒毒人员的知识水平、接受能力和个性特点，使戒毒人员增强信心，发挥个体的戒毒积极性。

第三节　综合矫治原则

综合矫治要“遵循教育矫治工作的客观规律，充分运用管理、生产劳动等手段的教育矫治功能，使场所各类教育活动形成合力，提高综合矫治能力”。这里引申出了两个至今研究甚少的概念：戒毒人员思想教育矫治的客观规律和综合矫治能力。

一、思想教育矫治的客观规律

规律是事物之间的本质联系。恩格斯说：“自然界中的普遍性的形式就是规律。”[②] 列宁说：“规律就是关系……本质的关系或本质之间的关系。”[③] 因此

---

① 孔子. 论语［M］. 杨伯峻，杨逢彬，注译. 长沙：岳麓书社，2018：21.

② 马克思，恩格斯. 马克思恩格斯选集：第三卷［M］. 中共中央马克思恩格斯列宁斯大林著作编译局，编译. 北京：人民出版社，2012：937.

③ 列宁. 列宁全集：第 55 卷［M］. 中共中央马克思恩格斯列宁斯大林著作编译局，编译. 北京：人民出版社，1990：128.

我们可以说，我们所能感知到的自然和社会现象，实质上就是自然和社会诸多因素间本质的关系所在。规律的生成过程是在事物诸要素相互联系的矛盾过程中实现的，因此，矛盾是规律的生成机制，或称之为规律之规律①。根据思想教育矫治过程中各类范畴的矛盾关系，我们可以揭示出戒毒人员思想教育矫治的客观规律，包括一般规律和特殊规律。

（一）一般规律

一般规律是思想教育矫治实践过程中质的规定性。一方面，在戒毒人员思想教育矫治实践活动中，各类因素是变化发展的，如主体的不确定性、客体的流动性、环境的多变性等，这些变化发展的、偶然性的、量的因素里必然有着质的规定性。这个质的规定性就是整个思想教育矫治工作必须围绕戒毒人员思想认识发展和道德水准提高来开展。因此，我们完全可以确认戒毒人员思想教育矫治一般规律就是“思想认识发展和道德水准提高的规律”，包括思想教育矫治主、客体两个层面的思想认识发展和道德水准的提高。另一方面，思想教育矫治工作是在国家大政方针框架下进行的，要服从和服务于“采取各种措施帮助吸毒人员戒除毒瘾，教育和挽救吸毒人员”，服从和服务于教育矫治工作目标。因此，“服从和服务于国家戒毒工作方针政策的规律”也是戒毒人员思想教育矫治的一般规律。

“思想认识发展和道德水准提高的规律”和“服从和服务于国家戒毒工作方针政策的规律”是反映两个不同层次的基本规律。前者面向具体的人，促进其思想和行为的发展，后者面向国家方针政策，促进思想教育矫治内容和方法符合国家方针政策要求，使思想教育矫治工作朝着正确的方向前进。前者是后者的基础，后者制约着前者的发展，它们既有区别又有联系，统一于思想教育矫治的实践。

（二）特殊规律

特殊规律是思想教育矫治过程不同阶段、不同环节、不同部分的本质联系，显示了思想教育矫治过程不同阶段、不同环节、不同部分的固有特征。

1. 主动性与被动性对立统一的规律

主动性包括两层含义，即教育者主动施教和被教育者主动求教。一般来说，戒毒人员被送到强制隔离戒毒所，鲜有主动接受思想教育矫治活动的，但在教育主体的引导和灌输下，他们可以被动接受。这个时候，教育者的主动施教与戒毒人员的被动受教是对立的。主动性和被动性的矛盾存在于思想教育矫

① 胡沫，孙其昂. 思想政治教育规律的哲学视域［J］. 江汉论坛，2004（8）：137.

治过程，教育主体要做的，就是通过思想教育矫治活动，使戒毒人员从被动接受到主动接受，让被动性转化为主动性，使两者相统一，这是提高思想教育矫治质量的前提。

2. 吸毒与戒毒相互转化的规律

吸毒和戒毒是一对矛盾，吸毒人员和戒毒人员是两类性质不同的人。如何从一名吸毒人员转化为戒毒人员，是实现思想教育矫治目标的重要环节。在强制隔离戒毒期间，戒毒人员的身份是在一定张力的作用下保持的，离开这一张力，戒毒人员又有可能转化为吸毒人员。因此，“吸毒→戒毒→复吸→再戒毒……”这一恶性循环现象是存在的。教育者要做的，就是利用这一相互转化的规律，促进吸毒到戒毒的转化，遏制戒毒到吸毒的转化，从而促进思想教育矫治目标的实现。

3. 思想教育矫治主、客体互动规律

作为戒毒人员思想教育矫治的主体，其肩负着用正确的价值观引导戒毒人员，并促进其转变思想、放弃错误观念、接受正确价值观的重要责任。戒毒人员作为客体，其要在主体的管理教育下完成思想转变，逐步重构自己新的价值观。这个过程中，思想教育矫治主、客体的互动是必不可少的，主体施教的目的，就是充分发挥戒毒人员的主动性，促进客体主体化。主体也要在施教过程不断学习成长，掌握更多的思想教育矫治知识和基本技能，以促进主、客体的良性互动。深刻把握主、客体互动规律是改进思想教育矫治工作方法、实现其目标的必要手段。

4. 管理与教育、内容与方法相结合的规律

对戒毒人员实施严格的管理是维护良好场所秩序的基础，是教育者对戒毒人员实施教育的前提，而教育则是为促进管理正常开展的有效手段。管理的目的是提高思想教育矫治效率，思想教育矫治的目的是塑造新人，两者就像两根平行的铁轨一样，缺一不可但目标一致。管理和教育相辅相成，共同支撑起思想教育矫治事业的发展。内容和方法在提高思想教育矫治质量中的作用是举足轻重的，一方面，内容离不开方法，否则思想教育矫治工作永远都是对牛弹琴；另一方面，方法也离不开内容，否则思想教育矫治工作就成了花拳绣腿，戒毒人员将得不到真正的提高。把握好管理与教育、内容与方法相结合的规律是提高思想教育矫治效率，完成思想教育矫治目标的必然要求。

5. 内化与外化相统一的规律

内化是戒毒人员将教育者所传递的思想意识“据为己有”的过程，外化是戒毒人员将“据为己有”的思想转化为外在的道德行为的过程。简言之，

内化是输入并稳定，外化是输出并发生作用。因此，两者在思想教育矫治过程中处于两个不同的发展阶段。内化与外化相互依存、相互渗透，内化是前提和基础，外化是目的和归宿。通过把握上述四个特殊规律，实现内化与外化相统一是思想教育矫治目标的最终落脚点。

思想教育矫治规律就是思想教育矫治诸因素之间固有的、本质的、必然的、稳定的联系，是思想教育矫治中最本质的现象。可以说，在思想教育矫治实践活动中，有多少具体的相互关系或矛盾，就有多少规律存在。上述规律是戒毒人员思想教育矫治实践中的客观实在，随着范畴的不断拓展，新的规律也会随之被我们发现。

二、提高综合矫治能力

要提高综合矫治能力，促进戒毒场所各类思想教育矫治活动形成合力，就要分析当前戒毒场所有哪些类别的教育活动。

首先，按教育地点划分，有课堂内与课堂外的教育活动。课堂内教育指在教室内实施的一切教育活动，课堂外教育指在教室外实施的一切教育活动，如文娱活动、体育活动、亲属与社会组织的帮教活动等。其次，按教育内容划分，有生产教育活动和文化教育活动。生产教育活动包括生产劳动、职业技能培训等，文化教育活动涵盖广泛，它既包括科学文化教育，也包括法律法规教育，更包括思想品德教育和卫生健康教育等。最后，按教育方法划分，有集体教育活动和个别教育活动。集体教育活动有开大会、团体活动（包括团体心理辅导、社工小组活动）等，个别教育活动有传统的个别谈话、社工个案工作、个别心理辅导等。

对戒毒人员的管理、教育和生产劳动是挽救违法人员的重要手段。实践证明，生产劳动在思想教育矫治中起着其他方式不可替代的作用。我们知道，教育同生产劳动相结合本身就是马克思主义人学理论的重要内容之一，在马克思看来，“生命的生产，无论是通过劳动而生产自己的生命，还是通过生育而生产他人的生命，就立即表现为双重关系：一方面是自然关系，另一方面是社会关系”①。可见，生产劳动是人的本质力量的表现形式，而人的本质是现实的，是自然性与社会性的统一，是一切社会关系的总和。生产劳动是教育挽救戒毒人员的重要手段，其重要意义在于：一是使戒毒人员认识和理解自己劳动创造

① 马克思，恩格斯. 马克思恩格斯选集：第一卷［M］. 中共中央马克思恩格斯列宁斯大林著作编译局，编译. 北京：人民出版社，2012：160.

的价值，从而认识和理解自身在社会、在家庭的价值；二是生产劳动可以促进戒毒人员身心发展，为将来离开戒毒所后能够自食其力打下身体和心理基础。因此，如何将戒毒人员从潜在的劳动力转化为现实的劳动者，这是实现“戒毒人员个体进步”和“促进社会和谐健康发展功能”的必然手段。

下面是四川某强制隔离戒毒所戒毒人员李某某对劳动管理的看法及民警评语：

李某某对劳动管理的看法：

今天的心情还可以，因为大家的任务还完成得可以，特别几个绕板的都完成了任务，大家纪律也做得很好。我有点想法，我想用我的办法来管理，肯定和以前有些不一样。我觉得完成得好的，可以给他们抽一支烟，该鼓励的就鼓励；没完成的什么也没有，该强化学习的就强化学习。我声音也不大，我也不会骂他们，我会用制度来管他们。

民警评语：

两个班组长之间多协调、商量，办法总比困难多。不违反大的原则，灵活点也是可以的，但不得违反规定。

思想教育矫治主体要把握戒毒人员思想教育矫治规律，充分发挥思想政治教育的独特魅力，利用各类活动为载体，让更多的思想教育矫治资源形成合力，共同发挥作用，只有这样，才能改善综合矫治的效果。

第四节　面向社会原则

司法部规定要“充分利用社会资源优势，全面提升戒毒所教育矫治工作水平，做好解除强制隔离戒毒人员的后续帮扶工作”。这一原则要求戒毒机关要利用社会资源，做好后续帮扶工作。

一、发挥社会资源优势

基于我国对戒毒人员思想教育矫治工作起步晚、基础薄弱的特点，要实现戒毒人员思想教育矫治目标，必须利用场所内外的一切有利于戒毒人员转化的社会资源，共同完成对戒毒人员的思想教育矫治实践。

首先，要充分利用企业资源。思想教育矫治主体对戒毒人员进行职业技能培训时离不开企业的参与合作，而企业也由于业务的拓展需要更多的劳动密集型员工。两者可以找到双方都可接受的业务交集点，实现“三赢”，即主体实现教育人的目的，企业实现解决员工不足和降低成本的目的，戒毒人员实现技能提高又创造收入之目的。

其次，要利用高校学科资源。高校的学科建设需要进行大量的社会实践活动，特别是医学药学类、心理学类、社会学类、法学类学科。戒毒机关可以主动走出去，寻求相关的学科帮助，以提高自己的理论研究水平，提高戒毒成功率。而戒毒人员也需要更加科学和多样的方法帮助自己提高思想认识水平，通过与高校合作，达到理论与实践相结合的目的。

最后，要利用社会组织资源。如今各类社会组织通过政府购买服务，对特殊群体的帮助发挥着积极作用，特别是社会工作和心理学组织。一方面，社会组织需要政府大量购买服务来拓展自己的业务空间，增强自己的生命力；另一方面，戒毒机关可申请专项经费引进社会工作和心理学专业组织为戒毒人员思想教育矫治服务，以弥补自身工作人员不足、智力水平不足、设备设施不足的短板。

广泛利用社会资源共同为戒毒人员思想教育矫治工作服务是趋势，但戒毒机关特别是强制隔离戒毒所应对所接触的社会组织严格审查，切不可因为利用社会资源而被别有用心的社会资源反利用。

二、做好后续帮扶工作

后续帮扶工作是巩固思想教育矫治效果的必要措施。要使戒毒人员改过自新、重新做人、保持高操守率，戒毒机关就要积极参与戒毒人员的后续帮扶工作。

首先，戒毒机关要与戒毒人员当地公安部门保持密切的沟通与联系。戒毒人员解除强制隔离戒毒后一般都会回归自己原所在地，很多戒毒人员在当地公安部门还有案底。因此，戒毒机关本着治病救人的目的，应该经常性地与当地公安部门保持联络，就解除强制隔离戒毒人员的基本情况交换意见，让戒毒人员回归社会后随时感受到警察的关注。

其次，戒毒机关要与戒毒人员所在社区互通有无。社区专职干部对回归社会者了解最多，特别是现阶段多数社区实行网格化管理后，回归社会者的一举一动多半不会逃过社区管理干部的“法眼”。戒毒机关应将戒毒人员在强制隔离戒毒期间的表现情况通报给社区管理干部，让社区干部在做工作时有的放矢，可以提高社区干部的存在感和成就感。

最后，戒毒机关要与戒毒人员家庭及本人保持沟通。戒毒人员家庭是其最终的归宿地，不可否认，多数家庭对戒毒人员的回归是持肯定和接纳态度的，对回归者保持操守也起着积极作用。因此，戒毒机关应该与戒毒人员家庭保持沟通，对回归者的表现情况密切跟进，让他们感受到来自政府和社会的温暖。

第五节　科学创新原则

创新是思想教育矫治工作进步的动力，司法部规定要“根据戒毒工作发展的需要，研究教育矫治工作中的新问题，探索新方法，不断实现教育矫治工作的理论创新、机制创新和方法创新”。正确理解这一原则，就要深刻认识下面两个问题。

一、思想教育矫治工作面临的矛盾

由于当前禁毒戒毒面临的新情况和新问题，我国对戒毒人员思想教育矫治工作面临诸多短时间内难以克服的矛盾，发现并解决好这些新问题，是戒毒工作发展的需要，也是实现理论创新、机制创新和方法创新的需要。

（一）新型合成毒品的泛滥造成的低戒断率、高复吸率与矫治措施滞后的矛盾

新型合成毒品滥用人群主要为青少年群体，包括“high 妹”群体、赌博者群体、无业者、边境农民群体、出租车及长途运输司机群体、长时间网吧游戏者、个别公务员和公司职员、个体户及演艺圈人士等。低戒断率与高复吸率使新型合成毒品横扫吸毒者群体，而思想教育矫治措施的滞后更使得这类毒品如入无人之境。

（二）戒毒人员的结构性变化与思想教育矫治主体知识结构更新的矛盾

强制隔离戒毒所多从劳动教养管理所转型而来，收治对象发生了根本性改变，随着制毒成本的降低，市场价格适中使吸毒人群出现底层化、职业多样化的特点，思想教育矫治主体如何改变自身知识结构，提高自身工作水平与效率是亟待解决的问题。

（三）戒毒人员数量增加与戒毒场所不足、设备设施缺乏的矛盾

吸毒人员的逐年增加使我国戒毒场所无法将其全部收治，戒毒场所特别是强制隔离戒毒所只能选择性收治戒毒人员。社区戒毒和社区康复的矛盾更为突出，“目前的社戒社康、后续照管都是一种柔性的管理，基本没有强制执行

力，很多措施很难落实到位，回归社会后的戒毒人员处于‘散放’状态”①。这种“散放”状态大大消解了强制隔离戒毒的成果，提高了复吸率，极大地浪费了社会资源。

二、理论创新、机制创新和方法创新

如何解决上述三对矛盾，需要在马克思主义理论指导下，立足我国不同地区的实际进行大胆创新，包括理论创新、机制创新和方法创新。

理论创新不会凭空产生，它来源于我国思想教育矫治工作的具体实践，需要做大量的工作并进行归纳总结。马克思主义历史与逻辑的关系理论要求我们在研究戒毒人员思想教育矫治的客观过程中既要遵从历史的客观进程，又要善于了解和把握历史事实，在此基础上做出符合逻辑的理论提升。历史和逻辑的统一是马克思主义方法论的核心，是辩证唯物主义和历史唯物主义活的灵魂，更是指导我们进行戒毒人员思想教育矫治研究和实践活动的基本原则。理论创新除了与实际相结合外，还要进行跨学科研究，要综合运用教育学、社会学、法学、医学、药学、心理学、经济学和行为科学等学科进行交叉研究，还要建立对理论工作者的激励措施和评价机制，让理论成果为提升思想教育矫治整体水平服务。

机制创新和方法创新是在理论创新指导下，立足我国不同地区、不同民族风俗特征而开展的。我国戒毒教育矫治工作起步晚，经验不足，为此，我们要做好“探索→发现问题→容错纠错→再探索……”这种螺旋上升式发展的准备，对已经发现存在弊端的方法要及时纠正，如强制隔离戒毒人员要先经过公安机关强制戒毒三至六个月再转至司法机关的戒毒场所，由不同的主体切割矫治过程，分散了思想教育矫治资源，增加了司法机关工作难度，其弊端已经显现。国家应逐步理顺职责，形成“公安负责打击，司法负责矫治”的机制，集中优势资源，共同为思想教育矫治服务。

理论创新指导着机制创新和方法创新，反过来，机制创新和方法创新又可以促进理论创新不断发展。不管毒品形势如何变化，只要遵循马克思主义基本理论，用运动、变化和发展的观点指导思想教育矫治实践，就可以在新的毒情形势下把握思想教育矫治规律，富于创造性地开展工作。

---

① 陈道鹏，杨子峰，张丽. 关于新形势下农村籍戒毒人员融入社会面临的问题和对策［J］. 法制与社会，2016（12）：179.

“以人为本、因人施教、综合矫治、面向社会和科学创新”是当前和今后指导我国对戒毒人员开展思想教育矫治的五项方向性准则，其中以人为本是前提性原则，因人施教是方法论原则，综合矫治是途径原则，面向社会是指导性原则，科学创新是保障性原则。应该注意的是，当前我国思想教育矫治工作的现状离达到这五项原则的要求还存在一定的距离，但随着我国经济和社会治理水平的不断提高，我们不仅可以达到原则所规定的要求，还可以在这个基础上创新和发展。

在国家的现行法律法规文本中，虽然没有提及戒毒人员“思想教育矫治”这一概念，但根据戒毒人员教育矫治目标而提出以人为本、因人施教、综合矫治、面向社会和科学创新的原则，涵盖了思想教育矫治的全部内容。

第六章　戒毒人员思想教育矫治的运行环节和运行机制

对戒毒人员的思想教育矫治是社会治理的系统工程之一，原则性强，周期较长。司法部规定对戒毒人员教育矫治工作目标，简言之，就是促使戒毒人员成功戒除毒瘾，融入社会。在厘清中外戒毒矫治历史、梳理了我国社会主义思想教育矫治工作的性质、特征、功能和原则后，本章将根据教育矫治目标对我国现行的教育矫治运行环节和机制进行重点分析。

第一节　戒毒人员思想教育矫治运行环节

环节是指相关联事物中的一个或一部分。马克思主义用联系、全面和系统的观点观察和认识事物的发展过程，避免了对认识事物的片面性、局部性研究。在戒毒人员思想教育矫治过程中，我们要运用马克思主义联系、全面和系统的观点来研究和剖析戒毒人员思想教育矫治过程的各组成部分及其相互关系。国家确定的教育矫治工作目标是一个整体，需要若干个部分来组成，而实现这一目标又是一个总过程，需要若干个分过程的有机结合。因此，要从多维度来理解思想教育矫治的运行环节。从时间上讲，有起点环节、中期环节、后期环节和终点环节；从内涵上讲，有思想环节、政治环节和教育矫治环节；从过程上讲，有施教环节和受教环节。只有从多维度出发，才能完整理解戒毒人员思想教育矫治的全部运行过程。

一、时间环节——从起点到终点

从起点环节开始，经过中期环节、后期环节再到终点环节，戒毒人员思想教育矫治运行是一个复杂多变的、多因素影响的动态组合系统，四个环节相互联系、环环相扣，共同构成思想教育矫治时间意义上的一个完整过程。

（一）起点环节——脱毒期思想教育矫治

起点环节思想教育矫治的显著特点是在约束性保护措施的配合下进行的，所谓约束性保护措施是指戒毒人员因毒瘾发作有攻击性行为和自伤自残行为时，思想教育矫治主体对其采取控制肢体自由的措施。约束性保护措施一般在戒毒人员入所头两个月使用。对于戒毒人员来讲，头两个月是极其特殊的时期。由于骤然中断毒品的供给，戒毒人员机体无法继续保持平衡，体内各系统的正常运行秩序完全紊乱，从而出现戒断症状。其中8~12小时表现为类似感冒症状，12~15小时表现为情绪恶劣、瞳孔扩大、烦躁不安，时而在身上乱抓，时而用头撞墙，此后身体陷入极度虚弱之中，36~72小时症状达到高峰，如不及时救治，极易出现呼吸停止。7~10日后各类症状逐步平息。戒断之后可能会长期残留一些慢性症状，如严重失眠、身体疼痛等。

确定起点环节思想教育矫治目标的依据是戒毒人员在这一时期的特殊性，即实现客体的身份与角色的转换，从一名吸毒者转变为戒毒者，从无拘无束、浪荡不羁的生活环境转变为适应失去自由、受人管束的生活环境，这一转换过程是极其痛苦的。在这个环节中，思想教育矫治是围绕戒毒人员适应新环境、体能恢复、改变旧有认知、重塑新的正确认知来开展的。强制隔离戒毒场所设计的教育内容一般为法律法规教育、所规队纪教育、毒品危害教育、所内戒毒流程教育等。由于生理脱毒期的特殊性，思想教育矫治的方法应依托强制性规章，协助控制戒毒人员因戒断症状的出现而可能发生的危及本人和他人安全的事故发生。

思想教育矫治主、客体之间的磨合必然导致心灵、情感的碰撞甚至肢体冲突，这种冲突或对抗或融合，是思想教育矫治起点环节中必然要面对的，对主、客体的施教与受教都是一种考验。这个环节的思想教育矫治方法，目前多采用集体宣誓法、体育锻炼法、音乐治疗法等。

（二）中期环节——巩固期思想教育矫治

中期环节思想教育矫治是在戒断症状消除后，戒毒人员可以进行正常的脑力和体力劳动，可以参加正常的体育锻炼背景下进行的。根据戒毒人员的特点，思想教育矫治目标可以确定为：通过系列教育教学实践活动，使戒毒人员开启正常生活模式。为此，思想教育矫治内容可以确定为：在每天的康复训练基础上，加强心理调节训练，进行毒品危害教育、增强保持操守的能力，进行法制教育、“三观”教育、文化教育和社会教育。

有学者提出这个环节的思想教育矫治方法可设计为“静坐冥想法、以文化人法、亲情感化法、典型引路法、诊断评估法、毒品拒绝法”① 等。静坐冥想法是一种体验式方法，通过戒毒人员静坐瞑目，独立完成思考，但此法不易跟踪掌握；以文化人法是通过人文教育使戒毒人员将道德要求内化于心的方法；亲情感化法是强化戒毒人员与亲人、民警及社会之间的感情沟通，以增强戒毒信心的方法；典型引路法是向戒毒正面典型人物、向戒毒明星学习的方法；诊断评估法是根据“戒毒人员在执行强制隔离戒毒一年后和期满前须进行诊断评估，评估合格可提前解除，不合格最长可延长一年”的要求而进行的激励方法；毒品拒绝法是通过在戒毒场所建立毒品考验室，模拟吸毒环境，从而引导戒毒人员进行心理脱毒训练的方法。

（三）后期环节——回归期思想教育矫治

后期环节的思想教育矫治是在完成前两个环节基础上开展的，这个环节的工作又是为戒毒人员回归正常生活做准备的，也可称为再社会化环节。所谓再社会化是指“用补偿教育或强制方式对个人实行与其原有的社会化过程不同的再教化过程”②。后期环节时间一般为 2 个月，从执行强制隔离戒毒的时间上讲，不同戒毒人员个体的后期环节时间安排是不同的。根据《禁毒法》的规定，正常执行强制隔离戒毒者的第 2 年第 11 个月进入后期环节，经评估被批准提前 1 年解除强制隔离戒毒者从第 11 个月起进入此环节，相应地延长强制隔离戒毒者要在第 3 年的第 11 个月才能进入后期环节。这个环节的戒毒人员进入回归指导中心实行模拟社区开放管理。符合条件者还可进入戒毒机关设在社区和企业的回归指导站实行社会开放式管理。这个环节的思想教育矫治目标，是增强戒毒人员社会适应能力，建立重返社会的支持系统。思想教育矫治内容，是以防止复吸为目的的巩固性训练，辅之以就业形势教育、社会环境适应教育和体能康复训练等。方法可运用集体讲授法、小组讨论法和自我教育法等。

（四）终点环节——跟踪期思想教育矫治

从执行强制隔离戒毒时间上讲，由于戒毒人员已重返社会开始自己新的生活，终点环节已不属于强制隔离戒毒机关实施管理的环节，但根据思想教育矫治的规律和要求，需要对戒毒人员进行延伸教育与服务，才能达到最好的教育效果。强制隔离戒毒机关可每年进行一次专项的跟踪回访戒毒人员行动，鼓励回归者遵纪守法，为他们的生活工作提供必要的指导与帮助，提高操守保持

① 刘德隆，余功才，方华坤. 关于强制隔离戒毒人员教育矫治方法的实践与思考［J］. 中国司法，2011（1）：50-51.

② 郭兰平. 强制隔离戒毒导论［M］. 成都：西南交通大学出版社，2010：104.

率。跟踪期思想教育矫治还可为我国戒毒教育事业提供宝贵的科学研究依据，为提高我国戒毒教育矫治水平服务。这一环节的目标是鼓励戒毒人员建立健康的生活方式，降低毒瘾复发概率。戒毒机关应与当地公安部门和社区密切配合，做好戒毒人员的后续照管。

上述四个环节是从戒毒人员思想教育矫治的时间过程来理解的，和戒毒人员从入所教育到出所教育的过程同步，这只是理解思想教育矫治运行环节的一个维度。

二、内涵环节——从异质到同质

遵从思想教育矫治规律，戒毒机关让不同的戒毒人员个体在完成起点到终点环节的同时，戒毒人员个体会在思想、德德上达到思想教育矫治的目标预期。我们知道，“思想”是客观事物反映在人的大脑中经过思维加工而产生的结果，是人类一切行为的基础。不同的人，其思维加工是不同的，产生的结果也各异，因此思想是异质的。每个戒毒人员的思想不同，受思想支配的道德行为也会不同，因此，思想教育矫治的内涵环节就是要将戒毒人员的思想和行为统一到戒除毒瘾、遵纪守法上来，这就是从异质性到同质性的转变。在内涵环节中，思想教育矫治和政治教育矫治是内涵环节中极其重要的两个方面。

（一）对异质思想的调查环节

由于思想的异质性，“人上一百，形形色色”“不幸的个体各有各的不幸”成为不争的事实。在异质思想的调查环节中，思想教育矫治主体所做的工作在于两个方面：

一是调查摸底。具体包括：①戒毒人员姓名性别年龄等基本情况、家庭和社会关系、身体状况、收入支出情况、文化程度、有何特长……，可在入所教育期间让戒毒人员填写表格完成。②个人的感悟与需求情况，这是个复杂的收集过程，需要思想教育矫治主体为每名戒毒人员建立台账，以个别谈话的方式准确记录，在不同的阶段还要进行调整。四川省“常青藤”教育矫治计划中的“守望相助”项目就是让戒毒人员每天写下自己的感悟，充分表达自己的思想，为教育者掌握戒毒人员思想状况起到一定的作用。③对将来生活的打算、对管理教育的要求以及对家人的期盼，这些信息需要教育者深入戒毒人员当中，采用多种方式才能完成。

二是思想引导。在充分调查摸底的基础上实施的各种思想教育矫治措施才具有针对性，这需要教育者观察入微，善于发现戒毒人员因思想问题而出现的行为异常，从而进行适时的帮助与干预。如某强制隔离戒毒所戒毒人员王某多次在“守望相助”笔记中流露出想念家人的念头，被干警观察到后，干警们一方面与该戒毒人员个别谈话，鼓励他好好接受教育，彻底戒除毒瘾，争取将强制隔离戒毒时间缩短一半，早日回家与亲人团聚；另一方面与其母亲主动联系，希望多来场所看望自己的儿子。经过教育者与家长的共同努力，王某在教育矫治期间表现良好并提前回归家庭。

摸底工作极其烦琐，教育者要花费大量的时间，但这是掌握戒毒人员的必备环节，花再多的时间也是值得的。掌握了戒毒人员思想，就掌握了思想教育矫治活动的主动权，对提高针对性效果能起到事半功倍的作用。思想引导需要教育者做耐心细致的工作，需要组织不同的活动将戒毒人员的思想引导到教育者设计好的目标上来。

（二）对同质目标的引导环节

同质性目标要求思想教育矫治主体制订统一的计划、统一的教学内容，这是实施思想教育矫治的必然要求。编制统一教学计划、统一内容的依据是《中华人民共和国禁毒法》和国务院《戒毒条例》，以及司法部 2014 年颁布的《强制隔离戒毒人员教育矫治纲要》。国内不同地区有其特殊性，如民族习惯、地方风俗等，但应围绕国家统一规定的对戒毒人员教育矫治工作目标来完成这一环节。

同质目标的引导环节包括思想矫治和行为矫治。一方面，思想矫治要求教育者为戒毒人员规定应该树立什么样的思想观念，戒毒人员虽然游走于道德和法律的边缘，但对他们进行统一的思想要求应该是底线要求。对戒毒人员而言，遵守宪法和法律就是这一底线要求；另一方面，基于戒毒人员确立的思想观念，教育者要引导他们践行正确的道德行为，不能做有损党的领导、有损中国特色社会主义制度及有损国家安全、社会稳定和民族团结的事是对戒毒人员道德行为的要求。

同质目标的引导环节要求戒毒人员树立积极健康的思想意识、遵纪守法的法律意识，这是我国社会稳定的前提条件。只有将戒毒人员的思想统一到认真接受改造上来，才能顺利完成思想教育矫治目标，同质目标的引导环节的目的皆在于此。

异质思想的调查环节和同质目标的引导环节是实现戒毒人员思想教育矫治目的的内涵途径。两者相辅相成、相互促进。思想教育矫治强大的生命力必须经过两个环节的相互作用才能彰显，这就是“教育永远在路上”的原因所在。马克思主义既是世界观，又是方法论，教育者要用辩证唯物主义和历史唯物主义的方法指导思想教育矫治实践。近年来，国内不同省份根据自身的实际，尝试着多种教育矫治模式，为实现戒毒人员从“思想道德的异质到同质”的转变做了许多有益的探索，取得了较好的效果。

三、过程环节——从施教到受教

戒毒人员思想教育矫治的运行过程是由主体与客体通过思想教育矫治实践活动的双向互动而形成的，即主体的施教与客体的受教相互作用才能构成一个完美的整体，从过程的维度来看就形成施教与受教两个重要的环节。

（一）施教环节

思想教育矫治主体通过教育信息的筛选，经过主体的评价后将其输入思想教育矫治客体的环节，我们称这一过程为施教环节。这一环节由三部分组成：一是主、客体之间确立关系，即思想教育矫治主体要帮助戒毒人员“做好接受的心理准备，使得双方的目的性行为即教育与接受的活动形成对峙之势，这是进行教育过程的基本前提”①，应该说，戒毒人员从被送到强制隔离戒毒所的那一天起，主、客体之间的关系就确立了；二是实施教学计划，让戒毒人员内化新的思想教育矫治内容，这个环节中，思想教育矫治主体通过灌输与指导，让戒毒人员树立戒毒信心和重新做人的勇气，提高戒毒人员践行社会主义核心价值观的能力，培养好的思想道德行为习惯；三是进行施教评价，这是思想教育矫治主体与戒毒人员共同参与的反馈环节，是主体控制教育过程、调整教育内容与方法的依据。

（二）受教环节

受教环节的步骤：一是戒毒人员要做好接受思想教育矫治的准备，包括生理和心理的准备，以最好的状态适应思想教育矫治的环境；二是在施教者（民警）的引导下进入并适应具体的思想教育矫治环境，这就要求戒毒人员要融入情景，戒毒人员是被动进入情境还是主动进入情境，直接影响到思想教育矫治质量；三是在戒毒场所环境的影响下以及与民警、其他戒毒人员交互过程中内化教育内容，这是由内化向外化转化过程的中间环节，是戒毒人员通过教育，更新自己的思想和行为，达到知行合一的基础；四是戒毒人员在自我评价基础上外化思想道德要求，在施教者的教育和帮助下，戒毒人员能深刻体验抛弃旧意识、树立新意识的感觉，在这种新感觉的支配下，戒毒人员能够自我强化与改善学习效果，对学习效果能够自觉进行评价与反思，并逐渐形成新的思想道德品质，促使自己改掉恶习、脱胎换骨、重新做人。

---

① 张耀灿，等．思想政治教育学前沿［M］．北京：人民出版社，2006：218.

施教环节与受教环节是思想教育矫治过程中两个互为前提、互为因果、相辅相成的方面，其结果是建立在主体想教、善教、乐教以及戒毒人员想学、善学、乐学的基础上的，满足这一要求需要严格的制度约束。

思想教育矫治运行环节是个复杂的过程，需要从时间、内涵和过程等立体式、多维度加以理解和应用。与运行环节同时出现并发挥思想教育矫治作用的就是运行机制。

第二节 戒毒人员思想教育矫治运行机制

思想教育矫治运行机制建设需要在戒毒机关或社区党委的统一领导下，按照覆盖全面、科学管理、职责明确、关系协调和保障有力的要求，充分调动场所内外的一切因素，调动戒毒民警和社区工作人员的积极性，以社会主义核心价值观为引领，逐步形成针对戒毒人员思想教育矫治的预警与引导机制、动力与接受机制、整合与调控机制、保障与评价机制。

一、预警与引导机制

（一）预警机制

预警机制是指建立戒毒人员思想教育矫治网络信息系统，通过多渠道了解戒毒人员思想动态，为制定科学、合理对策做准备的运行方式。

戒毒人员思想活动具有独立性、多变性和差异性，及时准确把握戒毒人员思想动态，是做好思想教育矫治工作的重要基础。戒毒工作面临复杂的国际国内环境，给思想教育矫治工作带来严峻挑战，为此，建立相应的预警机制显得尤其重要。进行相关预警，一是要进行定性预测，即思想教育矫治主体依靠直觉，对戒毒人员中特殊现象的发展走向进行判断，发挥集体智慧进行研判；二是要进行定量预测，即根据历史和现实数据，运用数理统计方法预测戒毒人员思想发展情况，“采用资料记录、移动平均值和回归分析等方式，按照一定的时间顺序和规则，平移推算，寻找数据演变规律”①，从而逐步对戒毒人员思想状况加以描述性推测，得出结果；三是要进行规范性预测，即根据需要，确定戒毒人员不同时段思想教育矫治目标，运用逻辑推理来估测实现目标过程中戒毒人员可能出现的思想状况；四是要进行类比性预测，即从戒毒人员共同因

---

① 张耀灿，等. 思想政治教育学前沿［M］. 北京：人民出版社，2006：282.

素的发掘与类似现象的发现来预测未来发展趋势；五是要进行变化分析预测，即对戒毒人员某种思想苗头的产生来分析未来的变化；六是要进行相关性预测，即从戒毒人员的某种思想情况去推测可能发生的另一种结果。

（二）引导机制

引导机制是指思想教育矫治主体以预警信息为基础，开导戒毒人员，以影响其思想、态度和价值取向，使戒毒人员的思想和行为向着主体预设方向发展的过程。

引导机制的方向是正向的，是把戒毒人员消极的思想和行为向着积极的思想和行为的引导。引导的方法是多种多样的：一是语言引导，指思想教育矫治主体通过集体讲话或个别谈话方式对戒毒人员进行的训诫和规劝；二是活动引导，指思想教育矫治主体有针对性地精心安排文体活动、习艺劳动或观看相关影视，用积极的思想取代戒毒人员消极的思想；三是同伴榜样引导，用表扬戒毒同伴的积极表现来刺激、鞭策落后的戒毒人员。

预警机制与引导机制是相互联系、互为前提、相互促进的，两者是辩证统一的。一方面，通过预警机制掌握第一手材料，将所掌握的信息反馈给引导机制，从而作为引导机制产生作用的依据；另一方面，引导机制的结果又可成为新一轮的预警机制的基础，如此反反复复，能极大地解决与消除思想教育矫治过程中的困难和隐患。

二、动力与接受机制

（一）动力机制

戒毒人员思想教育矫治只有在保持适度张力的时候才能拥有强大的生命力，因此，建立健全动力机制是必由之路。所谓动力机制，是指基于戒毒人员的“需要”而开展的系列思想教育矫治活动过程。

在思想教育矫治实践中，戒毒人员的“需要”与“满足需要”之间会进行直接的、此消彼长的博弈，通过博弈，“需要”与“满足需要”之间就构成了对立统一的矛盾运动，这是进行思想教育矫治实践活动的根本动力所在。在这里有几个范畴：一是动力主体，它既是动力发生体，又是动力受体，比如将戒毒人员矫治成果融入思想教育矫治运行轨道，使社会为之受益，这样，社会既成了动力发生体，又成了动力受体；二是动力客体，是戒毒人员获得需求的满足对象，即满足物；三是动力传递媒介，是指思想教育矫治动力在动力发生体和动力受体之间传递的渠道；四是动力源，即戒毒人员的内在需求。在“需求”与“满足需求”的矛盾运动中，思想教育矫治主体应做好政策导向、利益导向，引入精神动力机制与竞争机制。

（二）接受机制

思想教育矫治是主、客体双向互动的实践活动，是思想教育矫治主体教育信息输出与客体接受的过程。所谓接受机制是指戒毒人员出于自身的内在需要，对教育者利用各种媒介所传递的思想文化信息加以接收，由外化到内化的过程。

戒毒人员通过感觉、视觉、听觉等对思想教育矫治主体传递的教育信息中所包含的理论、观点进行复制和再现，形成与之相关联的思想和观念。这种反映活动具有一定的选择性，即将思想教育矫治主体传递的各种教育信息进行价值判断，从而决定取舍。如果教育信息符合戒毒人员的需要，或符合其价值目标时，戒毒人员便接收这些信息并与自己固有的思想形成对照，使自己原有思想品德结构发生改变。这个过程包括建构和重构两个方面，在建构或重构过程中形成新的思想观念，这些新的观念正确与否要以客观事物的内在规律和社会规范为标准，要想使戒毒人员获得的观念内化于心，就必须在思想教育矫治实践中去进行检验才能深化。而戒毒人员一旦内化了教育者提供的信息，形成了自己的主体认识，便完成了接受过程。但思想教育矫治的接受不能仅仅停留在内化上，戒毒人员最终还必须能动地反映这些观念，将经过重构过的观念转化为自觉的道德行为，即外化和践行。而要外化思想观念，还需要采取激励措施，包括物质激励和精神激励，从而最终达到思想教育矫治目标。

动力机制与接受机制是相辅相成、辩证统一的，只有以需要为基础的动力机制，才能为接受机制提供鲜活的土壤，而接受机制是动力机制的发展方向和必然结果，两者共同统一于思想教育矫治过程中。

三、整合与调控机制

（一）整合机制

戒毒人员思想教育矫治的整合，有两层含义：一是对思想教育矫治内部诸要素，如教育者与戒毒人员、教育环境、教育内容、方法与途径等通过联系、互补、重组等，形成合理的结构，实现整体优化，发挥思想教育矫治的最大效能；二是将思想教育矫治这一系统与其他相关系统相互衔接、相互补充，形成一个更为庞大的系统，这个新系统既能保持思想教育矫治作为一个系统的完整性，又能使思想教育矫治获得更加良好的适应能力。

整合对象包括：一是利益整合，对利益的追求是普通人从事某项活动的出发点和落脚点，戒毒人员更是如此，因此思想教育矫治要将教育与解决戒毒人员的实际问题结合起来；二是情感整合，思想教育矫治工作不只是对党的禁毒戒毒政策的重讲与学习，更是思想教育矫治主、客体之间的情感交流，要对戒毒人员的情绪情感进行观察与研究，有针对性地做好工作，化不利因素为有利因素；三是组织整合，即营造一个良好的思想教育矫治集体，提高集体的吸引力，创造性地开展实践活动；四是文化整合，即通过文化的力量影响戒毒人员的价值与信念，使之变成自己重新做人的精神力量，而这种精神力量是可以转化为物质力量的；五是功能整合，思想教育矫治的不同范畴都发挥着不同的功能，而这些功能不是孤立的，需要思想教育矫治主体将它们进行有机整合，使其相互补充和相互促进。

（二）调控机制

思想政治教育的意识形态性决定了对戒毒人员的思想教育矫治始终会面临方向问题，为了使其按照正确规划所设定的目标和方向发展，就需要建构思想教育矫治的调控机制，以便对思想教育矫治过程进行适时修正。

完善调控机制。首先，对思想教育矫治的相关要素要制定科学的目标，在运行过程中要实事求是，对整合过程中出现的偏差进行适时纠错，使思想教育矫治方向始终指向目标；其次，健全信息沟通与反馈渠道，使思想教育矫治主体随时掌握目标实现进程，没有准确而及时的信息沟通反馈，就难以正确指挥思想教育矫治实践；最后，确立调控权威中心，戒毒机关党委应是调控机制的绝对权威，对思想教育矫治的目标、内容、方法等的调节发出指令，以确保整个工作的顺利进行，使思想教育矫治工作步调一致，这是保持思想教育矫治工作战斗力的有效保障。

整合机制与调控机制是戒毒人员思想教育矫治进程中所要经历的重要阶段，所谓计划不如变化快，就是要求思想教育矫治主体根据随时在变化的教育因素进行整合、调控、容错、纠错，发挥党委的权威作用，使思想教育矫治工作沿着健康的轨道前进。

四、保障与评价机制

（一）保障机制

保障机制是指国家通过配强配齐配足参与思想教育矫治的诸要素，以保证思想教育矫治工作顺利进行。这些要素包括主体的数量与质量、基础设施的完善、经费的投放等。一是组织保障。对戒毒人员的思想教育矫治工作，戒毒机关党委是第一责任人，总揽思想教育矫治的全局。二是制度保障。我国的思想教育矫治工作起步晚，要在实践过程中善于积累经验，形成制度，逐步实现思想教育矫治工作的规范化、制度化，保证参与思想教育矫治活动的各责任要素都有规可依，做到各司其责、协调一致地完成任务。三是队伍保障。政治坚定、业务精湛、作风优良应该是思想教育矫治工作者必备的素质，要保证干部队伍数量的充足，切实提高一线工作者的政治和业务水平，在保证队伍稳定性的同时，不断充实新的骨干。四是物质保障。我国人口基数大，吸毒人口在增长，而复吸率又居高不下，目前的状况，不是所有吸毒人员都能“有幸”被送去强制隔离戒毒，这与物质保障不足不无联系，国家应该加大投入，改善戒毒条件，让“吸者必戒”成为现实。

（二）评价机制

评价机制就是通过建立健全思想教育矫治的信息反馈系统，全面科学地评价各环节的运行和最终的效果。建立评价机制对提高思想教育矫治效果具有重要的现实意义：首先，戒毒机关党委可以从实际出发，在制订计划时减少盲目性，提高针对性；其次，可以有效评价队伍的贡献、作用和业绩，提高思想教育矫治工作者的职业荣誉感；最后，评价机制要有利于改进和创新对戒毒人员思想教育矫治的内容、方法，提高工作的科学化水平。

如何确定思想教育矫治评价机制的标准，列宁说过：“人的思维是否具有对象的真理性，这并不是一个理论的问题，而是一个实践的问题。”① 因此，应根据马克思主义实践是检验真理的唯一标准，按照思想教育矫治的目的和任务来综合考察，以是否有利于戒毒人员回归社会为标准，是否有利于戒毒人员长期保持操守为标准，是否有利于社会治安综合治理为标准。在这三个标准的基础上，要坚持政策性原则，客观、公正、全面性原则。总之，评价机制是个复杂和系统工程，政策性极强，应充分把握评价原则，以评促建，以评促改。

预警与引导机制、动力与接受机制、整合与调控机制、保障与评价机制这四对机制构成了戒毒人员思想教育矫治的运行过程。运行过程和这四对机制之间是整体与部分的关系，四对机制之间又是承前启后、相互衔接、相互补充、缺一不可的，在每个机制的内部还存在着与其相关联的微观层面的机制，整个戒毒人员思想教育矫治运行过程就是由功能不同、层次各异的系统机制构成的有机整体。

---

① 列宁．列宁选集：第二卷［M］．中共中央马克思恩格斯列宁斯大林著作编译局，编译．北京：人民出版社，2012：78.

运行环节与运行机制是戒毒人员思想教育矫治原则的具体体现，是为原则服务的。可以说，思想教育矫治原则的执行情况如何，就是看运行环节和运行机制的设计是否科学合理，这是检验我国对戒毒人员思想教育矫治是否成功的试金石。

第七章　影响戒毒人员思想教育矫治的因素及原因分析

戒毒人员思想教育矫治的社会实践最终是要以实现《强制隔离戒毒人员教育矫治纲要》所规定的目标为归宿，而实现目标的过程并不是一帆风顺的。从低操守率和高复吸率的现象可以看出思想教育矫治所面临的困难，这些困难正是影响思想教育矫治目标实现的各类因素。深刻认识这些因素以及它们产生的原因，有助于思想教育矫治工作的规范化和科学化，扬长避短，为实现目标提供可靠的保证。

第一节　思想观念对思想教育矫治的影响

为了保证戒毒效果，政府将戒毒人员与社会隔离实施教育矫治，一方面是对违法行为的惩罚，另一方面是为了教育和挽救吸毒人员。但由于人们对戒毒机关缺乏了解，对戒毒人员的思想教育矫治缺乏认识，谈毒色变。因此，思想观念对思想教育矫治工作有着极大的影响，这些观念包括消极社会思潮、既有管理观念和社会歧视观念。

一、消极社会思潮对戒毒人员自身的影响

对于绝大多数戒毒人员来讲，他们并不明白什么是社会思潮，但他们在进入戒毒场所前的所作所为，无不是受到消极社会思潮的影响而导致的，有些消极社会思潮甚至左右了戒毒人员的一切行为。

（一）消极社会思潮的本质

社会思潮是意识形态的组成部分，目前还没有统一的权威定义。人们普遍认为，社会思潮是某种趋向性思想体系。改革开放以来，人们的思想观念发生

了深刻变化，各类消极社会思潮不断地渗透到人们思想领域，从而左右了一些人的道德行为。意识形态虽然决定于经济基础，但同时又具有相对独立性，处在转型时期的人们多以开放的心态接受各种各样的思想观点，并且很容易受各类媒体观点左右。而消极社会思潮的文字表达具有“吸引眼球，可读性强”的特点，很容易起到蛊惑人心的作用。因此，消极社会思潮本质上是反动的，是与社会主义主流意识形态格格不入的。对于戒毒人员来讲，其之所以走上吸毒道路，消极社会思潮的影响是其中之一，他（她）们被送到戒毒场所后，这些消极社会思潮仍然在发挥着惯性作用。

所谓消极社会思潮，是指与我国主流意识背道而驰的思想观念，它消解了人们积极、乐观、向上的意识，是社会生活中的“负能量”。其本质，一是引导人们树立错误的世界观、人生观和价值观。消极社会思潮一方面总是以非主流价值的面目出现，大力渲染并引导人们去相信历史进程中的细枝末节，从而从思想上颠覆主流历史观；另一方面是完全否认历史，引导人们相信自己生活在一个虚幻的现实中，“看破红尘”者对思想教育矫治工作存在心理抵触，出所后极易走上复吸道路。二是减弱人们对党和政府的信任度。在消极社会思潮的影响下，网络上不断出现精心编造的段子，制造抹黑党和政府的事实和言论，引导人们丧失对党和政府的信任。个别戒毒人员借此不配合思想教育矫治工作，给戒毒工作增加了难度。三是张扬个人主义和享乐主义，扭曲人们的道德观。在戒毒人员成长的关键时期，受消极社会思潮影响，他们以自我为中心，天不怕地不怕，一味追求享乐，最终走上吸毒道路。进入戒毒所后，由于戒毒人员在成长时期的价值倾向已基本定型，很难有所改变。

（二）消极社会思潮的表现

首先，极端个人主义、自由主义在戒毒人员中大有市场。新自由主义原本是经济学概念，经过移植和变种成为新自由主义思潮后，它便演变成了一种宣扬资本主义、否定社会主义的思潮。受此影响，一些戒毒人员认为个人是社会的前提，个人自由不应该受到限制，吸毒与戒毒是个人的事，政府不应该管。在访谈中，个别戒毒人员认为政府就不应该把自己送来戒毒，在他们心中，吸毒和吸烟一样，政府为什么不把吸烟者强行送来戒烟呢？

其次，享乐主义的思想充斥着戒毒人员的心灵。严格说来，享乐主义属于后现代主义思潮的表现形式。而后现代主义产生于富裕的土壤，它不讲历史，只讲现实，使不少年轻人只讲放纵与享乐，不讲艰苦奋斗与奉献精神。在访谈中发现，个别戒毒人员曾经是很富裕的、家庭幸福的小老板，在生活富裕后精神变得空虚，享乐主义极度膨胀，最终走上吸毒道路。一些戒毒人员是受环境和家庭变故的影响而变得孤僻、单调和封闭继而沉湎于吸毒和网络的虚拟世界。

最后，道德相对主义思潮让戒毒人员判断是非标准出现偏差。道德相对主义者主张个人境遇的相对主义，在道德相对主义者眼里，根本不存在评价伦理道德的普遍标准，认为伦理道德价值只适用于特定文化范围内。其主要观点：不同群体或个体的道德观点是相对而不是绝对统一的，世界上发生的所有事情都不存在正确与错误的问题，因为世界上根本不存在客观的是非标准，道德总是缺少一种客观统一性。道德相对主义已成为人们价值选择的障碍，在其影响下，戒毒人员只认同有利于自己行为规范的道德原则，并将其作为道德实践的标准，全然不顾及个人的道德标准对别人的损害。道德相对主义思潮已严重影响了现代社会生活，为吸毒和复吸提供了所谓的理论依据，对戒毒人员的影响很大。

案例一：某戒毒所戒毒人员老王（化名），50 岁，“四进宫”。他经历了我国从劳教戒毒到强制隔离戒毒的过程。他本人长期认为，吸毒没有什么错，政府为什么不把卖毒品的抓进来，反而把他们这些人关起来戒毒。并声称自己即使戒了，出去也还要吸毒。

案例二：某戒毒所戒毒人员小李（化名），女，20 岁，从中学时期开始吸毒。她思想敏锐，聪明伶俐，少有保守思想，好奇心强，敢想敢做。但在毒品这个新东西面前走入了误区。14 岁那年，她听朋友吹嘘“吸毒可以让人飘飘欲仙”“想什么来什么”“能让人忘记一切烦恼”等，便产生了吸毒的冲动，成瘾后每天 300 元的毒资全靠“坐台”和偷盗维持。

消极社会思潮一度在吸毒人群中大行其道，产生了深刻的社会影响。在这些思潮的影响下，戒毒人员不相信共产党，不相信公序良俗，不相信法制。取而代之的是追求享受与刺激，没钱享受就走上违法犯罪道路。

二、既有管理教育观念对思想教育矫治的影响

前文已有提及，我国的强制隔离戒毒场所多从劳动教养管理所转型而来，对于教育主体而言，从对劳动教养人员的管理教育到对戒毒人员的思想教育矫治的转变是一个过程。在转型过程中，既有的管理教育观念或多或少在思想教育矫治实践中存在着一定的惯性作用，最明显的就是将生理戒毒作为思想教育矫治的终点。因此，要特别注意如下几个方面的影响：

（一）粗放型观念对集约型观念的影响

粗放型、集约型本是经济学概念，集约型增长又称内涵型增长，指采用新

技术和新工艺，加大科技含量的方式来增加产量的增长方式。社会的发展也是沿着这一思路，逐步形成集约型社会。引申到对戒毒人员思想教育矫治工作中，集约型是指转变既有的管理教育观念，引进多学科知识，采用新方法，加强基础设施建设，提高思想教育矫治质量。这就要求在实际工作中，思想教育矫治主体不仅要把戒毒人员“管得住、不逃跑”，而且要将目标提高到“管得好、戒得了”上。但在实现思想教育矫治工作向集约型转变过程中，既有的粗放型管理教育观念还有相当的市场，在三个方面滞后了思想教育矫治向集约型的转变：一是过程滞后，即思想教育矫治主体管理教育观念的转变是一个过程，要通过学习相关知识和法律法规加以改变；二是知识结构滞后，即思想教育矫治主体的知识结构应随着戒毒人员结构的改变而不断更新；三是思想教育矫治设施滞后，即管理教育设备设施在保证监管安全的前提下要更加适应思想教育矫治工作的开展，更加符合戒毒人员的需要。

（二）分段式教育观念对通盘教育观念的影响

所谓分段式教育是指在劳动教养时代，教育主体只负责对劳教人员从入所到出所的教育，而通盘教育则涵盖了从入所到出所后回归社会生活的教育，这就要求多部门的联动。这种教育观念的转变要求强制隔离戒毒所的教育要做到多个延伸，但分段式教育观念却不同程度地影响了这种延伸：一是教育要向当地公安部门延伸，向当地公安机关通报戒毒人员已解除强制隔离戒毒的情况；二是向戒毒人员所在社区延伸，通报戒毒人员在接受强制隔离戒毒期间的表现及应该提供的后续服务等；三是向戒毒人员家庭延伸，适时对解除强制隔离戒毒者进行家庭走访，了解并帮助戒毒人员解决回归后所面临的困难与困惑。这种跟进式的通盘教育是分段式教育的升级版，可以大大提高思想教育矫治的质量，能为戒毒人员出所后保持操守起到一定的作用。

（三）管教型观念对思想教育矫治型观念的影响

相对于劳动教养时代的管教型教育观念，思想教育矫治型更加着重实效性，它对思想教育矫治工作者提出了更高的标准和要求。我们知道，对戒毒人员的思想教育矫治需要多学科知识的支持与应用才能完成，这就要求戒毒机关在队伍建设方面要充分考虑干警的学科结构问题，合理配备思想政治教育专业、心理学专业和社会工作专业人才。

在经济相对落后的年代，粗放型观念、分段式教育观念、管教型观念的形成有一定的历史原因，这些观念曾经为劳动教养事业做出过重要贡献，完成了历史任务。但社会总是在前进发展中的，随着我国经济的发展和社会进步，对戒毒人群的思想教育矫治应该在既有的观念上有所突破，以适应新的形势和要求。

三、社会歧视观念对思想教育矫治的影响

在我国，大众思想对诸如戒毒人员等边缘群体向来不缺少歧视，这种歧视不仅影响了戒毒人员个体及他们的家庭，也会影响思想教育矫治活动的开展，最终影响整个社会的净化与和谐。概括起来，社会歧视观念对思想教育矫治的影响表现在以下三个方面。

（一）对戒毒人员个人的影响

源于古希腊的“污名”一词，最早是指刻在或者烙在人身体上的标记，表明此人具有让社会或别人不能容忍的道德缺陷，人们因此会拒绝并回避这类人。可见，“瘾君子”等污名是刻在戒毒人员身上的负面标签，即使已经戒毒成功，在社会大众眼里，这样的污名也是很难祛除的。社会标签理论认为，个体之所以成为吸毒者，吸毒这种社会现象之所以成为社会问题，并非由客观条件所决定，而是由于别人强加上了“责难”和“污名”，是人的主观定义问题。在通常情况下，法律的裁决、大众传媒的宣传以及人们街头巷尾的谈论和指指点点就能把某种标签加之于人，如说某人是“毒贩子”“瘾君子”“烟鬼”等①。贴标签式的污名无疑增加了戒毒人员思想教育矫治的难度，这对戒毒人员以及他们家庭的自信心和自尊心是个严重的打击，使他们不得不在面临戒毒时承受的生理痛苦的同时，又要面对因污名所带来的心理痛苦和社会压力。

（二）对戒毒人员家庭的影响

戒毒人员家庭同样承受着双重压力，一是亲人堕落的压力，二是被人指指点点的压力。戒毒人员走上吸毒道路，是与其追求享乐、好逸恶劳、轻视劳动的态度有关的。社会的歧视观念更让他们对亲情冷漠，对家庭不负责任，这些对其家庭成员影响甚深。普通民众对戒毒人员有一种普遍的共识，即这种人“道德败坏，活不长，什么事情都干得出来，远离这种人”。对戒毒人员家庭子女的歧视，是来自对其父母的排斥心理，社会公众普遍不想与戒毒人员有任何的关联，包括其子女、亲戚等。基于这些歧视观念，戒毒人员家庭成员在就学、就业时都会被“另眼相看”。

（三）对社会治理的影响

因吸毒群体的产生，社会自发出现分层，这种分层不是制度性的，而是道德心理层面的。“毒品如洪水猛兽”的观念基本上深入人心，笔者对此不敢苟同。广义上讲，烟、酒等物质都是毒品，但人们对这些物质似乎并不排斥，反

---

① 韩丹. 城市毒瘾：吸毒行为的社会学研究［M］. 南京：东南大学出版社，2008：206.

而青睐有加。从这点来看，人们对戒毒人员及家庭成员的歧视毫无道理，也并不公平。但这种歧视观念已成事实，长久来看，并不利于社会治理，它让社会矛盾加剧，对社会治理提出了严峻挑战。

源于社会歧视，有人把吸毒的危害概括为“毁灭自己，祸及家庭，危害社会”。笔者认为这种概括有失偏颇，因为思想教育矫治工作是可以改变戒毒人员的。社会歧视观念根源于吸毒的发生，戒毒人员回归社会后，其情感归依、就业接纳等矛盾依旧突出，他们曾经的行为伤害了亲情、友情和爱情。但这种伤害是一个过程，会随着思想教育矫治的成功而逐渐改变。

四、思想观念影响思想教育矫治的原因分析

马克思主义认为，“观念的东西不外是移入人的头脑并在人的头脑中改造过的物质的东西而已”①，强调了意识是人脑对客观事物的能动反映。那么，思想观念为什么会对戒毒人员思想教育矫治产生影响呢？其原因在于以下三方面：

（一）宣传“毒品毁灭论”，令戒毒人员回头难

国内所有媒体对毒品危害性的宣传几乎都是一致的，即吸毒害人害己害家害社会，从身体依赖性到精神依赖性的分析，得出的结论就是：毒品毁灭自己、祸及家庭、危害社会；一日吸毒，终身难戒。这种毒品毁灭论对普通群众进行宣传不无道理，但直接导致了两个后果：一是让民众对吸毒者极其厌恶与对立，二是令戒毒人员丧失戒毒信心，破罐子破摔，浪子回不了头。可以说毒品毁灭论直接将吸毒、戒毒人员“打入死牢”，人为地推上了不归路。

实质上，毒品即药品，是国家管控的药品。成瘾者通过内力外力的作用是可以戒除毒瘾的。如果在宣传上让戒毒者从精神层面就打了戒毒败仗，那国家还办戒毒所干什么？因此，禁毒宣传可以分类进行，对普通民众灌输毒品毁灭论有利于人们远离毒品，而对已经在接受强制隔离戒毒的戒毒人员，则应更多地帮助他们树立起戒掉毒瘾的信心和勇气。事实上，毒品并非洪水猛兽，只要自己有信心和勇气，方法得当，完全可以重新找回失去的自我。

（二）多元思潮影响，戒毒人员思想统一难

思想统一是戒除毒瘾的前提，也是做好思想教育矫治工作的基础。但是如前所述，各类消极社会思潮正在挑战以“富强、民主、文明、和谐，自由、平

① 马克思，恩格斯. 马克思恩格斯选集：第二卷［M］. 中共中央马克思恩格斯列宁斯大林著作编译局，编译. 北京：人民出版社，2012：93.

等、公正、法治，爱国、敬业、诚信、友善”为核心的主流意识形态，使戒毒人员思想混乱，难以认识社会主义核心价值观的内涵，难以将思想统一到彻底戒除毒瘾上来。当前网络和自媒体发达，戒毒人员一旦离开强制隔离戒毒所，在社区基本上是脱管状态，他们吸收的信息来源一般都不是主流媒体，这让消极社会思潮的传播畅通无阻，影响力大增。这种情况更加促使他们思想混乱，很容易重新走上复吸道路。

（三）群体思想对立影响，民众观念改变难

戒毒人员普遍承认，最难戒除的是心瘾。在接受访谈时，已经“三进宫”的戒毒人员张某说：“我在戒毒机关戒毒，在干部的关心督促下是很容易戒掉的。但我出去后，没有发展平台，生活上难免郁闷，每当这个时候，我就想吸，同时在社会上又可以搞到毒品。国家为什么会让卖家过得好，而要把我们这些买家弄来戒毒？这一点我是想不通的。”他把吸毒与复吸的原因归咎于社会，而社会民众对吸毒人员即使是已经戒毒成功的人员也是另眼相看的。群体的思想对立让部分戒毒人员出戒毒所后不愿意回到自己家乡，他们大多选择外出打工，而很多企业追求的是财富，鲜有对员工进行世界观、人生观和价值观教育的，一旦得知自己的员工是出所的戒毒人员，可能马上就会解雇，而做出解雇决定的深层原因就是对这个特殊群体的思想对立，从而令被解雇者对社会又加倍仇视，形成恶性循环。

思想观念来源于客观物质世界，政府对特殊人群的管理教育思想、社会民众对特殊人群的认识是根植于长期的社会发展进程的，有其历史性和必然的物质基础。要改变与毒品相关的思想观念不是一蹴而就的，而是一个长期过程，在这个过程中，我们既要充分发挥思想的能动性，用先进的思想指导社会治理，又要用社会治理的先进经验为思想观念的改变注入鲜活内涵。

第二节　主、客体因素对思想教育矫治的影响

“一个复杂的事物，总是存在着多种因素和各种关系，其中必有一种关系或因素是主要的，它的存在和发展，规定和影响着其他关系的存在和发展。”① 在戒毒人员思想教育矫治的范畴体系中，矫治主体与矫治客体是整个实践活动的中心范畴，体现了以为人本的原则，贯穿于思想教育矫治过程的始终，是主

① 张耀灿，郑永廷，等. 现代思想政治教育学［M］. 2 版. 北京：人民出版社，2006：20.

要矛盾，对思想教育矫治产生直接的影响。但矫治主、客体的基本素质、参与思想教育矫治的程度等决定着思想教育矫治的成果。

一、矫治主体因素对思想教育矫治的影响

戒毒人员思想教育矫治的主体，因戒毒措施的不同是有差异的，在本书第二章（中心范畴：矫治主体与矫治客体）中有论述。

（一）矫治主体基本素质对思想教育矫治的影响

矫治主体基本素质是戒毒人员思想教育矫治实践活动实效性的重要因素，矫治主体基本素质包括“知、情、意、能、德”。其中“知”指主体所具有的各种认知和经验，即知对象、知理论，这是开展思想教育矫治工作的基础；“情”指主体既要热爱思想教育矫治这项工作，也要热爱戒毒人员这一矫治对象，这是开展工作的支撑；“意”指从事这项工作要有不怕困难的意志和甘于奉献的精神，这是从事思想教育矫治工作的保证；“能”指具备运用各种要素进行思想教育矫治的本领和能力，这是主体素质中最为根本的要素；“德”指主体在思想教育矫治过程中所表现出来的良好品德和人格力量。在实践中，戒毒人员思想教育矫治的主体大概有三类：

第一类：人民警察。人民警察包括公安机关的民警和司法机关的民警，其中公安机关的民警是强制隔离戒毒人员前3~6个月的矫治主体，强制隔离戒毒其余时间的矫治主体是司法机关的民警。不同机关的民警承担戒毒人员不同阶段的强制隔离戒毒工作是由国家法律固定下来的①。在执行这一规定近十年以来，似乎并没有对戒毒人员思想教育矫治起到多大作用，反而让思想教育矫治工作缺乏连续性，其弊端已日益凸显。

第二类：社区工作人员。这一主体身份比较复杂，几乎都是由兼职的公务人员担任的，而公务人员的主要工作还轮不上对戒毒人员进行思想教育矫治。虽然国家法律对社区戒毒、社区康复等的规定较多，但至今多数社区还没有专职的思想教育矫治人员，更不用说思想教育矫治专家了。

第三类：戒毒社会工作者。这是近年来政府购买社会服务的产物，多数戒毒社会工作者来自高校毕业生。戒毒社会工作对他们来讲是个全新的工作，他们自身对毒品知识的了解可能因为“远离毒品”的宣传而变得知之甚少。因

---

① 《中华人民共和国戒毒条例》（2011）第三十七条：强制隔离戒毒的期限为2年，自做出强制隔离戒毒决定之日起计算。公安机关作出强制隔离戒毒决定后，被强制隔离戒毒的人员先送交公安机关的强制隔离戒毒场所执行强制隔离戒毒3个月至6个月，之后转送司法行政部门的强制隔离戒毒场所继续执行强制隔离戒毒。

此，戒毒社会工作者需要学习毒品相关知识并逐步适应这一工作：一是包括角色、个性、认知和情感在内的心理适应；二是环境适应，社会环境和工作环境对戒毒社会工作者的职业适应产生重要影响；三是岗位适应，即对于戒毒岗位性质及其特点的适应，如机构劳动制度、岗位规范、工资待遇、劳动强度等①。

此外，还有村民委员会成员和禁毒自愿者等充当矫治主体，但也是兼职主体。思想教育矫治主体众多，但素质和执行力参差不齐，他们多数没有经过相关的诸如毒品、思想教育矫治方面的系统学习与训练，使戒毒人员思想教育矫治工作成果堪忧。

（二）矫治主体构成对思想教育矫治的影响

按照国家有关法律法规，思想教育矫治主体是一个庞大的群体。这个庞大群体各司其职各负其责，其构成包含年龄构成、性别构成、学历构成、专业构成和职业构成等，因涉密需要，这里基本做定性分析。

首先，就专、兼职情况来看，人民警察是专职的思想教育矫治工作者，其余的主体几乎都是兼职人员。即使是政府购买服务的社会组织也是以盈利为目的，戒毒矫治也只是社会组织的一部分工作而已，这种现状对我国的戒毒教育矫治事业是不利的。

其次，专业和职业构成影响思想教育矫治的整体效果。目前从事戒毒人员思想教育矫治的专、兼职工作人员中，专业结构还不能满足戒毒人员接受教育的需要，以四川省为例，与戒毒类相关专业人才总量只占戒毒人员总量的2.34%②。这无疑会对思想教育矫治的质量产生一定的影响。

最后，戒毒机关内部的工种构成不科学。单从教育角度来讲，戒毒人员到强制隔离戒毒所接受教育矫治，与劳动教养的根本区别在于戒毒人员有更多的时间接受教育，通过教育来矫治自己的不法行为。因此，戒毒机关应在教育一线配备足够的思想教育矫治师资，以提高质量为办所宗旨。然而目前的情况是教师在民警中的比例过少，影响了思想教育矫治质量。

主体因素是戒毒人员思想教育矫治的第一影响因素，从主体基本素质到构成都应科学合理地适应戒毒人员思想教育矫治工作的需要。

---

① 丁梦丽. 戒毒社会工作者职业适应问题研究：以深圳8名戒毒社工为例［D］. 北京：中国青年政治学院，2013.

② 罗立新，易志辉，王寿君. 强制隔离戒毒工作专业人才队伍建设现状分析与对策［C］. 2016年度四川省司法行政戒毒系统优秀理论调研论文集：42.

二、矫治客体因素对思想教育矫治的影响

戒毒人员思想教育矫治的客体在本书的第二章第二节（中心范畴：矫治主体与矫治客体）中有论述，这里不再重复。

（一）矫治客体吸毒原因的多样性对思想教育矫治提出挑战

在第一章中列出了目前研究归纳的矫治客体吸毒原因，包括好奇心、思想空虚、亲友影响等七个方面。这是从特殊性归纳出的普遍性，但我们在具体实践活动中只能从戒毒人员特殊性出发制订并实施思想教育矫治方案，对每个特殊个体或群体的戒毒人员不能仅用普通性的路径进行教育矫治。因此矫治主体应该对收治的戒毒人员建立台账，使思想教育矫治工作具有针对性。

（二）矫治客体基本素质加大了思想教育矫治难度

事实上，戒毒人员个体差异是很大的，从学历上看，有大学及以上学历者，也有文盲；从年龄结构看，从 16 岁到 60 岁不等；从家庭情况看，有家庭幸福者，也有无家可归者；从职业结构看，有上班族，也有演艺界人士，有农民、工人、个体运输户，也有街头流氓混混。

还有一个特殊的吸毒群体，这就是病残吸毒者。国家对吸毒者的收治原则是"应收尽收、应治尽治""对符合法律规定的病残吸毒人员，公安机关应当依法作出强制隔离戒毒决定，及时送强制隔离戒毒所执行，并将相关病情通报强制隔离戒毒所"[①]。病残戒毒人员基本都是因病而令公安机关难以打击的街头违法人员。他们大多数文化水平低，无正常家庭生活，无正当经济来源，道德修养差，法律观念淡薄，把患病作为违法、吸毒并逃避打击的屏障。他们缺乏戒毒信心，自伤自残、寻衅滋事、伤害他人、袭击民警的事件时有发生，还有不少人抱着"我是烂命一条"的悲观情绪，增加了客体属性的复杂程度。戒毒机关收治了大批慢性病、传染病、精神障碍及疑难重病戒毒人员，在为净化社会环境、维护社会和谐做出积极贡献的同时，也增加了思想教育矫治主体的工作负荷，加大了工作难度。

三、矫治主、客体因素影响思想教育矫治的原因分析

主、客体因素能影响戒毒人员思想教育矫治效果，表现为多方面的原因。

---

① 2015 年 10 月份 4 日国家禁毒委员会办公室、公安部、卫生计生委、发展改革委、民政部、司法部、财政部、人力资源社会保障部等八部委发布《关于加强病残吸毒人员收治工作的意见》，规定要依法收治病残吸毒人员。

（一）从矫治主体的多样性到主体缺失

责任分散理论的基本内容是，如果要求单个人去完成某项具体任务，那么单个人会想方设法，克服一切困难主动积极地完成。但如果是要求多个人或者多个单位、多个部门去完成任务，那么落实到每个人身上的责任就越小，完成整个任务的责任就会分散，个体在完成任务的过程中面对困难时可能就会退缩。责任分散理论说明了在处理突发事件时，如果旁观者越多，个体提供帮助的责任被扩散了，人们越不愿意出力，同时还会因出工不出力而受到的良心责备感和内疚感也会减弱。

戒毒人员思想教育矫治的主体众多，效果欠佳，多样性的主体因责任分散而功力减弱，类似于“三个和尚没水吃”，最终导致主体缺失。

（二）社会变迁中的矫治客体相对流失现象

我国社会因经济的发展持续处于变化之中，城市化改革取得了阶段性成果，城市和农村流动人口大量增加使人们的迁徙变得异常容易，人们的思想也随着社会的变迁发生着根本的改变。按照规定，吸食阿片类的戒毒人员解除强制隔离戒毒后，依法应当接受 0.6~3 年的社区康复，但这一环节似乎已被省掉。据调查，社区管理的戒毒人员在呈下降趋势，这些戒毒人员为何“蒸发”？很重要的原因是他们不愿意将自己的“污名”留在家乡而选择离乡背井外出打工。而在本地“蒸发”的戒毒人员鲜有到自己的新落脚点社区报到的，这就给经济发达、工厂密集的地方造成安全隐患，戒毒人员外出打工，缺少监管，很容易参与违法团伙而重新吸毒，这就是为什么经济越发达、人口流动越密集的地方毒品越是泛滥的重要原因之一。

（三）政府艾滋病政策助长了部分地方吸毒与艾滋病蔓延

人民网（四川频道）“全国党建云平台”2014 年 3 月 19 日以《美姑县努力遏制艾滋病蔓延势头》为题报导了该县采取多种措施遏制艾滋病蔓延势头，包括：全面推进婚前医学检查，全力提高防病知识知晓率，发动民间力量，加强考核评估推行责任追究。据调查了解，地方政府对艾滋病患者救助政策体系健全，落实到位，但个别当地少数民族对艾滋病毫无所惧，甚至主动传染和被传染艾滋病，以得到政府的高额补贴，其传播途径就是毒品与性。因此，政府艾滋病政策（主要是高额补贴政策）会有负面效应，在文化相对落后的地方也会助长吸毒与艾滋病蔓延。

主体缺失、客体相对流失、政府艾滋病政策等对思想教育矫治的实效性带来了严峻挑战，使我国的禁毒戒毒工作陷入被动，也是吸毒人口逐年增加的原因之一。

作为戒毒人员思想教育矫治中心范畴的主、客体决定着这项工作的成功与失败，主体与客体自身存在的种种问题或矛盾需要在戒毒实践中逐步得到解决，而解决存在的问题或矛盾又不是主体单方面的事，需要国家对戒毒人员教育矫治事业做好宏观设计。只有这样，才能扩大思想教育矫治的成果，吸毒人员年年攀升的势头才能得到根本遏制。

第三节　既有的内容与方法对思想教育矫治的影响

作为中介范畴的内容和方法是戒毒人员思想教育矫治的核心，其中内容为实现目标服务，方法围绕实现内容服务。在现阶段，既有的内容和方法还不能完全达到司法部规定的要求，因而对思想教育矫治产生了一定影响。

一、既有的内容对戒毒人员思想教育矫治的影响

对采取不同措施戒毒的戒毒人员，其思想教育矫治的内容是不平衡的。目前，国家对强制隔离戒毒人员的教育矫治内容规定得很详细，而对自愿戒毒、社区戒毒和社区康复的戒毒人员教育矫治内容规定得比较笼统。

（一）强制隔离戒毒教育矫治内容丰富，对戒毒人员影响积极

“入所教育、法律常识教育、思想道德教育、戒毒常识教育、心理健康教育、文化素质教育、戒毒康复训练、劳动教育和职业技能培训、回归社会教育”这九大板块是司法部规定的对强制隔离戒毒人员的教育矫治内容。

在入所教育板块，戒毒人员要进行戒毒法律法规、所规所纪教育，了解强制隔离戒毒工作的性质、目的、内容、法律效力及在所期间的权利义务，明确矫治目标和方向，继而开展卫生知识教育和行为养成教育；在法律常识教育板块，戒毒人员要学习刑法、治安管理处罚法、劳动法、婚姻法、继承法等与其生活息息相关的法律法规；在思想道德教育板块，戒毒人员围绕社会主义核心价值观和《公民道德建设实施纲要》学习，强化社会公德、职业道德和家庭美德教育，弘扬民族精神和时代精神，树立正确的世界观、人生观和价值观，抵制拜金主义、享乐主义和极端个人主义，提倡文明礼貌、助人为乐、诚实守信、尊老爱幼、艰苦奋斗的社会主义风尚；在戒毒常识教育板块，戒毒人员要了解毒品的特性和危害，了解我国的戒毒体系、戒毒基本流程，树立戒毒信心，提高参与戒毒的自觉性和主动性；在心理健康教育板块，戒毒人员要学习心理健康基本知识，了解场所心理咨询工作的基本流程，分析吸毒的心理根

源，掌握调控情绪的方法，改变错误认知，提高应对压力和挫折的能力，学会与人沟通，建立和谐的人际关系；在文化素质教育板块，戒毒人员要参与文学、历史、音乐、书法、绘画、科技知识等讲座，学习我国优秀传统文化和现代文化，提高文化素养，激发生活热情，树立健康生活态度；在戒毒康复训练板块，戒毒人员要学会戒毒康复项目的相关知识，掌握生理和心理康复的具体方法，开展体能康复和心理康复训练；在劳动教育和职业技能培训板块，戒毒人员要进行生产劳动，树立正确的劳动态度，改变好逸恶劳的思想和习惯，开展职业技能培训，掌握一定的职业技能；在回归社会教育板块，戒毒人员要了解社会形势，了解人们生活方式和价值观念的新变化，了解当地市政交通、衣食住行等方面的重大变化，了解出所后办理相关手续的方法，建立健康的朋友圈、正确处理与家庭成员的关系、积极参与社会交往，做好回归社会的准备。

上述内容，紧紧围绕思想教育矫治实效性开展，对戒毒人员来说无疑是学校式教育的精神大餐，其影响是积极的。下面是四川省“常青藤教育矫治”模式中戒毒人员胡某的心得：

2017 年 5 月 7 日 星期日 多云转阴

今天是星期日，是大队规定的大扫除时间。在工作台上我暗暗地给自己鼓劲，加紧加快地把习艺劳动完成，这样就能（有）多余的时间打扫卫生。下午把习艺劳动完成后，我忙着收拾自己习艺台的卫生。当一切弄完以后，就坐在自己的习艺台上想着令自己羞愧的往事：家人对我彻底失望，忍无可忍的妻子离我而去，父母因为我吸毒而心力交瘁，身体每况愈下，落了个众判（叛）亲离、妻离子散的境地。

经过这次改造，我认识到毒品这个魔鬼带给人们有多大的伤害。这里的警官像父母对待子女一样，一系列的戒毒讲座、康复训练，让我树立了彻底戒断毒瘾，重新做人的信心和决心。

（二）其他戒毒形式的内容欠缺，戒毒人员脱管严重

除了强制隔离戒毒外，自愿戒毒、社区戒毒和社区康复的思想教育矫治，国家没有明确规定内容，只散见于相关法规之中，如 2011 年国务院发布的《戒毒条例》要求戒毒机构要对自愿戒毒人员进行艾滋病等传染病的检测，开展咨询和预防教育、心理康复、行为矫治等措施，保护自愿戒毒人员的隐私，不得歧视自愿戒毒人员。矫治主体对社区戒毒人员要进行戒毒知识辅导、教育劝诫、职业技能培训、就学就业就医援助、心理治疗和辅导等。

上述规定都是“应当”性条款，现实情况是，经强制隔离戒毒回归的人员若无家庭牵挂一般不回当地社区报到，而是外出打工、流浪。没有回社区报

到的解除强制隔离戒毒人员也得不到追究，社区工作人员因此不能掌握这类人员的动态，戒毒人员实际上处于脱管甚至失控状态。

二、既有的方法对戒毒人员思想教育矫治的影响

同上文一样，对采取不同措施戒毒的戒毒人员，其思想教育矫治的方法要求是不平衡的。国家对强制隔离戒毒人员的思想教育矫治方法规定明确，而对其他措施戒毒的方法规定笼统。

（一）强制隔离戒毒方法丰富，对戒毒人员影响深远

司法部《强制隔离戒毒人员教育矫治纲要》（以下称《纲要》）对教育矫治方法（实为途径）做了规定：

一是发挥课堂教学功效。其包括完善教材体系，规范课堂教学，对法律常识（30 课时）、思想道德（30 课时）、心理健康（30 课时）、文化素质（20 课时）、戒毒常识（30 课时）五门课程（共 140 课时）进行了学时规定，要求课堂教学原则上实行小班教学，每班不超过 50 人。鼓励改善教学方法，提倡启发式、互动式教学，采用案例讲解、课堂讨论等方式，充分调动戒毒人员的参与热情，利用现代化教学媒体，通过网络、数字化点播等手段，直观、形象地展示教学内容，改善教学效果。

二是提高个案化教育水平。《纲要》要求戒毒机关制订个案化教育矫治方案，在戒毒人员入所初期参照心理测评结果、个人成长史、现实表现等情况和诊断评估标准，逐人制订个案化教育矫治方案，运用多种手段开展教育矫治工作，做好跟踪管理。在强制隔离戒毒中期，从戒毒人员法制观念、道德水平、文化素质、心理、生理健康状况等方面，对教育效果进行评价，根据需要调整教育矫治方案，提高个别教育的针对性。在解除强制隔离戒毒前，对每名戒毒人员进行综合评估。突出个别谈话方式，民警对每名戒毒人员每两个月要至少安排一次个别谈话，对新入所和变更大（中）队的、因违法违纪受到处分的、外出探视前后或者家庭发生变故的、长时间无人探访或者家人不与其联系的、情绪和行为明显异常的、变更执行方式、所外就医、延长或临近解除强制隔离戒毒的，应当及时进行个别谈话。

三是突出心理咨询的特殊作用。《纲要》要求戒毒机关广泛对戒毒人员进行心理测评。由专职心理咨询师对戒毒人员的情绪状态、环境适应情况、人格特质等进行入所评估，逐人建立心理档案，筛查有心理问题的人员。定期举办心理咨询服务，以当面咨询或者书信、电话、网络等多种形式，为戒毒人员提供心理咨询服务，帮助解决心理问题。要及时进行心理危机干预，对心理状态

严重异常，遭受家庭、婚姻重大变故而心理严重失衡的，长期处于抑郁焦虑和自我封闭状态的，有逃跑、行凶、自伤自残等危险倾向的戒毒人员及时实施心理危机干预。

四是发挥场所文化建设的教育矫治功能。《纲要》要求戒毒机关培育场所戒毒文化环境，围绕戒毒文化主题，统筹规划，精心布置，在设施建设、环境营造中集中体现戒毒工作理念和特色；设置鼓励、引导、关怀与禁毒内容相关的标识，突出整洁优美、和谐有序、活泼向上的氛围，充分发挥环境育人的功能；构筑场所戒毒文化阵地，建立所内广播、自办报刊、宣传栏、局域网等宣传教育阵地，宣传国家戒毒政策、报导场所戒毒生活；创新场所戒毒文化活动形式，定期举办“文化月”“文化节”，利用“6·26”禁毒日开展专题教育活动，组织文艺表演、演讲、书画、摄影、歌咏比赛、读书征文、体育比赛等文化活动；打造场所戒毒文化精品，结合本地文化特点，培育具有自身特色的文化品牌，形成“一所一品牌、一队一特色”的戒毒文化特色。

五是实现教育矫治工作的社会化。《纲要》要求戒毒机关发挥社会资源在教育矫治工作中的重要作用，探索教研合作、购买服务、资源共享等多种合作途径，充分发挥社会资源优势，促进强制隔离戒毒工作与社会的进一步融合。戒毒场所应主动与政府相关部门或社会组织联系，搭建帮教平台，建立一支稳定的社会帮教志愿者队伍，定期来所开展帮教，开展后续帮扶。建立质量考查机制，通过跟踪回访、第三方评估等方式，考查场所矫治质量。

可以说，上述五方面的方法途径要求是对强制隔离戒毒人员思想教育矫治内容的有力保障，同时还进行了延伸规定，如鼓励在街道、社区开展工作，开展第三方评估等，对戒毒人员思想教育矫治工作产生了深远影响。

（二）其他戒毒方法缺乏，对戒毒人员影响轻微

目前，我国自愿戒毒、社区戒毒和社区康复的思想教育矫治方法相对缺乏。在社区从事戒毒人员思想教育矫治工作的有社区（街道/居委会）负责人、禁毒专干、综治员。国家相关法规只要求社区工作人员对戒毒人员应当进行教育、劝诫，进行就学、就业、就医援助。《全国社区戒毒社区康复工作规划（2016—2020年）》对社区戒毒社区康复人员的管理提出了六项措施，即加强帮扶救助、实行网格化管理、落实衔接管控、健全制度规范、严格依法查处、落实工作措施，规划了构建地方党委政府统一领导下、社会力量广泛参与的齐抓共管工作格局。围绕监督管理、医疗服务、帮扶救助三个关键环节开展戒毒人员社区戒毒与社区康复工作。

但是，当前我国社区戒毒社区康复工作发展不够平衡，组织机构不健全，人员力量不充实，工作措施不得力，严重影响和制约了社区戒毒社区康复工作的健康深入开展。具体到方法上也显得力不从心，对戒毒人员影响不大。

三、既有的内容与方法影响思想教育矫治的原因分析

为什么会出现既有的内容和方法对戒毒人员思想教育矫治产生不同的影响？原因是多方面的，即使是管理严格的强制隔离戒毒所，教育内容和方法也因客观条件的限制而未能发挥最大效率。

（一）思想教育矫治体系规划完整，但发育不健全，需要长时间培育

我国对戒毒人员的思想教育矫治工作，近几年随着国家相关法律法规的出台而显得规划完整，对不同的吸毒者采取不同的措施，对思想教育矫治主体也做了详细规定，这是我国对戒毒人员思想教育矫治工作的方向性格局。但国务院根据《禁毒法》制定的《禁毒条例》是 2011 年起才开始施行的，司法部 2014 年才颁布《强制隔离戒毒人员教育矫治纲要》，国家禁毒委员会办公室、中央综治办等 11 部委 2015 年 12 月才颁布 2016—2020 年的社区戒毒社区康复工作规划。因此思想教育矫治工作的格局发育尚不健全，需要长时间培育，特别是社区戒毒与社区康复工作，人、财、物的配置还不科学，在短时间内完善我国的社区戒毒和社区康复工作还不现实。

（二）强制隔离戒毒机关师资和教学研究缺乏，急需补充和加强

如此看来，现阶段强制隔离戒毒机关便承担着主要的对戒毒人员的思想教育矫治工作，但戒毒机关的师资严重不足，已经严重影响到戒毒人员思想教育矫治工作的正常开展。司法部规定要强化教育矫治队伍专业化建设：强制隔离戒毒所应当按照不低于收治人数 1%的比例配备专职教师，收治人数低于 500 人的场所，应至少配备 5 名专职教师，负责课堂教学、康复训练和专题教育。但以某省为例，全省收治强制隔离戒毒人员 1.4 万人，但专职教师只有 15 人，占戒毒人员总数的 0.1%①。这种师资配备如何能够完成法律常识、思想道德、心理健康、文化素质和戒毒常识人均共 140 课时的教学任务？唯一能做的只能是减少教学课时数，让小班制变大班制。因此，强制隔离戒毒机关急需引进和补充相应师资力量，才能形成教学、科研、管理团队，提升思想教育矫治水平。

---

① 罗立新，易志辉，王寿君. 强制隔离戒毒工作专业人才队伍建设现状分析与对策 [C]. 2016 年度四川省司法行政戒毒系统优秀理论调研论文集：42.

对戒毒人员来讲，接受思想教育矫治的过程就是一个“劳其筋骨，空乏其身”的过程。围绕思想教育矫治目标而确定的内容与方法是实现目标的中介，戒毒机关和社区应创造一切条件，用科学的方法来完成内容。

第四节　环境因素对思想教育矫治的影响

按照《辞海》的定义，环境有两层意思，一是围绕所辖区域；二是围绕人类的外部世界。戒毒人员思想教育矫治环境，是指影响戒毒人员思想品德的形成和发展，影响思想教育矫治实践运行的一切外部因素总和。“一般意义上，环境包括自然环境、社会环境和精神环境。”① 在整个环境因素中，一个区域内人们所面临的自然环境基本相同，因而自然环境不起主要作用，对戒毒人员思想教育矫治起主要作用的是社会环境和精神环境。调研情况是，戒毒人员复吸的原因中，“旧环境因素”占比达46%（如图7-1所示）。

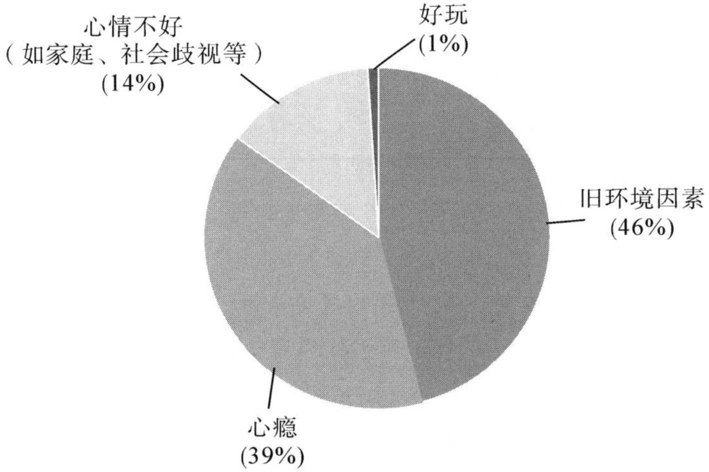

图7-1　戒毒人员复吸的原因

一、社会环境对思想教育矫治的影响

戒毒人员思想教育矫治的社会环境是由多种要素组成的，而社会存在的多样性则要求我们应从多维度来理解和分析社会环境。社会环境也称作物质层面

① 张耀灿，郑永廷，等. 现代思想政治教育学［M］. 2版. 北京：人民出版社，2006：295.

的环境，可以按照范围、状态和性质来进行理解和划分，以不同方式划分出来的社会环境对思想教育矫治工作的影响是不同的。

（一）宏观环境、中观环境和微观环境的影响

这是针对戒毒人员思想教育矫治环境的范围来划分的。宏观环境也称大环境，是指现阶段我国社会主义的经济、政治和文化，以及影响思想教育矫治主、客体的思想行为和道德水准的其他国际国内环境。中观环境是指影响思想教育矫治主、客体具体个人思想行为的思想教育矫治各阶段的重要背景，包括戒毒场所、家庭社区、相关社会组织及媒体、网络等。微观环境又称小环境，一般指与思想教育矫治直接相关联的局部环境因素，如生活的寝室环境、劳动的车间环境、就医的医疗环境、共同学习的图书室、教室环境等。宏观、中观和微观环境的划分界线不是固定不变的，随着思想教育矫治活动空间的变化而不断调整。其中宏观环境决定了思想教育矫治活动应该遵循的规则，制约着中观环境和微观环境。中观环境直接影响着微观环境的建设方向与建设规模，并作为连接宏观与微观环境的桥梁，影响着宏观环境的落地生根。微观环境是宏观、中观环境发生作用的基础，同时具有反作用。三个环境相互作用、相互配合，共同影响着戒毒人员思想教育矫治的实践活动。

（二）良性环境和恶性环境的影响

按照思想教育矫治环境的性质，其对戒毒人员的影响具有相反的两个方面，即良性影响和恶性影响，因此可以将环境分为良性环境与恶性环境。良性环境是指对戒毒人员思想行为和道德水准起着积极促进作用的环境，反之，就是恶性环境。一般情况下，良性环境多出人才，而恶性环境则相反。良性环境和恶性环境对不同的人所产生的影响是各异的，良性环境里走出来的不一定都是好人，恶性环境里走出来的不一定都是坏人，因此环境的良、恶是相对的。之所以我们认为环境良、恶具有相对性，是因为人可以发挥主观能动性，可以用不同的态度对待不同的环境，所谓“在逆境中成才”“出淤泥而不染”就是这个道理。从宏观环境上讲，戒毒人员出生在太平盛世的和平环境，国内环境优良，而且在不断优化，优化中的我国社会环境有许多需要解决的矛盾，有许多需要平衡的利益，这个过程中的中观和微观环境势必受到影响，从而诱发吸毒等社会现象。从这个角度看来，要从根本上解决戒毒问题，就要解决发展过程中出现的各类社会矛盾、平衡多方利益，优化人们生活的环境，培植良性因素，祛除恶性因素，这也是思想教育矫治不能头痛医头、脚痛医脚的原因所在。

（三）开放环境和封闭环境的影响

按状态划分，思想教育矫治环境可分为开放环境与封闭环境。开放环境是指思想教育矫治环境能够与外界进行思想信息交流的环境，反之就是封闭环境。开放按照程度不同，思想教育矫治环境可分为对戒毒场所外的开放与对场所内部的开放及场所之间的开放，也可分为全面开放与局部开放，从而形成程度不同的、相对的、动态的开放环境。封闭环境也是相对的、动态的，戒毒人员思想教育矫治的不同阶段、不同地点、面对不同的群体组织应该做封闭保密。但迄今为止，我国对戒毒人员的思想教育矫治工作应该开放和封闭什么内容、开放和封闭程度等还没有详细的规定。

社会环境对思想教育矫治活动有着重要影响，但我们不能成为环境决定论的俘虏。在实践中，我们应充分利用环境的影响，提高思想教育矫治质量，同时要发挥主观能动性，营造良好的精神环境，以配合社会环境共同为教育矫治服务。

二、精神环境对思想教育矫治的影响

相对于社会等以物质为基础的环境，精神环境是以情感为基础的环境。精神环境可以影响甚至左右戒毒人员戒除毒瘾的信心，影响他们的思想道德水平，将精神的力量转化为物质的力量。

（一）亲情鼓励的影响

家庭是社会的细胞，每位戒毒人员都是从一定的家庭亲情中走来的。我国传统的儒学伦理核心是“仁”，仁的起点是从家庭亲情关系开始的，包括夫妻尊重和忠诚、父慈子孝等。现代家庭结构虽然随着社会的变迁发生了较大变化，使家庭成员间财产与权利、义务方面的矛盾突出，但是亲情、血缘关系是无法改变的。因此，戒毒人员无论在错误的道路走多远，其多数直系亲人是不会坐视不管的。对戒毒人员个体来讲，亲情也是他们的挂念，他们或许念及自己的父母、妻子或丈夫、儿女，或许是念及朋友、恋人等。在随机进行的调查中，有一半的戒毒人员希望解除强制隔离戒毒后可以回家，这就为亲情鼓励奠定了思想基础。事实上，戒毒机关为亲情鼓励提供了必要的条件，如在管理区域安装亲情电话、设置亲情会见专区等，这些措施为思想教育矫治注入了鲜活的内容，为戒毒人员彻底戒除毒瘾提供了精神动力。

（二）民警激励的影响

作为思想教育矫治主体，民警的激励对增强戒毒人员信心和勇气至关重要。民警的激励分为制度激励和谈话激励，制度激励是以制度的形式，对阶段性表现突出的戒毒人员进行物质和精神的奖励；谈话激励是民警对戒毒人员集体和个别的教育鼓励。在强制隔离戒毒所，因民警激励而成功戒除毒瘾并成为对社会有用之人的案例并不鲜见。

案例三：在四川某强制隔离戒毒所，1975 年出生、初中文化的邓某已沾染毒品 21 年，自愿戒毒十余次，强制隔离戒毒两次，是艾滋病毒感染者。在戒毒期间，邓某在接受相关教育和劳动的同时，民警与其单独谈话 23 次，最后提前 8 个月解除强制隔离戒毒。回归社会后在辽宁亲戚的公司工作并当上小工头，每月向家庭交 4 000 元，从经济上弥补自己的错误。后来在邓某的帮助下，公司招募了从四川来的 11 名戒毒人员来公司工作。用邓某自己的话，就是经过民警的数次苦口婆心谈话，自己懂得了做人的道理，并承诺“艾滋病感染到我为止”。他回归社会后真正做到了尊老爱幼，用自己的劳动养活自己和家人，正确面对社会。

像邓某这样的戒毒人员所接受的谈话鼓励，在强制隔离戒毒所每天都在发生。因此，民警的鼓励是精神支柱，是使戒毒人员成功戒除毒瘾、走向新生的重要因素。

（三）同伴互励的影响

在精神环境中，戒毒人员同伴间的互相鼓励、互相攀比、互相竞争也是影响思想教育矫治的因素。社会文化理论创始人、俄国著名心理学家维果斯基认为：个体智力发展过程中，高级别的心理机能是在与周围人的交往过程中发展起来的，社会互动对学习行为至关重要。尽管人们普遍认为社会文化理论为同伴互评提供了深刻的理论基础，但鲜有人研究群体互评活动的互动过程。戒毒人员在戒毒机关共同生活与学习，他们各自的行为每天都在互相影响。对思想教育矫治主体而言，营造这样的精神环境一举多得：一是创造了良好的场所气氛，促进了管理工作的正常进行；二是戒毒人员间可互相监督，减少了违纪事件的发生；三是可以批量进行戒毒教育矫治，使民警的工作事半功倍；四是增强戒毒人员间的友谊，促进场所和谐。

榜样的作用是无穷的，精神的作用是无限的，精神环境极大地促进了思想教育矫治活动的进行，戒毒机关可以有效利用精神环境的作用，发挥主观能动性，使精神的力量变成物质的力量。

三、环境因素影响思想教育矫治的原因分析

社会环境和精神环境是在生产关系中形成并发展的，而“生产关系总合起来就构成所谓社会关系，构成所谓社会，并且是构成一个处于一定历史发展

阶段上的社会，具有独特的特征的社会"[①]。在这个社会中，群体、个体都是其中的一部分，因此，凡能影响戒毒人员思想教育矫治的各种因素都能在这个环境中找到适当的原因。

（一）不同环境的管理脱节

如前面章节所述，我国对戒毒人员的思想教育矫治是个系统过程，按照国家规定，对戒毒人员带强制性的戒毒方式有三种：社区戒毒、强制隔离戒毒和社区康复。吸食海洛因的戒毒人员经过强制隔离戒毒后还需要接受不超过 3 年的社区康复，但现阶段这个管理过程似乎是脱节的。

我国的强制隔离戒毒机关成立只有 10 年时间，人、财、物所构成的条件与收治规模不成比例。即使在这种困难的情况下，戒毒机关民警凭借劳动教养时期的工作经验和既有的艰苦奋斗、任劳任怨、保障有力精神，做到了"收多少、管多少、教多少""带着毒瘾进来、戒除毒瘾出去"。这个过程中，民警忍辱负重，极少被安排进修或者专业学习，工作的艰难程度是场所外的人们难以想象的，这是戒毒机关为社会的综合治理做出的重大贡献。

然而，"戒除毒瘾出去"的戒毒人员还只是个"半成品"，需要进行科学的康复巩固才能变为"成品"。国家通过法律形式把完成从"半成品"到"成品"转变的"最后一公里"的任务交给了社区。但我国社区的发育还不完善，有的地方甚至还只是个雏形，对完成这"最后一公里"的任务几乎无能为力。因此，社区无法衔接好"半成品"们的思想教育矫治成果，它们没有设备设施、没有专业人员、没有精力进行跟进式的思想教育矫治工作。

（二）人员编制不足使戒毒人员复吸率攀升

如上文所提到，一些条件不好的社区对回归接受康复的戒毒人员的思想教育矫治工作几乎无能为力，源于政府的人员编制投放不足，专业人员更是不能满足思想教育矫治的实际需要。我们知道，社区工作千头万绪，对戒毒人员的思想教育矫治工作只是其中一部分。戒毒康复人员的脱管造成了较为严重后果：一是戒毒人员"四处逃窜"，增加了刑事与治安案件发案率；二是复吸率攀升，"半成品"们被打回原形，消解了戒毒机关的劳动成果，浪费了社会资源。

与此相关的还有戒毒场所的卫生环境、医疗服务能力与戒毒人员医疗服务需求的供需矛盾突出：一是医疗卫生专业技术人才不足，且资源被分散利用；

① 马克思，恩格斯．马克思恩格斯选集：第一卷［M］．中共中央马克思恩格斯列宁斯大林著作编译局，编译．北京：人民出版社，2012：340.

二是医疗设备设施条件严重不足，不能满足医疗卫生工作的需要；三是共享社会卫生资源渠道不畅通；四是人才进入渠道不畅，学习提高的机会少，因而钻研业务的主动性不强；五是职业风险增大产生执业畏惧①。

（三）对戒毒人员精神环境的保护是把双刃剑

戒毒人员回到家庭所在社区后，其身份特别是艾滋病患者或 HIV 病毒感染者的身份是保密的，这是出于对人的尊严的保护。这样的保密措施为戒毒人员重新做人创造了良好的社会和人文条件，但又为个别人特别是艾滋病患者或 HIV 病毒感染者为所欲为、祸害社会创造了客观条件，成为不安分者报复社会的护身符。因患艾滋病而疯狂报复社会的报道，近年来在网络上时有出现。

劳动创造人，环境改变人，对戒毒人员思想教育矫治影响起主要作用的社会环境和精神环境不是固定不变的，而是处于不断的变化、发展之中，并且呈交互式发生作用的。环境是外因，所起的作用是有限的，最终是内因起决定作用，在思想教育矫治过程中，戒毒机关既要合理运用环境因素，更要充分发挥戒毒人员主观能动性，思想教育矫治工作才具有针对性与实效性。

本章是全书的核心内容之一，只有在调研基础上准确把握影响戒毒人员思想教育矫治的因素及原因，才能在解决问题的时候对症下药。至 2020 年年底，《中华人民共和国禁毒法》颁布实施 13 年，《戒毒条例》颁布实施 10 年，《强制隔离戒毒人员教育矫治纲要》实施 7 年，《全国社区戒毒社区康复工作规划（2016—2020 年）》实施 5 年，时间相当短暂，实践中不可能没有问题。笔者通过深入戒毒场所和社区，在充分调研的基础上，从思想观念、主客体、内容与方法、环境因素方面分析了影响戒毒人员思想教育矫治因素及原因，为实现思想教育矫治目标提供了现实依据。

---

① 张卫国，张闵．强制隔离戒毒所医疗卫生工作运行体制机制的思考［C］．2016 年度四川省司法行政戒毒系统优秀理论调研论文集：384-385.

第八章　完善戒毒人员思想教育矫治的对策分析

事实上，影响戒毒人员思想教育矫治的因素有多种，综合实际调研情况，本书认为第八章从思想观念、主客体因素、既有的内容与方法及环境因素四个方面分析的影响因素是主要的。因此，本章承接上一章的分析，力图从这四个方面入手，分析完善戒毒人员思治教育矫治的对策。

第一节　转变观念，发挥思想政治教育优势

习近平总书记始终强调要“走中国特色的毒品问题治理之路”，如何走？我们认为，思想政治教育是我们的传家宝和生命线，适用于任何时候做人的工作。在戒毒人员思想教育矫治这个问题上，或者放大点在社会治理这个问题上，世界上没有任何一个国家可以作为我国的借鉴。我们要摒弃那种动辄就认为西方优先、动辄引进西方模式的思想，而是要树立立足现实、立足中国国情的观念。只有这样，我们才能走出一条中国特色的思想教育矫治之路。

一、肃清消极社会思潮，培育主流意识观念

作为反映一定时期、一定阶段、一定阶层的利益和要求思想倾向的社会思潮，其本身具有历史性、区域性、功利性、群体性和变动性等特征。当前，消极社会思潮对戒毒人员思想影响较大，戒毒机关必须引导戒毒人员从思想上予以肃清，培育主流意识观念。

（一）认清消极社会思潮的真面目

消极社会思潮大多是以合理的面孔出现在世人面前的，就像美丽的罂粟花，在华丽的外表下潜藏着恶毒的东西。戒毒人员在入所前，受历史虚无主

义、极端个人主义、自由主义、享乐主义、道德相对主义等消极社会思潮影响较深。入所后，这些消极社会思潮的惯性作用仍然在发挥余温，甚至占领着戒毒人员的思想阵地。为此，戒毒机关要引导戒毒人员揭露消极社会思潮的真面目并肃清它们的危害。

首先，要联系实际，揭露消极社会思潮真面目。任何一种消极社会思潮，它的出现和泛滥并不是偶然的，背后一定有推手，否则它不会轻易变得“流行”而被人们相信、接受和传播。在戒毒所内，教育者应该梳理历史虚无主义、极端个人主义、自由主义、享乐主义、道德相对主义等消极社会思潮的表现形式，向戒毒人员分析其产生的原因，揭露它们反人类、反社会、反党反政府的真面目。消极社会思潮的真面目，概括起来：一是否定唯物史观关于历史发展的规律性，否定社会主义、为垄断资本主义服务；二是唆使青年反传统、反权威、反理性、反教育、反公德、破坏规矩、追求舒适、寻找感觉；三是鼓动青年人以自我为中心来权衡善恶评价，割裂道德与法律间的内在联系。

其次，要肃清消极社会思潮的危害。戒毒人员常以自我为中心作为善恶评价的标准，这是他们当初走上吸毒道路甚至违法犯罪的重要原因。综合起来，消极社会思潮的危害表现在：一是促使戒毒人员价值观畸形化，当初吸毒时，他们一般不会考虑自己人生价值的问题，只有“high”字当头，直到成瘾后不能自拔；二是缺乏信仰，变得对什么事情都无所畏惧，为了获取毒资，不惜违法犯罪，吸毒后飘飘欲仙又可能会违背伦理道德；三是使戒毒人员劳动观念淡薄，劳动成了谋取毒资的手段，一有机会就复吸。随机调查的结果显示，“二进宫”以上的戒毒人员占52%。

在揭露了消极社会思潮的真实面目之后，教育者要引导戒毒人员肃清其危害。戒毒人员之所以走上吸毒道路，与消极社会思潮对自己的影响不无联系，已经有过一次受害经历的戒毒人员，更要珍惜现在来之不易的改过机会。教育者可以采取多种方式，如课堂讨论、分组讨论、撰写心得、现身说法等，让戒毒人员认真甄别消极社会思潮，远离这些思潮对自己的二次伤害。

（二）加强对主流意识的正面引导

开展以学习和践行社会主义核心价值观、社会主义荣辱观为主要内容的活动是加强对戒毒人员进行主流意识正面引导的有效途径，“爱国、敬业、诚信、友善”是公民基本道德规范。而以“八荣八耻”为内容的社会主义荣辱观更是戒毒人员要具体实践的内容，教育者特别要以“以辛勤劳动为荣，以好逸恶劳为耻；以团结互助为荣，以损人利己为耻；以诚实守信为荣，以见利忘义为耻；以遵纪守法为荣，以违法乱纪为耻；以艰苦奋斗为荣，以骄奢淫逸为耻”来引导戒毒人员深入学习，联系自己的堕落经历进行深刻反思和讨论。

教育者在引导戒毒人员肃清消极社会思潮危害的同时，要积极组织他们开展社会主义核心价值观、社会主义荣辱观大讨论，以正确的思想占据戒毒人员头脑，培育主流意识观念，以积极的态度面对人生挫折，树立艰苦奋斗的传统美德，着眼于现实，积极配合戒毒机关进行思想教育矫治活动。

我国的戒毒教育矫治事业是在全球毒品犯罪日益猖獗的背景下被迫应战的，观念的转变，制度的完善，人、财、物的配置都需要一个过程。而转变观念、统一思想则需要发挥思想政治教育优势，这是做好思想教育矫治工作的前提，肃清消极社会思潮的危害，消除其对戒毒工作的影响是统一思想的前提和保障。

二、正确认识矫治主体，更新管理教育观念

所谓矫治主体是指从事戒毒人员思想教育矫治实践活动和认识活动的人，矫治客体是这一实践活动与认识活动所指对象。从这个意义上讲，戒毒人员也可以作为矫治主体而存在。矫治主、客体间发生交互作用，矫治主体通过实践使自己的本质力量转化为对象物，表现为主体客体化和客体主体化。

（一）从主体到主体性的转变

劳动教养时期，我们对特殊群体的管理教育，主、客体有明确的定位，两者之间由法律规定，有着不可逾越的鸿沟。突出的表现就是管理人员和劳动教养人员的等级关系明确，管理人员的绝对权威性不可撼动，劳教人员是作为接受管理教育的客体而存在的。这种把教育者和被教育者截然分开，突出了司法干警作为教育者职业的神圣性、地位的不可憾动性，确定了劳教人员作为受教育者的绝对服从性，这是我国社会主义发展时期一定阶段的产物。这种主客体的关系，在我国法制不健全时期，为维护社会秩序、树立政府权威、保障人民安居乐业起了重要作用，因而有其合理性与必然性，其历史功绩不可抹煞。

在新时代全面深化改革的今天，在我国社会主义法制逐步健全，戒毒体系已经明确的情况下，作为主体的教育者对作为客体的受教育者的管理教育应随着时代的进步而有所转变，即从原来的主体管理教育转变为主体性思想教育矫治。思想教育矫治的主体性是由教育者的主体性、戒毒人员的主体性和思想教育矫治实践活动的主体性三方共同构成的复合整体，教育者和戒毒人员的主体性是在思想教育矫治实践活动中生成、实现和发展的，而思想教育矫治实践活动的主体性也是根源于前两者的有机整合才能形成。

国家相关法规要求教育者“充分调动戒毒人员自觉、主动参与教育矫治

的主体意识”。这就需要教育者要积极引导戒毒人员自觉认同思想教育矫治目标和要求，做出自己的判断和选择，自觉调节自身道德行为，在思想教育矫治活动中完善自己的品德修养。这就是从单向的主体到主体性的转变，为戒毒人员主体性思想教育矫治工作提供了观念上的准备。主体性思想教育矫治的模式是“教育者（主体）—被教育者（客体）”，教育者的主体地位是先天被确定了的。在思想教育矫治实践中，教育者认为戒毒人员虽然是客体，是自己的管理对象，但他们是现实中的人，故在一定程度上应该尊重戒毒人员的意志，唤醒他们的主体意识，发挥他们的主体性。

（二）从主体性到主体间性的转变

从单向的主体到主体性的转变实质上还是摆脱不了主、客二分的羁绊，从主体性到主体间性的转变，是戒毒人员思想教育矫治实践活动的新突破，也是现代哲学在思想政治教育中的具体运用。所谓主体间性“是指主体间相互关系的规定性，指主体与主体间的相关性、统一性、调节性。马克思关于社会形态和人的发展三个阶段的论断，实质上是对主体性向主体间性转向历程的科学概括和总结。”① 主体间性的思想教育矫治包括两种模式：一种是教育者和戒毒人员都作为思想教育矫治实践活动的主体，两者形成“主体-主体”关系；另一种是把教育者和戒毒人员合并成复数式的主体，而把思想教育矫治实践活动所共同的指向作为客体，形成“主体-客体”关系。

在具体的思想教育矫治实践活动中，我们面临着一个极其现实的问题，这就是教育者完全没有吸毒经验，对吸毒后的感觉一无所知，只能从相关文献中或者和戒毒人员接触过程中获取一二，他们当然就不能站在戒毒人员的角度思考戒毒的重要性了。而作为被教育者的戒毒人员，在进入戒毒所之前，个个都是吸毒高手，对吸毒后那种挥之不去的感受无法用语言表达，毒品对他们的诱惑是教育者无法体会的。在教育者和戒毒人员对思想教育矫治的指向物没有任何交集的情况下，要使思想教育矫治顺利进行并达到一定的效果，无疑增加了工作的难度。

我们当然不能让教育者先吸毒，有了对毒品成瘾的感受后再进行思想教育矫治活动。如何解决这一现实的问题，主体间性思想教育矫治是良方妙药。如何把握主体间性思想教育矫治实践活动中的度，需要教育者在工作中不断探索，但转变主体的认知观念则是做好思想教育矫治工作的必要条件。

首先，主体间性的思想教育矫治要体现教育者与戒毒人员的人格平等关

① 张耀灿，等. 现代思想政治教育学前沿［M］. 北京：人民出版社，2006：353.

系。人格平等是建立主体间性思想教育矫治的前提，对于教育者来说，社会地位与掌握矫治政策的水平显然要比戒毒人员高得多，但在实际的实践过程中，教育者应尽量压制这种优越感，放低姿态，这样才能为主体间性思想教育矫治工作提供可能。另外，对戒毒人员来说，要认识到现实的地位是暂时性的、相对的，是为吸毒行为付出的代价，人格上与教育者是平等的，至少有说话和表达意愿的权利。这样方能激发戒毒人员的主体意识，保持主体地位，积极配合思想教育矫治工作的进行。要特别强调，人格平等并不等于教育者和戒毒人员可以哥们儿姐们儿式的称兄道弟，教育者永远都是思想教育矫治实践活动的发起者、组织者和引导者，其管理者的地位是不变的，对戒毒人员思想教育矫治决不是盲目和随意的，而是有目的有方向的教育实践活动。

其次，主体间性的思想教育矫治要求搭建新型“主体-主体”关系。在实践过程中的人格平等是意识层面的平等，而新型“主体-主体”关系则是物质层面的平等，是现实的平等。在这个关系中，教育者与戒毒人员作为对方的存在物而具有一定的客体性。从认识论和实践论的角度讲，教育者与戒毒人员都不是纯粹的主体或客体，而是主客混合体，因为在现实社会中，每个人都作为现实的存在物而具有主、客体的二重属性。从这个意义上讲，教育者与戒毒人员间的新型“主体-主体”关系中包含着微观的“主体-客体”关系。上文提到过教育者完全没有吸毒经验，对吸毒后的感觉一无所知，因此要认真倾听戒毒人员的吸毒感受，把自己放在客体位置上，换位思考戒毒人员为什么会走上吸毒成瘾这条路，为制订和调整思想教育矫治方案、进行个性化教育奠定现实的基础，确立新型“主体-主体”关系的目的皆在于此。

转变矫治主体认知，更新管理教育观念要求教育者不能墨守成规，要摒弃传统单一的管理教育模式，让戒毒人员不仅要成为各类思想教育矫治实践活动的参与者，还要成为诸如各类比赛活动的组织者，发挥戒毒人员主体性与参与积极性，通过在场所内的学习，提高自身能力和掌握相关的劳动技能，提高生活能力和生存技能。

三、正确认识矫治客体，摒弃社会歧视观念

相对于教育者，这里把作为被教育者的戒毒人员定位为客体。我国政府于2013年废除了劳动教养制度，在此之前，吸毒即违法，违法即劳教。吸毒人员只要被送劳教，就被定性为违法人员，遭受社会歧视。禁毒法文本中虽然没有对吸毒人员的身份准确定位，但学者们似乎对吸毒人员具有“违法者、病人和受害者”的三重身份达成了共识，因而我国禁毒法体现了对戒毒人员的

人文关怀，强调对戒毒人员要依法惩处，更要治疗、教育和挽救。思想教育矫治客体从“违法者”到“三重身份”的变化，这是一个重要的思想转变。

（一）“违法者”——法律应惩罚

单独的吸毒行为不构成犯罪，不会受到刑法处罚①，但却违反了治安管理规定，属于违法行为，轻则拘留、罚款，成瘾者会被强制戒毒两年。《中华人民共和国治安管理处罚法》（以下简称《治安管理处罚法》）第七十二、七十三条对涉毒问题规定了应该拘留 10～15 日和罚款 500～2 000 元的情形，包括非法持有少量毒品，如持有 200 克以下的鸦片、海洛因或者 10 克以下冰毒的；为别人提供毒品的；吸食、注射毒品的；胁迫、欺骗医务人员开具麻醉药品、精神药品的；教唆、引诱、欺骗他人吸食、注射毒品的。除《治安管理处罚法》规定的拘留、罚款等条款外，《中华人民共和国禁毒法》还对强制隔离戒毒作了相应规定。

（二）“病人”——国家应治疗

一个人染上毒品，有很多诱因，有“粉友”的诱惑，有自身意志的脆弱，有好奇心唆使等。而吸毒成瘾后，毒品对大脑造成伤害，使吸毒者成为脑部受损和肌体受伤的病人。因此，只是将戒毒人员等同于违法人员是不科学的，毒品从广义上讲就是药品，因而吸毒人员是特殊的病人。《禁毒法》第三十一条明确规定对“吸毒成瘾人员应当进行戒毒治疗”，这就充分考虑了吸毒人员的特殊病人身份。第四十五条还规定了强制隔离戒毒场所需要配备执业医师，这是对戒毒机关必须配备相应医疗条件并为戒毒人员戒除毒瘾提供保障的法律依据。这些规定，明确了戒毒人员的责任，那就是必须接受戒毒治疗，这是外界力量挽救吸毒人员的基点和前提。

（三）“受害者”——社会应帮助

作为全球毒品泛滥和毒品犯罪的受害者，国家通过立法对他们伸出了援手。《禁毒法》规定戒毒人员诸多方面不得受到歧视，如在入学、就业、享受社会保障等方面与其他公民一视同仁。不仅如此，禁毒法还规定相关部门和组织还应该对戒毒人员给予必要的指导和帮助。国务院颁布的《戒毒条例》把

---

① 单纯的“吸毒无罪”不等于“涉毒无罪”，怕引起读者“涉毒无罪”的误解，现列出《中华人民共和国刑法》第三百四十七至三百五十五条规定的涉毒罪名，共计 12 种，分别是：走私、贩卖、运输、制造毒品罪；非法持有毒品罪；包庇毒品犯罪分子罪；窝藏、转移、隐瞒毒品、毒赃罪；走私制毒物品罪；非法买卖制毒物品罪；非法种植毒品原植物罪；非法买卖、运输、携带、持有毒品原植物种子、幼苗罪；引诱、教唆、欺骗他人吸毒罪；强迫他人吸毒罪；容留他人吸毒罪；非法提供麻醉药品、精神药品罪。

自愿戒毒作为首选，充分体现了政府把戒毒人员作为受害者对待的思想。《戒毒条例》基于这一思想，从戒毒治疗到康复指导，从职业技能培训到生活救助服务，都体现了帮助戒毒人员珍惜生命、拒绝毒品、回归社会的思想。

戒毒人员具有违法者、病人和受害者三重属性，违法者要处罚，病人和受害者要进行治疗和教育矫治，这就需要政府、社会和家庭的关注和爱护。对戒毒人员认知观念的转变，全面、客观地认识戒毒人员，是做好思想教育矫治的基础之一。

第二节　提高素质，促进思想教育矫治主客体的良性互动

这里的思想教育矫治主、客体，我们简单地规定为教育者和受教育者。戒毒人员思想教育矫治工作始终离不开主、客体的互动，事实上，只有主、客体的良性互动才是思想教育矫治实践活动最直接的源泉。而要实现良性互动，主、客体之间必须要有文化上的交集，否则，就谈不上推动思想教育矫治工作的开展，因此，主客体素质的提高是关键因素。

一、提高思想教育矫治主体素质

思想教育矫治主体素质包括教育者的整体素质和个人素质。

（一）提高矫治队伍整体素质

戒毒人员的思想教育矫治工作在我国尚属起步阶段，吸毒人数的逐年增加和教育者整体思想教育矫治水平不高的矛盾较为突出。因此，提高队伍整体素质是摆在戒毒机关面前的急迫任务。

首先，要解决队伍整体结构性矛盾问题。从事戒毒工作的专业队伍整体结构不合理的问题已严重影响到思想教育矫治质量，戒毒场所应配备足够的专业教师，辅之以文化、体育、心理、社工、劳动技能等进行综合矫治，使队伍配置结构合理。

其次，要提高队伍整体业务素质。队伍的整体业务素质的提高需要主管部门做出顶层设计，做到全省甚至全国一盘棋。当前，强制隔离戒毒队伍整体业务素质的标准比较模糊，但有一点是明确的，就是为实现思想教育矫治目标而打造队伍。《纲要》对戒毒人员教育矫治的目标、内容和方法做了明确规定，队伍整体素质就要围绕这个要求进行精心打造。在社区戒毒社区康复领域，国家也颁布了规定，即“国家禁毒委员会办公室建立国家级社区戒毒社区康复

专业师资库，并组织全国范围师资力量培训”。

最后，要用制度作为保障，确保队伍整体素质逐步提高。戒毒人员思想教育矫治工作是个崭新的领域，对思想政治教育工作者大有用武之地。但因面临的对象是戒毒人员，一些戒毒人员还是艾滋病、肝病患者，有较大的安全与执法风险，教育者工作积极性不高，极易产生职业倦怠。因此，稳定队伍必须要有相应的制度做保障，特别是专业人才队伍的职级晋升问题，主管部门要有明确的规定。

（二）提高矫治主体个人素质

个人素质与整体素质是局部与整体的关系，个人素质是整体素质的基础和队伍稳定的前提，个体的“知、情、意、能、德”直接影响队伍的整体素质和教育矫治成果。

首先，要提高个人政治理论素质。思想教育矫治主体必须坚持马列主义、毛泽东思想和习近平新时代中国特色社会主义思想，具有坚定的共产主义信仰，坚定地走中国特色社会主义思想教育矫治之路。我们向西方学习的是具体的戒毒矫治措施、先进的管理经验，但借机搭载意识形态私货的行为，教育者要有清醒的认识。因此，教育者提高政治理论素质，就是要坚持辩证唯物主义和历史唯物主义，用马克思主义立场、观点和方法解决思想教育矫治过程中出现的新情况和新问题。

其次，要提高个人职业道德素质。对待所从事的工作，思想教育矫治主体应有高度的事业心和责任感。一方面国家对职业准入应做出规定，让真正热爱戒毒工作的人如愿以偿；另一方面，现有的教育者要加强职业道德学习，培养自己热爱本职工作的情操。

最后，要提高个人专业素质。上文有所提及，教育者从事戒毒人员思想教育矫治最大的短板，就是对毒品成瘾的感性认识毫无经验。据此，教育者要加强专业知识的学习，汲取更多的间接经验。一方面要加强对毒品知识的学习，那种视毒品为洪水猛兽，或者视毒品为简单物质的想法都是错误的；另一方面要加强执法能力培训，不断提高自己的执法水平。社区戒毒和社区康复工作者、社会工作者要不断加强自己业务能力的培养，驾驭住社区复杂的教育矫治形势。

主体素质是引导戒毒人员思想教育矫治的关键因素，只有合理的结构加上优秀的教育者，才能适应并有效应对当前思想教育矫治工作的需要。

二、提高思想教育矫治客体素质

目前，戒毒人员年龄结构以青壮年为主（见图 8-1），文化程度普遍偏低

（见图 8-2），国家对戒毒人员实施分级管理、分类管理正是基于戒毒对象素质的参差不齐而做出的规定。思想教育矫治的目的，就是提高戒毒人员素质。马克思主义人的全面发展理论最根本的就是在人的智力和体力充分、统一发展基础上的人的劳动能力的全面发展。根据戒毒人员群体的现实情况，目前最迫切的就是提高他们的身心素质、科学文化素质和思想道德素质。

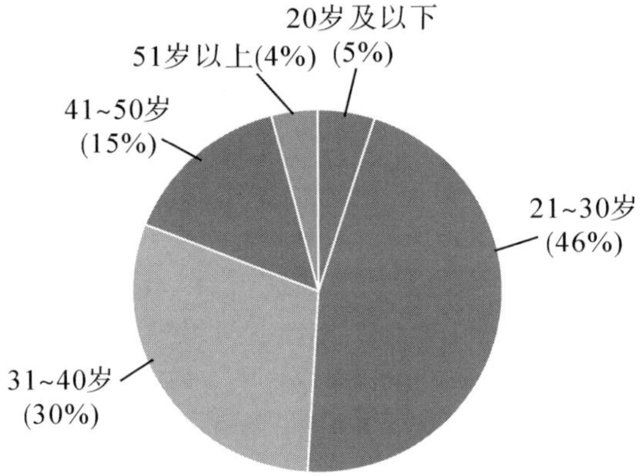

图 8-1　戒毒人员年龄结构

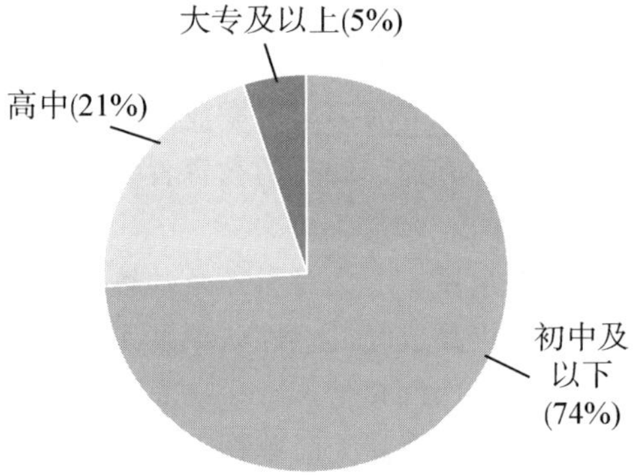

图 8-2　戒毒人员文化程度结构

（一）提高戒毒人员身心素质

戒毒人员因长期吸食毒品而导致大脑和身体的疾患，在经过生理脱毒后，身体更加虚弱，身体健康的恢复刻不容缓。戒毒机关普遍对戒毒人员的体育锻炼有系统安排，使其身体素质恢复较快。但戒毒人员普遍存在诸如强迫症状、人际敏感、抑郁、焦虑等心理问题，女戒毒人员躯体化、人际敏感、焦虑和恐惧显著高于男戒毒人员[①]。目前，戒毒场所的心理矫治以课堂健康教育和个体心理辅导为主，团体心理辅导虽然已受到关注及部分应用，但还不是主要方式。因此，对戒毒人员进行心理健康教育要在对新入所戒毒人员充分测试的基础上，有针对性地开展团体心理辅导、个体心理辅导等，缓解他们的心理压力，从而主动配合思想教育矫治工作。

（二）提高戒毒人员科学文化素质

按社会分层的标准，来自中底层的戒毒人员居多，文化层次偏低，甚至还有来自偏远少数民族地区的文盲，连自己的名字都不会写。如初中及以下文化程度随机普查情况如下：福建省某强制隔离戒毒所占 81.8%[②]；四川省某女子强制隔离戒毒所占 83.3%[③]；内蒙古某强制隔离戒毒所占 72.4%[④]；广东省某强制隔离戒毒所占 88.3%[⑤]；新疆抽查的戒毒人员占 75.6%[⑥]；澳门抽查的戒毒人员占 91%[⑦]。因此，戒毒场所开设文化教育课不仅有必要，而且还为全社会整体文化素质的提高做出了贡献。开设小学、初中、高中课程可以引进普通学校教学模式，也可以选拔文化程度高、表现好的戒毒人员担任文化教员。劳动教养制度虽然已被废除，但当年对劳教人员的文化教育模式是个好东西，戒毒场所应该继承下来。

（三）提高戒毒人员思想道德素质

戒毒人员思想道德素质是在戒毒场所通过教育者施加的教育和影响，以及自身的认识和实践，在政治信仰、思想观念、道德情操等方面养成的较稳定的品质。戒毒人员之所以走上吸毒道路，是与他们世界观、人生观、价值观扭曲、是非不分、法纪观念淡薄分不开的。思想教育矫治，重点在思想矫治，戒毒场所要引导他们自觉抵制拜金主义、享乐主义和极端个人主义，提倡文明礼

---

① 王品卿，曾天德. 戒毒人员心理健康状况调查与对策研究［J］. 牡丹江师范学院学报（哲学社会科学版），2014（4）：131-132.

② 王品卿，曾天德. 戒毒人员心理健康状况调查与对策研究［J］. 牡丹江师范学院学报（哲学社会科学版），2014（4）：130.

③ 张群英. 四川省女子强制隔离戒毒所艺术治疗的应用与实践效果［C］. 2016 年度四川省司法行政戒毒系统优秀理论调研论文集：343.

④ 刘星军. 强制隔离戒毒人员管理教育模式研究：以鄂尔多斯市东胜区强制隔离戒毒所为例［D］. 呼和浩特：内蒙古农业大学，2010：11.

⑤ 袁荣亲，郭禄先，等. 手环与情景训练对海洛因依赖者复吸影响的研究［C］. 2016 年度四川省司法行政戒毒系统优秀理论调研论文集：294.

⑥ 佘传霞. 谈建立戒毒回归人员过渡性帮扶救助制度：以 3 000 例吸毒人员复吸原因解析为基础［J］. 中国司法，2012（6）：90.

⑦ 许康植，梁国成. 戒毒后重返社会的挣扎与曙光［C］. 2015 全国药物滥用防治研讨会暨第九次内地与港澳地区药物滥用防治研讨会论文集：505.

貌、助人为乐、诚实守信、尊老爱幼、艰苦奋斗的社会主义风尚，利用多渠道向戒毒人员灌输、宣传中国历史，只有对中国历史特别是近现代史有了清醒的了解，才有树立正确世界观、人生观和价值观的思想基础，才有配合教育者进行思想教育矫治的现实基础。

提高思想教育矫治主、客体素质是个长期的过程，只有建立在一定素质基础上的良性互动才能促进戒毒人员思想教育矫治质量的提高。一方面，作为主体的教育者可以通过互动弥补自己对毒品成瘾认知的空白，以便在实际工作中多一份理解；另一方面，主、客体的互动是在主体主导下的良性互动，心理辅导、个别谈话、组织活动等都是主、客体之间的良性互动，这样的互动要以制度做保障，以确保互动在一定的规则下进行。

第三节　夯实内容，把握方法，提高思想教育矫治质量

前面已分析了思想教育矫治的内容，戒毒人员从入所到出所的整个教育过程，国家做了相应的要求。在实际的实践活动中，鉴于主客观条件所限，戒毒机关对教育内容与方法的把握和侧重点有差异，但可以用各自的特色来弥补差异。

一、夯实戒毒人员思想教育矫治内容

对不同的戒毒场所，是全面夯实还是部分夯实，要根据自身的教育条件来定，特别是工作人员和师资条件。以下提出两点建议：

（一）夯实必修内容

戒毒人员教育与普通教育相比，具有对象特殊、目的明确、依法实施、环境封闭等鲜明特点①。司法部颁布的《强制隔离戒毒人员教育矫治纲要》规定戒毒人员教育矫治内容是9个板块，也可以理解为9门课程，依次为入所教育、法律常识教育、思想道德教育、戒毒常识教育、心理健康教育、文化素质教育、戒毒康复训练、劳动教育和职业技能培训、回归社会教育。上述9个板块的内容是国家要求的必修内容，需要戒毒机关夯实。

如何夯实必修内容？

---

① 龙桂芳，符军，郭青．强制隔离戒毒人员教育工作体系构建的思考［J］．中国司法，2015（8）：76.

首先，要夯实课程建设。司法部戒毒局应牵头拟订每门课程的建设方案，制定大纲，确定课程目标、课程内容、学习活动及课程评价等主要的课程要素，在此基础上组织编写全国统一教材。课程建设事关教育人、改造人的大计，戒毒人员这样的特殊群体为什么会走上吸毒这样的道路，在他们的人生历程中，教育环节一定出了问题。现在他们来到戒毒所重新接受久违的教育，这样的机会，对国家、对社会、对戒毒人员本人都是难得的。通过思想教育矫治，将他们重新塑造成什么样的人？怎样塑造？我们应统一思想和认识，做到全国一盘棋，决不能让教育的话语权旁落。

其次，要夯实过程环节。教育过程需要各个戒毒场所精心打造，这里的教育过程不同于具体课程的教学过程，而是从入所到出所的教育过程。戒毒场所的教学条件、师资配备情况以及对课程教学的监督管理机制等，都会影响教育效果。夯实这一过程，需要省级戒毒局以及各戒毒所的高度重视，着手建设一支教育教学团队，加强教育教学的监督管理是确保过程环节不缩水的必要措施。

最后，要夯实考试环节。考试环节是具体教学环节的组成部分，鉴于现阶段教育主体的结构性矛盾而导致的师资缺乏、教育教学所需条件不足等问题，戒毒场所可以加强对每门课程的考试管理来改善教育效果。即使有的课程没有师资，也可以要求戒毒人员通过自学来完成课程学习，最终必须完成考试并合格。

（二）创新特色内容

必修内容是国家对所有强制隔离戒毒人员的要求，戒毒场所应该认真落实完成。此外，不同戒毒所，受地域、民族、民俗影响，戒毒人员构成等各有差异，还可根据自身特点和戒毒人员的需要创新特色教育内容，使思想教育矫治更加具有针对性和实效性。在访谈中，当戒毒人员被问到在强制戒毒期间最希望学到的是什么时，很多戒毒人员都回答最想学到的是一门技术。在戒毒期间虽然安排有劳动，但基本上都是简单和重复劳动，没有真正学到出去后能安身立命的技术。戒毒场所可创造条件增加劳动技能培训内容的份量。社区还可以根据戒毒人员的特点和社会需求设置职业技能培训项目，“鼓励戒毒康复人员参加各种职业技能培训，为戒毒康复人员就业创造条件”。少数民族集中的场所还可增加民族团结教育内容和汉语言教学内容。

教育内容是针对全国戒毒人员带普遍性的要求，事实上，由于地区不同，戒毒人员自身文化水准不一，吸收和消化程度就会出现差异。从这个意义上讲，教育内容并非放之四海而皆准，但对戒毒人员思想道德的要求是一致的。

社会主义核心价值观和《公民道德建设实施纲要》教育必须贯穿始终，在强化社会公德、职业道德和家庭美德教育，弘扬民族精神和时代精神，确立正确的世界观、人生观和价值观，抵制拜金主义、享乐主义和极端个人主义，提倡文明礼貌、助人为乐、诚实守信、尊老爱幼、艰苦奋斗的社会主义风尚等内容上，不得以任何理由打折扣。

（三）夯实社区戒毒与社区康复教育矫治内容

自从我国实施强制隔离戒毒制度以来，社区戒毒及社区康复教育矫治工作与强制隔离戒毒存在脱节现象，特别是教育矫治内容方面，两者尚未实现有效衔接。2015 年国家将“坚持以人为本、关怀救助，注重人性化关爱帮扶，最大限度地教育、感化和挽救戒毒康复人员”作为社区戒毒和社区康复工作的原则，根据这一原则，各社区应夯实社区戒毒与社区康复教育矫治内容。社区的优势在于，它可以动员各方面的社会力量参与到社区戒毒与社区康复工作中，并可以统筹社会资源，使各类资源达到有效利用。社区教育矫治的重点内容应是心理辅导与生产生活方面的帮助，将落脚点放在解决戒毒人员实际困难上。这样才能实现到 2020 年将我国强制隔离戒毒与社区戒毒社区康复教育矫治的有效对接。

二、把握戒毒人员思想教育矫治方法

对戒毒人员思想教育矫治方法要求教育者从实际出发，用联系、发展和辩证的观点去认识和处理戒毒人员的教育矫治问题。《强制隔离戒毒人员教育矫治纲要》规定了教育矫治的方法，规定了戒毒场所要“发挥课堂教学功效、提高个案化教育水平、突出心理咨询的特殊作用、实现教育矫治工作的社会化和发挥场所文化建设的教育矫治功能”。遵循这一要求，我们应深刻把握思想教育矫治的显性方法和隐性方法。

（一）显性教育矫治方法

显性教育矫治方法是指由教育者组织实施的，专门对戒毒人员进行直接公开的思想教育矫治工作方式的总和。它不是单个方法名称，而是一种类型的方法称谓，具有专门性、公开性和规范性等特点，可以直接影响戒毒人员的思想和行为，有鲜明的导向功能。综合起来，显性教育矫治方法有如下五种：

一是理论教育法。理论教育法是指戒毒机关有组织、有计划地对戒毒人员灌输中国特色社会主义理论体系，使其树立正确的世界观、人生观和价值观。为避免理论教育空泛化，教育者可结合中国近现代史的讲解，让戒毒人员深刻理解中国特色社会主义理论体系的形成依据，并将理论内化为积极配合思想教育矫治的精神动力。

二是宣传教育法。宣传教育法是指戒毒机关利用媒体工具，定期地将思想文化和相关信息向戒毒人员广而告之的方法。这种方法有信息集中、传播及时和覆盖面广的特点，是占领戒毒人员思想阵地，提高他们思想认识的有效方法。

三是榜样示范法。榜样示范法是指戒毒机关通过评选优秀戒毒人员进行表彰的方法，这是传统管理教育使用的措施，是戒毒机关引导戒毒人员的思想向预定方向发展的教育方法。

四是疏导教育法。疏导教育法在显性教育法中占有突出的地位，其中“疏”指疏通隔阂，展开教育者与戒毒人员的平等对话，让戒毒人员在教育者面前敞开思想，充分表达自己的想法和意见、要求等。“导”指开启和引导，是教育者在“疏”的基础上循循善诱，引导戒毒人员用正确的观点去分析问题，进而转变错误观念，提高思想认识。

五是批评教育法。批评教育法是指思想教育矫治主体实事求是地指出戒毒人员的错误，与戒毒人员共同分析原因与改正的路径，帮助他们步入正道的方法。批评教育法是教育者帮助戒毒人员抵御各种错误思想侵害、扶正祛邪必不可少的方法，有集体批评和个别批评以及戒毒人员自我批评等几种。

（二）隐性教育矫治方法

隐性教育矫治方法是相对于显性方法而言的，是利用戒毒人员的实践活动，如文化娱乐、生产劳动、相互交往等，使其在不知不觉中接受教育的方法。这种方法能较好地消除戒毒人员的逆反心理，将教育内容和要求渗透到显性教育无法达到的地方。看一场有教育意义的电影可以让戒毒人员懂得父母的不易，这比教育者讲无数遍“尊老爱幼”更管用；组织一次挥汗如雨的劳作，比教育者讲无数遍“粒粒皆辛苦”更直接、更形象。通过隐性教育，可以达到“润物细无声”的效果。由于文化建设的背后总是存在着相应的价值观，而戒毒人员一旦积极参与到文化建设中，就会广泛认同和普遍信守这一价值观。因此深化戒毒场所文化建设也是隐性教育矫治的重要方法。

（三）社会工作方法

社会工作方法在我国港、澳、台地区和有些沿海戒毒所、社区已被广泛应用，这一方法要依托有社会工作专业背景的组织和学校进行。社会工作方法中的团体工作、小组工作、个案工作和社区工作方法在戒毒人员思想教育矫治中大有用武之地。戒毒社会工作是传统社会工作在戒毒实践活动的延伸，与思想教育矫治有异曲同工之处。戒毒社会工作与思想教育矫治的任务和目标是相同的，都是做人的工作，都是着重对戒毒人员心理引导的同时，帮助其解决实际困难。不同之处在于，思想教育矫治重点解决的是戒毒人员思想问题，体现党和政府的意志，具有鲜明的意识形态性，而社会工作着眼于恢复戒毒人员的社会性。思想教育矫治方法与社会工作方法并不矛盾，它们可以相互依托和相互借鉴，形成合力，共同促进戒毒实践活动的开展。

显性教育矫治方法是一个由理论教育、宣传教育、疏导教育、示范教育和批评教育等多种方法综合而成的体系，各种教育方法是相互衔接、相互配合和综合运用的。而隐性教育方法则是把带强制性的教育目的巧妙地隐藏在社会活动之中，使戒毒人员在日常生活中无压力地接受思想教育矫治，进而实现思想教育矫治目标。社会工作方法兼具显性与隐性教育方法的特征，在实效性上是思想教育矫治的有力补充。

三、提高戒毒人员思想教育矫治质量

《强制隔离戒毒人员教育矫治纲要》规定的对戒毒人员教育矫治工作的目标，简言之，就是帮助戒毒人员“戒除毒瘾，成功融入社会”。综合全书的思路，提高思想教育矫治质量在于三方面、六个字：认识、改变、保障。

（一）认识是前提，是内化

认识包括两个层面，一是教育者对戒毒的认识，二是戒毒人员对戒毒的认识。

首先是教育者层面的认识。认识什么？一是要把毒品危害放到国际国内大环境中来认识，实现中华民族伟大复兴是当前我们最大的目标，是我们的战略全局，教育者要认识到毒品对国家的危害，对社会治安的破坏，对全局的影响，要认识到自己所从事的戒毒人员思想教育矫治工作是对平安中国、法治中国建设的贡献，对维护国家长治久安具有十分重要的意义；二是认识毒品对家庭和个人的毁灭性伤害。只有认识到位了，教育者才有积极投身戒毒事业的主动性和创造性。

其次是戒毒人员层面的认识。这个层面的认识是建立在上一层面认识基础上的。戒毒人员要认识毒品危害，需要教育者的帮助，这些帮助要求教育者“综合运用各种教育矫治方法和手段”，灌之以正确而丰富的教育矫治内容才能完成。只有戒毒人员认识到位，才能积极配合教育者的管理与教育，才能真正变“要我戒”为“我要戒”。

两个层面的认识是相辅相成的，前者的认识水平决定了后者的认识能力，后者的认识是检验前者认识水平的依据。只有两者都认识到位，才能内化于心。

（二）改变是目标，是外化

有了内化于心的认识，才有改变的源动力。“改变”实质上就是思想教育矫治所要达到的目标：一是戒毒人员树立法制观念，敬畏法律，让法律成为约束自己行为的准则；二是提升道德情操和文化素养，这是在遵守法律底线基础上所要追求的更高境界；三是改善不良心理，这是保证自己不再犯错、不再违法的必由之路；四是掌握就业谋生技能，这是让自己在复杂环境中生存的必要条件；五是增强社会适应能力，这是让自己轻松应对各种困难的法宝；六是戒除毒瘾，成功融入社会，这是思想教育矫治的最终落脚点——成为守法公民。

改变就是蜕变，是脱胎换骨式的改造，需要教育者和戒毒人员的有效互动，共同努力、共同面对。思想教育矫治的内容和方法在改变过程中起着重要作用，目前各类模式、方法都是对我国戒毒教育矫治的有益探讨，如四川省“戒毒者生活导师计划”，沿海省市“社会工作介入教育矫治”、四川女子戒毒所“艺术戒毒矫治”等都是方法途径的创新，都是对戒毒人员外化于形的助推器。

（三）保障是条件，是要求

实现戒毒人员内化于心、外化于形，必须要有全面的保障体系。一是制度保障，二是人才保障。

首先是制度保障。这需要戒毒机关党委高度重视思想教育矫治工作，把提高戒毒人员的思想教育矫治质量确立为戒毒机关的中心工作，其他工作都要服从和服务于中心工作。要组织一切力量研究和解决思想教育矫治过程中出现的各种问题和困难。2014 年，中共中央、国务院发文，要求“全面推进社区戒毒、社区康复工作，规范强制隔离戒毒工作，研究完善戒毒康复场所管理体制”。这说明，承担着重要戒毒任务的强制隔离戒毒所的工作需要“规范”。所谓“规范”，笔者的理解就是要准确定位戒毒场所的中心工作，而“提高戒毒人员思想教育矫治质量”始终都是强制隔离戒毒所的工作中心，制度建设就要围绕这一中心工作来开展。

其次是人才保障。起步阶段的我国思想教育矫治工作缺少专家能手，目前存在的瓶颈是：师资怎么解决？没有足够的教师，教育内容无法落实，更谈不上方法手段。解决办法：因戒毒机关的思想教育矫治教师不同于普通学校教师，侧重点是对特殊人群的思想教育，因此系统内部可制定专有的教师资格认定办法，由戒毒人民警察担任，保证教师的专职化。

保障是条件，是要求，没有强有力的保障体系，一切思想、设计和创新都只能停留在理论层面。戒毒人员的思想教育矫治工作是我国改革开放几十年来进行社会治理的伟大社会实践，需要政府牵头，社会各方共同参与，共同为这个伟大的社会实践提供物质保障、精神动力与智力支持，才能有效提高思想教育治乱质量，保证目标的实现。

第四节　优化环境，拓展思想教育矫治范畴

戒毒人员思想教育矫治总是在一定的环境中进行的，环境是这一实践活动的客观基础，而环境是不断变化发展的，引起环境变化发展的诱因是经济发展水平，而经济则决定于生产力发展水平。在当今中国，生产力水平在不断提高，与人们息息相关的环境也在不断变化。因此，我们要从唯物辩证法的视角把握环境的变化，不断优化戒毒人员思想教育矫治的环境。

一、优化社会环境

现阶段，与戒毒人员思想矫治相关的环境，就是按影响范围、性质和状态划分的环境，这些环境因素需要在社会治理中不断得到优化。

（一）净化宏观环境、中观环境和微观环境

首先，在宏观环境层面，要加强打击毒品犯罪。中国积极参与国际禁毒斗争，彰显了中国政府负责任大国的态度。如今，国际范围内毒品大环境不容乐观，全球毒品问题蔓延，热点地区的毒品问题还与国际恐怖组织相互交织。解决毒品问题非一国之力所能为。事实上，我国政府以大国态度，认真履行国际义务，与相关国家的合作机制日益完善，扩大了禁毒斗争领域，提升了我国在国际上的影响力，创造了有利的国际禁毒宏观环境。但是，资本追逐利润的本性告诉我们，国际国内贩毒集团为了100%、300%甚至一本万利的利润，可以践踏一切人间法律，敢犯任何罪行，敢冒绞首之险，因此，打击毒品犯罪是你死我活的长期斗争。

其次，在中观环境层面，合理规划场所建设和社区建设。目前我国场所建设规模还不能满足日益增长的吸毒人员数量的需要，只有少数吸毒人员才能“享受”强制隔离戒毒所的条件。社区戒毒、社区康复基础建设及设施设备更是无从谈起，为解除强制隔离戒毒并回归社会的戒毒人员复吸创造了客观条件。场所文化建设急需加强，在文化建设中，要大力宣传毒瘾可戒、能戒，以增强戒毒人员的信心。戒毒场所、社区还要多与戒毒人员家庭沟通，为戒毒人员的回归创造良好的人文条件。

最后，在微观环境层面，要加强管理。戒毒场所要对戒毒人员生活的寝室加强规范化管理，进行文明寝室、卫生寝室的评比，培养戒毒人员的集体荣誉感。在生产劳动环境，如农田、车间等，要将生产任务这一手段与思想教育矫治的目标有机结合起来，不能唯生产任务是从。对生病的戒毒人员，即时送医就诊，医疗环境要体现对病患戒毒人员的人文关怀。戒毒人员共同学习的图书室、教室环境等，要体现科学精神与人文精神的融合，创造让戒毒人员愿意学习的环境。

（二）培育良性环境，抑制恶性环境

虽然我们反对环境决定论，但环境的良、恶对人的思想品德形成与影响是巨大的。古人云："与善人居，如入芝兰之室，久而不闻其香，即与之化矣。与不善人居，如入鲍鱼之肆，久而不闻其臭，亦与之化矣。丹之所藏者赤，漆之所藏者黑，是以君子必慎其所与处者焉。"① 说明环境能改变人的形象与心智。但人是具有主观能动性的，不仅能适应环境，而且能改变环境。一方面，戒毒人员经过学习提高思想认识，可以以积极或消极的态度和方式对待良性或恶性环境，即面对同样的良性或恶性环境，影响结果却不一样，可以面对恶性环境"出淤泥而不染"，也可以随波逐流；另一方面，政府应加强城市管理，培育良性环境，如加强文明社区、卫生社区建设，抑制恶性环境的产生，如加强流动人口管理，加强娱乐场所监管等。

良性环境和恶性环境并非固定不变，在一定的条件下是可以相互转化的，对良性环境维护不善，良性环境可能变成恶性环境，反之亦然。个人在任何环境中都需要修养，即使处于恶性环境，也能在逆境中成才，即使处于良性环境，如不加强修养，也可能骄奢淫逸。政府应该精心培育环境，促成环境的优化，变恶性环境为良性环境。

（三）营造开放环境，建设封闭环境

戒毒人员所处的环境，除强制隔离戒毒所外，都是开放性的社会环境。事实上，在完成相关手续后，强制隔离戒毒所也是允许对社会开放的。社区与戒毒场所可以利用环境开放之机，邀请机关、学校和社会组织参观社区戒毒环境、参观强制隔离戒毒所，倒逼环境的改善。事实上，多数戒毒人员也希望借场所开放之机得到社会组织的帮教，抽样调查结果显示，希望社会上有更多的人来帮助自己戒毒的占比为52%。

环境的开放与封闭是相对的，强制隔离戒毒是封闭环境，但戒毒人员履行

① 王志新. 孔子家语［M］. 北京：团结出版社，2018：170-171.

一定的手续后也可以外出探亲。因此，强制隔离戒毒场所是相对封闭的环境，相对封闭的场所因担负着主要的戒毒教育矫治任务要加强规范化建设，营造有利于戒毒人员接受思想教育矫治，有利于他们重新做人的育人环境，使其成为戒毒人员拨云见日的新起点。

二、优化精神环境

精神的力量是无穷的，在戒毒人员教育矫治环境优化中，精神环境起着举足轻重的作用，应在工作中加以重视和利用。

（一）发挥亲情帮教的独特优势

戒毒人员江某某写道：

今天收工回到寝室，大厅的电视正放着一档综艺节目，里面的美女很多……顿时又让我想起了自己老婆的样子，啊……心头慌啊！……现在也没什么可担心的了，就是想念家人和可爱的孩子。……我妈妈来看我，我看到妈妈哭得特别伤心，我心里面不是滋味。（2017 年 4 月 6 日）

事实上，多数戒毒人员来到强制隔离戒毒所以后，对亲情的依赖是很强烈的。一是戒毒人员从内心希望得到亲人谅解。进入强制隔离戒毒所后，戒毒人员面对陌生环境，失去自由，容易产生惧怕心理，对戒毒场所的管理教育产生抵触情绪，从而特别思念亲人，希望得到谅解；二是从情感上希望向亲人倾诉自己的不如意、不顺心的事情，希望得到亲人的关心、抚慰、帮助和鼓励。这些从他们每天所写的《守望相助》记录中可以看得出来，对亲人来探视，他们有着强烈的渴望。

戒毒人员罗某某写道：

在（再）有一个多月就要从（重）归社会，心情是激动的。真想早点走出去，和家里团聚，同时感受那好久不曾拥抱的家庭幸福。妈妈，儿子将重回你怀抱；妈妈，儿子将永远陪伴在你身旁；妈妈，儿子将永远尽孝在你脚下。（2017 年 4 月 12 日）

戒毒场所可以利用有利时机开展亲情帮教活动，拓展亲情帮教项目。现在不少戒毒场所开通了亲情电话，为戒毒人员与亲人沟通创造条件，取得了很好的思想教育矫治效果。目前存在的问题是戒毒人员家属帮教主动性不强，过分依赖戒毒机关的民警。戒毒机关可以制订阶段性活动计划，如传统节假日“亲情进场所”活动等。

此外，司法部要求戒毒机关积极“搭建社会帮教平台……定期开展交流活动”。实质上就是要求戒毒场所“走出去，请进来”，充分利用社会资源来弥补亲情帮教工作的空缺。

以情感交流为载体来开展思想教育矫治工作具有独特的优势，无论是自愿戒毒人员还是是强制隔离戒毒人员，他们在没有外力的干预下，亲情似乎成了独一无二的支撑力量。

（二）完善制度激励机制

完善制度激励机制包括三方面内容：

一是针对强制隔离戒毒人员的制度激励。目前各戒毒场所对戒毒人员的激励措施多与戒毒期限挂钩，即以减少强制隔离戒毒时间来鼓励戒毒人员认真表现，积极接受管理教育。这类措施对渴望早日离开强制隔离场所的戒毒人员很管用，对绝大多数戒毒人员来讲，最大的愿望就是早日离开。据此又引出另一个问题，即对那些不愿意早日离开甚至想延长期限的戒毒人员如何激励？这类情况虽属个别，但在戒毒所里是实实在在存在的。戒毒场所对付这类人员要有相应的惩罚措施，对消极人员的惩罚，就是对积极人员的激励。除强制隔离戒毒所外，社区还可以制定专项预算，如对回归社会 3 年内保持操守的戒毒人员给予奖励。

二是针对教育者的激励。对一线工作的民警和教师，戒毒机关应有相应的奖励措施，国家相关法规规定，要“定期组织开展优秀教师、个别教育能手、优秀心理咨询师评选活动”。戒毒场所也可根据自身实际设置诸如安全奖、突出贡献奖等，提高一线民警和教师的工作积极性。

四川某强制隔离戒毒所三大队吴某手书：

今天的天气格外好，今天是我们大队的休息日，早晨也可以多睡一会儿觉，早上起来后还是照常把内务卫生收拾好。虽说今天是休息日不用检查，但是在这里生活了快一年，我觉得自己已养成了许多好习惯……不要别人说就会把它做好，我都发觉自己跟以前在外面相比，简直就像变了一个人，这真的离不开警官对我的教导，让我们这些同学就像是脱胎换骨变了一个人。以后回家，父母看到我的改变，肯定也会高兴的。我们的变化，多亏了警官们的耐心帮助，由衷地感谢你们的教导。（2017 年 4 月 26 日）

三是针对社区工作人员的激励。国家规定“对在戒毒工作中有显著成绩和突出贡献的组织和个人，按照国家有关规定给予表彰、奖励”。但这种规定缺乏执行主体。国家近年来又制定了相关奖惩规定，明确各级禁毒委员会是执行奖惩的主体，《全国社区戒毒社区康复工作规划》要求完善评估办法，根据工作的进展逐步由第三方机构进行工作评估。因此，县级及以上人民政府应充分调动社区戒毒社区康复工作人员的工作积极性，制定针对戒毒人员思想教育矫治的奖励措施。

（三）组织同伴间的互励互助

我国社会主义集体主义向来就是一大优势，上文提到的主体间性实质上就包含了集体主义、互励互助之意。胡塞尔提出以主体间性来取代个人主体性，他认为作为“自我”的每个人都拥有一个共同体，在胡塞尔看来，主体性带有个人主义和自私自利的倾向，因此应摒弃这种思想。

强制隔离戒毒人员生活在集体宿舍，共同的生活和学习使他们之间有着许多共同的利益，或包容、或互补、或冲突。戒毒场所可引入同伴间的互励互助机制，在个人奖的基础上可设置以寝室为单位的集体奖，促使戒毒人员互利互惠、互相监督，共同维护良好的思想教育矫治秩序。事实上，戒毒人员之间的关系融洽度也为同伴间的互励互助打下了一定的思想基础。抽样调查的情况是，戒毒人员认为相互间关系很融洽和较融洽的占比为66%（如图8-3所示）。

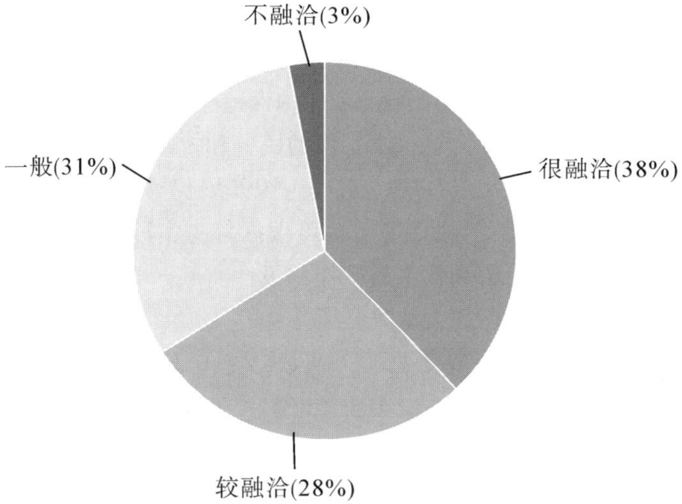

图8-3　戒毒人员关系融洽度

社会环境和精神环境是戒毒人员思想教育矫治的两大环境。在中国，这两大环境应带有明显的社会主义性质，要以弘扬中国特色社会主义文化为主线，特别是精神环境，要以弘扬社会主义核心价值观、社会主义荣辱观为主要内容，在制度设置方面要以此为基本的出发点和落脚点。

从转变观念入手，肃清消极社会思潮的危害，正确认识主客体，更新观念；提高素质，促进主客体的良性互动；夯实内容，把握方法，实现教育矫治目标；优化社会环境和精神环境，拓展思想政治教育范畴是完善戒毒人员思想教育矫治的必由之路。我们只有从思想上深刻认识到思想教育矫治在禁毒斗争中的的重要性，才能在实践中把握方向，走出中国特色戒毒之路。

结语

——坚定地走中国特色的戒毒之路

我国在20世纪50年代向全世界庄严宣布成为“无毒国”。30年后，毒品随着国门打开而死灰复燃。受自由思潮影响，我国的毒品成瘾者涌向毒品之势尤如飞蛾扑火，使我国禁毒形势异常严峻。对戒毒人员的思想教育矫治工作是禁毒工作的重要组成部分，目前此项工作已起步。但道路并不平坦，实践中面临着诸多的问题需要解决，本书中已做了相关论述。

需要强调的是，我国的戒毒教育矫治事业，是以思想教育矫治为主要内容的，思想政治教育工作是我党的生命线和传家宝，在戒毒工作中发挥着重要作用。但思想教育矫治对于强制隔离戒毒人员而言，需要对他们的自由进行限制。这一点，与在戒毒工作方面起步更早的西方发达国家没有可比性，因为与西方强调个性自由相比，我们更注重集体自由。正是因为如此，我们在“自由”这个问题上与西方是冲突的。在人类社会长期的发展过程中，我们不难看出，“自由”被分成了三个层次：应然自由、法理自由和实然自由。应然自由相当于丛林自由，法理自由是法律规定的自由，实然自由是实际享受到的自由，三个层次的自由在量上是递减的。东西方在“自由”这个问题上的差异有其历史根源，西方是“探索者”和“淘金者”的乐园，是由“开拓者”组成的地方。因自由地使用“自由”而成了世界上“最自由”的地方，他们在世界上历次的殖民与掠夺战争中得到了大片土地，通过两次世界大战还发了大财，当上了“森林之王”，制定了体现自己意志的“丛林法则”，并把这种法则向全世界推广，使之成为“普世价值”。我国自近代以来饱受侵略的历史教训，因共产党领导人民团结一致抵御外寇并通过几十年的发展壮大而受到全国人民的支持和拥护，群体自由至此成为我们的传统并被倍加珍惜，而群体自由需要抑制个体自由，就像集体利益与个人利益的矛盾一样，这就是我们走中国特色社会主义道路的现实基础之一。正如马克思深刻指出的一样：“在这个直接处于人类社会实行自觉改造以前的历史时期，人类本身的发展实际上只是通过极大地浪费个人发展的办法来保证和实现的。”[1] 中国社会的进步使我们倍感统一思想、社会稳定的重要性，中国几十年来改革开放的成果正好说明了这一点。

中华人民共和国成立之初，我们管理国家，管理社会的制度（如劳动教养制度）是在党的领导下，根据当时的具体经济、法制和社会条件而创建的，有其历史的必然性。应该肯定的是，在中国这样人口不断膨胀的国家，劳动教养制度是对刑罚的有力补充，可减少审判程序，节约社会资源，对我国社会治安综合治理起到了重要作用。改革开放以来特别是进入21世纪以来，这个制度不断被质疑，“自由、人权”是被质疑的切入点，西方把不经审判程序就剥夺人的自由视为违反天理人伦。2013年我国废止劳动教养制度后，原劳动教养场所集体转型为强制隔离戒毒所，专门收治应该强制隔离戒毒的人员，开启了新的对失足人员戒毒矫治之路。面对东、西方对“自由”的不同理解甚至冲突，“以人为本”的教育矫治原则如何实施，需要在实践中不断探索。

自《禁毒法》实施以后，中共中央、国务院发布了《关于加强禁毒工作的意见》（中发〔2014〕6号），之后《强制隔离戒毒人员教育矫治纲要》和《全国社区戒毒社区康复工作规划（2016—2020年）》一并将“以人为本”规定为对戒毒人员教育矫治的首要原则。一般说来，主体施教、实施管理教育，客体受教、接受管理教育，天经地义，这也是我国治理体系和治理能力现代化在禁毒方面的根本要求。分类戒毒模式是我国对戒毒人员区别对待的具体表现，如“根据性别、年龄、患病等情况，对戒毒人员实行分别管理；根据戒毒治疗情况，对戒毒人员实行分期管理；根据戒毒人员表现，实行逐步适应社会的分级管理”“人民警察对戒毒人员实行直接管理，严禁由其他人员代行管理职权”“女性戒毒人员由女性人民警察直接管理”等。这些体现以人为本原则的规定彰显了我国对特殊群体的“自由”“人权”的呵护。

我们对强制隔离戒毒的管理经验不足，教育矫治措施还不够到位，因此我们应该学习西方成熟的戒毒措施，这种学习应立足现实，是个循序渐进的过程，毕竟新中国强制隔离戒毒制度才出台几年，与西方上百年的戒毒制度相比，在人、财、物和智力上尚需完善。但是即使再完善的制度，也会在西方自由面前“一无是处”，因为他们的目的不是质疑戒毒制度本身，而是想以“树木”来否定“森林”。国内近年来，吸毒、戒毒人员权利保障方面的文章在各

① 马克思，恩格斯．马克思恩格斯文集第七卷［M］．北京：人民出版社，2009：103.

类媒体中大量存在，这样的预设话语是在引导公众去关心吸毒、戒毒人员权利而非社会环境的净化。这种被误导的“议程设置”让公众看到的“往往不是世界本身，而是已经被选择和解释过的世界”①。在这种预设话语的影响下，思想教育矫治主客体就存在着人权危机。首先是戒毒人员的污名使这个特殊群体与家属、与社会格格不入；其次是人民警察依法依规依情对戒毒人员的教育、感化和挽救也未讨到好，虽然戒毒人员对教育者在其强制隔离矫治期间的工作心存感激，但一旦离开场所仍然不能保持操守，摆脱不了复吸的命运；最后，因强制隔离戒毒所基础设施的完善性与收治数量的有限性而成了一些戒毒人员出来还想进去的地方，而要想“二进宫”或者“数进宫”的唯一办法就是复吸。

近年来，我国港、澳、台地区以及大陆沿海地区正在开展一种“宗教戒毒”模式，据说效果甚好。如果仅仅是以戒毒为动机而引导戒毒人员的宗教信仰，则无可厚非，毕竟宗教的向善功能与我国社会主义道德是相通的，更不要说宗教信仰自由还是我国宪法赋予公民的权利了。但在各路“神仙”对我国特殊群体的人权“指手划脚”的情况下，宗教戒毒究竟能达到什么效果，值得深思。

因此，本书从头到尾观点鲜明，其一是政治观点：中国国情与西方国家有着本质区别，中国政府提出的“自愿戒毒、社区戒毒、强制隔离戒毒、社区康复”等多种戒毒措施，符合中国作为发展中大国的国情，应坚定不移地走中国特色思想教育矫治之路；其二是社会观点：做好戒毒人员思想教育矫治工作是维护社会治安与稳定，提高人口素质，促进人的全面发展，推进国家治理体系和治理能力现代化的重要举措；其三是学科观点：本书运用思想政治教育学理论，提出了戒毒人员思想教育矫治的基本矛盾、特殊矛盾、一般规律、特殊规律，将思想政治教育理论用于对戒毒人员的教育矫治实践，扩展了思想政治教育学科的应用范围，使思想政治教育学科更加融入实际，融入生活，在为戒毒教育矫治工作提供智力支持的同时，也增强了自身的生命力和感召力。

人类社会从低级走向高级，社会治理应该符合高一级社会制度的现实，我们要实现社会主义的治理体系和治理能力现代化，其管理社会的标准应该是社会主义的。因此，在西方式自由主导下的社会管理先进经验，我们要认真学习，但绝不能照单全收，只能选择性使用。为此，我们要有清醒的头脑，对社会主义制度条件下的社会管理充满信心，破解西方自由、人权的话语危机，坚

① 李江静. 西方国家推行话语霸权隐蔽性策略及其应对［J］. 红旗文稿，2017（3）：36.

持自己的思想和做法，坚定地走中国特色的社会主义毒品治理之路。正如习近平总书记指出的，要加强党的领导，充分发挥政治优势和制度优势，完善治理体系，压实工作责任，广泛发动群众，走中国特色的毒品问题治理之路，坚决打赢新时代禁毒人民战争①。

基于统一思想、统一部署的要求，“全国一盘棋”正是体现走中国特色的社会主义毒品问题治理之路的重要举措。就戒毒而言，司法部于 2018 年 5 月就部署建立全国统一的司法行政戒毒工作基本模式，总体目标是建立科学、统一、规范的司法行政戒毒工作基本模式，构建区域分设、专业戒治、医教并重、有效衔接的工作体系。基本模式根据戒毒人员从入所到出所全过程的不同时间段，统一设置生理脱毒区、教育适应区、康复巩固区和回归指导区；戒毒场所建立戒毒医疗中心、教育矫正中心、心理矫治中心、康复训练中心和诊断评估中心，配备专业人员；以科学戒治为核心，研发优势戒治项目，推广戒毒新技术；以衔接帮扶为延伸，建立与禁毒、社区戒毒和社区康复等部门之间的信息对接平台。

① 2018 年 6 月 25 日，习近平总书记就禁毒工作做出重要指示。

参考文献

一、著作类

［1］马克思，恩格斯．马克思恩格斯全集：第三卷［M］．中共中央马克思恩格斯列宁斯大林著作编译局，编译．北京：人民出版社，2008.

［2］中共中央宣传部．习近平新时代中国特色社会主义思想三十讲［M］．北京：学习出版社，2018.

［3］全国干部培训教材编审指导委员会．改善民生和创新社会治理［M］．北京：人民出版社，2019.

［4］张耀灿，等．思想政治教育学前沿［M］．北京：人民出版社，2006.

［5］施红辉．毒品成瘾矫治概论［M］．北京：科学出版社，2009.

［6］杨波．人格与成瘾［M］．北京：新华出版社，2005.

［7］高莹，等．矫治理念与教养制度变革［M］．北京：群众出版社，2005.

［8］广西劳教局．禁毒戒毒知识手册［M］．南宁：广西民族出版社，2005.

［9］韩丹．社会关系重建：戒毒人员回归社会长效机制研究［M］．北京：中国社会科学出版社，2016.

［10］钱铭怡．心理咨询与心理治疗［M］．北京：北京大学出版社，1994.

［11］杨士隆，李思贤，朱日侨，等．药物滥用、毒品与防治［M］．台北：五南图书出版有限公司，2013.

［12］贾东明．毒品：成瘾与康复［M］．杭州：浙江大学出版社，2013.

［13］范晓清．毒品的危害与戒毒治疗［M］．北京：人民军医出版社，2006.

［14］郭建安，李荣文．吸毒违法行为的预防与矫治［M］．北京：法律出版社，2000.

［15］于燕军，张文荣．毒品学［M］．北京：群众出版社，2005.

［16］蔡燕强．戒毒矫治康复手册［M］．广州：暨南大学出版社，2006.

[17] 萨提亚. 萨提亚家庭治疗模式 [M]. 聂晶，译. 北京：世界图书出版公司北京公司，2007.

[18] 杨玲，李明军. 毒品吸戒问题研究 [M]. 北京：科学出版社，2010.

[19] 胡连新. 成瘾 [M]. 北京，人民卫生出版社，2008.

[20] 赵敏，张锐敏. 戒毒社会工作基础 [M]. 北京：军事医学科学出版社，2010.

[21] 洪炜，石川，徐红红. 成瘾者治疗指导计划 [M]. 2 版. 北京：中国轻工业出版社，2005.

[22] 张明，朱晓峰. 社区戒毒与社会支持 [M]. 苏州：苏州大学出版社，2011.

[23] 丁昌权. 戒毒人员心理健康教育 [M]. 北京：北京师范大学出版社，2016.

[24] 王金仙. 强制隔离戒毒场所安全防范实务 [M]. 北京：中国政法大学出版社，2015.

[25] 马立骥. 强制隔离戒毒人员心理及矫治 [M]. 杭州：浙江大学出版社，2013.

[26] 姚建龙. 禁毒法与戒毒制度改革研究 [M]. 北京：法律出版社，2015.

[27] 周雨臣. 强制隔离戒毒工作管教方法与艺术 [M]. 杭州：浙江大学出版社，2013.

[28] 李岚，梁志乐，张敏发. 强制隔离戒毒矫治与管理实务 [M]. 广州：暨南大学出版社，2011.

[29] 陈鹏忠. 强制隔离戒毒工作基层执法实务流程 [M]. 杭州：浙江大学出版社，2013.

[30] 刘建宏. 全球化视角下的毒品问题 [M]. 北京：人民出版社，2014.

[31] 刘建宏. 中国毒品犯罪及反制 [M]. 北京：人民出版社，2014.

[32] 考特莱特. 上瘾五百年：瘾品与现代世界的形成 [M]. 薛绚，译. 上海：上海人民出版社，2005.

[33] 边芹. 谁在导演世界 [M]. 北京：中国翻译出版社，2016.

[34] 杨波，戴建海，张卓，等. 毒品成瘾与心理康复 [M]. 北京：中国政法大学出版社，2015.

[35] 克尔·格索普. "毒品"离你有多远 [M]. 冯君雪，译. 天津：天津人民出版社，2013.

二、期刊论文

[1] 高鹏程. 青少年吸毒原因分析及其对毒品预防教育的启示 [J]. 科教文汇（上旬刊），2016（11）：132-133，158.

[2] 苏丽杰，陈晓娇，李应伟. 加强社区戒毒康复人员思想政治教育工作的学理分析 [J]. 云南警官学院学报，2015（5）：34-38.

[3] 李向阳，孙亚杰. 强制隔离戒毒工作转型分析 [J]. 中国药物依赖性杂志，2015，24（2）：153-156.

[4] 贾东明，马立骥，郭崧. 论强制隔离戒毒教育矫治理念的转变 [J]. 中国监狱学刊，2014，29（5）：41-44.

[5] 孙双华. 试论《禁毒法》视野下的教育矫治 [J]. 黑龙江省政法管理干部学院学报，2012（4）：28-31.

[6] 裴小茹. 强制隔离戒毒人员教育矫治的路径研究 [J]. 云南警官学院学报，2015（3）：48-52.

[7] 王成德，莫兴邦，左利平，等. 甘肃省204例强制隔离戒毒人员调查分析与对策探微 [J]. 心理技术与应用，2015（5），34-38.

[8] 刘德隆，余功才，方华坤. 关于强制隔离戒毒人员教育矫治方法的实践与思考 [J]. 中国司法，2011（1）：49-52.

[9] 赵振虎，王春光，王晓霞，等. 强制隔离戒毒人员应对方式特点分析与戒毒矫治对策 [J]. 中国药物依赖性杂志，2012，21（1）：45-48.

[10] 陈旭. 戒毒劳教人员教育矫治的五点思考 [J]. 中国药物滥用防治杂志，2005（3）：176-177.

[11] 陈洪涓. 对少数民族戒毒人员的教育矫治工作：以朝鲜族为例 [J]. 法制博览，2015（33）：77-78.

[12] 李国锋. 对强制隔离戒毒人员个案教育的思考 [J]. 云南警官学院学报，2015（5）：29-32.

[13] 王茂松. 毒品成瘾教育矫治的外部性与政府对戒毒工作财政政策的选择 [J]. 荆楚理工学院学报，2010（10）：60-64.

[14] 许书萍. 强制隔离戒毒的治理理念纠偏及创新：基于社会工作与强制隔离戒毒相融入的视角 [J]. 政法学刊，2014（3）：96-100.

[15] 符军，宋维俏，郭青，等. 个案工作在强制隔离戒毒领域的应用研究 [J]. 中国药物滥用防治杂志，2016，22（6）：346-348，343.

[16] 刘振宇. 司法行政强制隔离戒毒工作在加强和创新社会管理中的价值功能及实现路径初探 [J]. 中国司法，2013（1）：69-75.

[17] 李勋，符军. 强制隔离戒毒工作中循证矫治实践的思考 [J]. 中国司法，2013 (10)：85-89.

[18] 余传霞. 谈建立戒毒回归人员过渡性帮扶救助制度：以 3 000 例吸毒人员复吸原因解析为基础 [J]. 中国司法，2012 (6)：90-92.

[19] 余功才. 强制隔离戒毒中的教育矫治方法研究 [J]. 上海政法学院学报，2011 (1)：93-98.

[20] 宋冰，徐定. 强制隔离戒毒工作人员专业化之标准 [J]. 上海政法学院学报，2011 (1)：103-107.

[21] 夏静. 湖南省强制隔离戒毒场所医疗戒护模式介绍 [J]. 中国药物滥用防治杂志，2016 (3)：150-152.

[22] 贾东明，郭崧，余志军. 浙江省集中强制隔离戒毒的 HIV 感染者 "331" 管理模式 [J]. 中国药物滥用防治杂志，2016，22 (6)：339-343.

[23] 陈小彪. 吸毒人员的社区管控研究：现行吸毒人员管控模式之检讨 [J]. 福建警察学院学报，2016，30 (1)：1-9.

[24] 包涵. "道德模式" 与 "医疗模式" 的交错并行：台湾地区戒毒制度的现状考察与经验借鉴 [J]. 中国刑事法杂志，2016 (2)：74-92.

[25] 沈皓宇，梁波，李萍，等. 探索强制隔离戒毒场所 "所院医疗合作" 新模式 [J]. 中国药物滥用防治杂志，2016 (3)：158-160，169.

[26] 邵玉婷. 强制隔离戒毒人员社会保障权制度的反思与构建：以上海市女强制隔离戒毒所为例 [J]. 上海政法学院学报，2014，29 (6)：88-93.

[27] 包涵. 中国强制隔离戒毒的法律定位及制度完善 [J]. 北京社会科学，2015 (5)：106-114.

[28] 浙江省十里坪强制隔离戒毒所课题组. 浙江省强制隔离戒毒场所戒毒人员公共法律服务现状调查与思考 [J]. 中国司法，2014 (6)：74-77.

[29] 曾文远. 强制隔离戒毒性质初探 [J]. 云南警官学院学报，2009 (4)：32-36.

[30] 李昊. 论完善戒毒人员社会救助制度的法律对策 [J]. 河南师范大学学报（哲学社会科学版），2014，41 (3)：46-50.

[31] 方巍. 香港青年药物滥用与社会政策分析 [J]. 青年探索，2006 (1)：16-21.

[32] 张耀灿. 矫正理论在思想政治教育活动中的引入与实践：评《服刑人员思想矫正论》[J]. 思想教育研究，2016 (6)：121，126.

[33] 刘慧，宋兴川. 安徽省某戒毒所女性强制隔离戒毒人员应对方式与

心理健康的相关性研究［J］. 医学与社会，2016（3）：79-81.

［34］邓渊. 在强制隔离戒毒人员中开展戒毒治疗的思考［J］. 中国药物滥用防治杂志，2016，22（5）：278-280，260.

［35］龙桂芳，符军，郭青，等. 强制隔离戒毒人员社会救助研究［J］. 中国司法，2016（2）：82-84.

［36］龙桂芳，符军，郭青，吴戍旦. 新形势下强制隔离戒毒所教育矫治工作的对策研究［J］. 中国药物滥用防治杂志，2016，22（2）：96-98，114.

［37］吴加明，陈钢. 强制隔离戒毒与其他限制人身自由强制措施的衔接［J］. 上海政法学院学报（法治论丛），2014（1）：53-58.

［38］赖佳文，吴情树. 我国强制隔离戒毒的制度检讨［J］. 贵州警官职业学院学报，2011（5）：110-114.

［39］赵锐，成月华. 对强制隔离戒毒执行行为进行检察监督的现实思考［J］. 公民与法（法学版），2012（6）：54-55.

［40］姚建龙.《戒毒条例》与新戒毒体系之运作［J］. 中国人民公安大学学报（社会科学版），2012（5）：73-81.

［41］徐颖. 对强制隔离戒毒执行工作实施执法监督的思考［J］. 犯罪研究，2012（4）：40-46.

［42］谢川豫. 新时期我国戒毒模式的发展及挑战［J］. 中国人民公安大学学报（社会科学版），2013（2）：38-46.

［43］孙宝华. 整合创新戒毒模式 强化以人为本理念：以强制隔离戒毒的先进性为视角［J］. 法制博览（中旬刊），2012（7）：296-298.

［44］张祎，胡厚植. 强制隔离戒毒流程的实践与思考［J］. 上海政法学院学报（法治论丛），2011（1）：87-92.

［45］白莉.《禁毒法》视野下新疆强制隔离戒毒管理模式的构建［J］. 新疆警官高等专科学校学报，2012（3）：38-43.

［46］李孟春，车松定，梅晓飞，等. 司法行政戒毒场所提升戒治力的若干思考［J］. 中国司法，2015（3）：74-79.

［47］姚建龙. 禁毒法与我国戒毒体系之重构：风险预估与对策建议［J］. 中国人民公安大学学报（社会科学版），2008（2）：39-45.

［48］徐大东，张芃芃，褚宸舸. 我国强制隔离戒毒制度的现实困境及其完善［J］. 中国药物依赖性杂志，2010，19（5）：403-405.

［49］曾文远. 我国戒毒制度的基本特点［J］. 云南警官学院学报，2011（1）：17-21.

［50］王瑞山. 试论我国强制隔离戒毒制度的完善［J］. 华东师范大学学报（哲学社会科学版），2015，47（3）：57-62，168.

［51］郑长海. 关于履行强制隔离戒毒职能的思考［J］. 中国司法，2011（5）：58-61.

［52］陈展，杨波，刘思卿. 强制隔离戒毒人员戒毒动机、事件影响以及相互关系的特点［J］. 心理研究，2011（3）：67-71.

［53］潘敏，杨明兴，吴海琅，等. 现阶段戒毒效果评估工具的不足与对策：以诊断评估为视角［J］. 中国司法，2013（3）：63-68.

［54］房红，阮惠凤，刘敬平，等. 云南强制隔离戒毒场所资源整合研究［J］. 云南警官学院学报，2010（5）：47-53.

［55］陈进婉. 新形势下司法行政机关强制隔离戒毒工作模式的探索与创新［J］. 中国司法，2015（4）：83-90.

［56］王利荣. 强制戒毒的现制调整与合理定位：实施《禁毒法》的两大要点［J］. 犯罪学论丛，2009（0）：134-145.

［57］任成玺. 试论强制隔离戒毒措施的发展、价值与理念［J］. 河南警察学院学报，2015，24（5）：53-59.

［58］莫关耀，顾克非.《禁毒法》实施以来戒毒工作面临的境遇［J］. 昆明理工大学学报（社会科学版），2010（6）：1-5.

［59］吴爱英. 全面做好司法行政戒毒工作 为加强和创新社会管理作出积极贡献［J］. 中国司法，2011（11）：7-12.

［60］黄芳. 谈强制戒毒的人权保障问题［J］. 公安研究，2013（6）：36-39.

［61］乔德春. 对构建我国新的戒毒模式的思考［J］. 中国司法，2008（4）：38-41.

［62］孙本良，陈小同，肖洁. 戒毒康复与强制隔离戒毒工作对接探究［J］. 中国司法，2010（4）：33-37.

［63］徐瑛. 如何防范对强制隔离戒毒的规避［J］. 学术前沿，2016（3）：273-274.

［64］贺柏林，唐承燕，李炯. 戒毒工作中开展循证实践的分析与思考［J］. 中国司法，2013（7）：79-81.

［65］戴建海，方芳，郑凌烟. 现行戒毒工作体制机制存在的问题及对策研究：以北京戒毒工作为例［J］. 中国司法，2016（5）：81-85.

［66］陈小彪. 吸毒人员的社区管控研究：现行吸毒人员管控模式之检讨

[J]. 福建警察学院学报，2016，30（1）：1-9.

[67] 张国志. 限制人身自由的限制：法治中国背景下的思考 [J]. 法制博览，2016（12）：48-49.

[68] 李国锋. 强制隔离戒毒人员后续照管问题探讨 [J]. 中国司法，2015（3）：80-83.

[69] 刘仁菲. 论美国戒毒模式的经验和启示 [J]. 云南警官学院学报，2016（3）：8-11.

[70] 周立民. 毒品预防"治未瘾"理论的内涵及启示 [J]. 中国人民公安大学学报（社会科学版），2016（3）：15-23.

[71] 揭萍，王利荣. 毒品治理模式：运动式应服务于制度化：基于"全国百城禁毒会战"实效评估 [J]. 中国人民公安大学学报（社会科学版），2016（3）：1-7.

[72] 齐延安. 以五大发展理念引领戒毒工作科学发展 [J]. 中国司法，2016（9）：20-23.

[73] 符安之，符军，郭青. 浅析强制隔离戒毒人员社会支持与戒治效果的关系 [J]. 中国药物滥用防治杂志，2016，22（5）：281-283，266.

[74] 靳澜涛. 毒品合法化政策的理论争鸣与批判借鉴 [J]. 云南警官学院学报，2016（5）：22-27.

[75] 霍雨佳. 新型毒品成瘾原因研究及强制隔离戒毒所戒毒矫治模式的转型 [J]. 经营管理者，2016（27）：291.

[76] 浙江省戒毒管理局管理处课题组. 探索创建戒毒实验班降低复吸率的思考：以社会管理体系创新为视角 [J]. 中国司法，2013（7）：74-78.

[77] 刘忠成，江红义，何阳. 青少年吸毒行为的影响因素分析：基于海南省的实证调查 [J]. 中国青年研究，2016（11）：68-74，92.

[78] 张祎，杨杰. 打造戒毒场所"绿色戒毒"品牌的路径探析 [J]. 中国司法，2015（7）：92-96.

[79] 孙红霞. 强制隔离戒毒实施病区化管理探析：以山东省鲁中强制隔离戒毒所戒毒实践为例 [J]. 学理论，2014（14）：69-71，76.

[80] 高巍. 社会工作介入强制隔离戒毒领域的可行性 [J]. 中国司法，2014（12）：79-83.

[81] 贺岚. 家庭治疗在社区戒毒中应用的理论探讨 [J]. 湖南警察学院学报，2016，28（5）：37-42.

[82] 陈道鹏，杨子峰，张丽. 关于新形势下农村籍戒毒人员融入社会面

临的问题和对策［J］. 法制与社会，2016（12）：178-179，217.

［83］中国民政编辑部. 创新社会治理的战略考量［J］. 中国民政，2016（23）：1.

［84］陈家言，罗桂伶，王静，等. 面向司法干警的戒毒心理治疗技术培训方式应用及其效果评价［J］. 中国药物依赖性杂志，2016，25（6）：517-521.

［85］赵雪莲. 社区戒毒的困境与政府购买禁毒社工服务的路径探索：以四川省为例［J］. 中国药物依赖性杂志，2016，25（6）：566-570.

［86］姚军，熊志伟. 生命健康与自由：对染毒者两项基本人权的取向：我国强制隔离戒毒制度正当性的法理学证成［J］. 医学与法学，2015，7（6）：10-16.

［87］赵雪莲. 心理治疗技术在戒毒康复中的应用［J］. 云南警官学院学报，2015（6）：27-31.

［88］李钰. 谈基层教育矫治（戒毒）场所法治文化建设［J］. 中国司法，2015（12）：76-78.

［89］齐延安. 关于推进强制隔离戒毒工作的路径思考［J］. 中国司法，2015（12）：71-75.

［90］李一成. 大型戒毒场所特殊心理护理［J］. 中国药物依赖性杂志，2015，24（6）：490-492.

［91］任成玺. 试论强制隔离戒毒措施的发展、价值与理念［J］. 河南警察学院学报，2015，24（5）：53-59.

［92］许丰盛. 我国强制隔离戒毒工作现状及其完善［J］. 辽宁警察学院学报，2016，18（1）：42-47.

［93］孙宝华. 女性吸毒的社会家庭原因及对策探究：以女性强戒人员调查为视角［J］. 中国市场，2016（4）：60-62，147.

［94］邹潜丽. 基于常青藤戒毒康复模式的场所管理创新［J］. 法制与社会，2015（36）：204-205.

［95］田元，申群翼. 基于社会控制的毒品问题研究［J］. 湖北警官学院学报，2015（12）：113-115.

［96］滕关和，赵鸿仁. “四四五”戒毒模式下法治建设推进之理性思考［J］. 中国司法，2017（1）：92-95.

［97］罗旭，李科生. 欧美戒毒理念对国内戒毒工作的启示［J］. 云南警官学院学报，2016（1）：19-24.

［98］杨永生，朱震东，蒲悦文．在“四三二”模式下打造智慧型戒毒所的设想与对策［J］．中国司法，2016（6）：80-84.

［99］吴善积．应用科学方法论推动社区矫正实践创新［J］．中国司法，2016（8）：80-83.

［100］闫顺利．论马克思主义过程论的三种形态［J］．江南大学学报（人文社会科学版），2006（5）：5-9.

［101］李忠杰．坚持马克思主义的过程论思想［J］．北大马克思主义研究，2012（0）：3-13.

［102］刘红琳．马克思哲学中的过程思想析论［J］．中南大学学报（社会科学版），2014，20（4）：160-165.

［103］何秉孟．新自由主义：通向灾难之路：兼论新自由主义与自由主义的渊源和区别［J］．马克思主义研究，2014（11）：124-137.

［104］向德平，苏海．“社会治理”的理论内涵和实践路径［J］．新疆师范大学学报（哲学社会科学版），2014，35（6）：19-25，2.

［105］郭亚军，薛宽亮．治理理论视野下的社会管理创新［J］．人民论坛，2014（4）：147-149.

［106］董晓飞．马克思主义人学理论探微［J］．中共四川省委党校学报，2012（3）：9-13.

［107］赵圣熠．马克思主义人学理论形成初探［J］．人民论坛，2016（2）：210-212.

［108］罗平汉，方涛．从“四个现代化”到“第五个现代化”：中国共产党现代化思想的演进轨迹［J］．探索，2014（5）：36-40.

［109］杜飞进．中国现代化的一个全新维度：论国家治理体系和治理能力现代化［J］．社会科学研究，2014（5）：37-53.

［110］刘森林．历史虚无主义的三重动因［J］．哲学研究，2015（1）：11-18.

［111］马跃，任建通．浅谈强制隔离戒毒人员的心理特点及矫治对策［J］．法制与社会，2011（10）：205.

［112］罗洪铁．思想政治教育规律研究的回顾与展望［J］．思想教育研究，2019（1）：3-7.

［113］胡沫，孙其昂．思想政治教育规律的哲学视域［J］．江汉论坛，2004（8）：136-138.

［114］黄小华．思想政治教育规律研究现状述评［J］．学校党建与思想教育，2011（18）：13-15，44.

［115］毕红梅. 经济全球化视野下思想政治教育规律探究［J］. 思想理论教育，2007（7）：55-60.

［116］叶红云. 思想政治教育规律研究的问题与路径［J］. 学校党建与思想教育，2011（8）：23-25.

［117］阮惠风. 新型合成毒品滥用原因、主要人群及治理对策：以云南省保山市为例［J］. 政法学刊，2015（5）：5-12.

［118］李江静. 西方国家推行话语霸权隐蔽性策略及其应对［J］. 红旗文稿，2017（3）：35-37.

［119］刘富斌. 我国吸毒人群的构成现状及治理对策［J］. 产业与科技论坛，2015（11）：25-26.

［120］张琳. 关于我国社区戒毒模式运行的法律思考［J］. 法制博览，2017（20）：169-170.

［121］杨建义. 历史虚无主义的网络传播与应对［J］. 思想理论教育导刊，2016（12）：48.

［122］Educating Individuals and Communities About Drugs and Addiction，Editor：Carolyn Baird，DNP，MBA，RN-BC，CARN-AP，CCDPD.

［123］MOORE D. Opening Up the Cul-De-Sac of Youth Drug Studies：A Contribution to the Construction of Some.

［124］“Drug and/or alcohol abuse outcome in mental illness：The mediating role of social support”（F Sultan - 2016 - gradworks. umi. com）.

［125］“Temporal Trends in Drug Abuse in Adults With Atrial Fibrillation”（Z Mansuri，MH Gul，A Ganti，D Patel，K Chauhan… - Circulation，2016 - Am Heart Assoc）.

［126］“Alcohol Abuse，Drug Abuse，and Sexual Offending”（J Abracen，J Looman - … of High-Risk Sexual Offenders：An …，2016 - Wiley Online Library）.

［127］“Prescription Drug Abuse in Primary Care”（PJ Robinson，JT Reiter - Behavioral Consultation and Primary Care，2016 - Springer）.

［128］ZASTROW C. Introduction to social work and social welfare：Empowering.

三、文件类

［1］中国共产党第十九次全国代表大会文件汇编［M］. 北京：人民出版社，2017 年 10 月第一版.

［2］《中华人民共和国戒毒法》（第十届全国人民代表大会常务委员会第三十一次会议于2007年12月29日通过，自2008年6月1日起施行）.

［3］中共中央、国务院印发《关于加强禁毒工作的意见》（中发〔2014〕6号）.

［4］国家禁毒委员会：《中国禁毒报告》（历年）.

［5］《中华人民共和国戒毒条例》（国务院第597号令，2011年6月22日国务院第160次常务会议通过）.

［6］《中华人民共和国刑法修正案（九）》（发布日期：2015年8月29日 实施日期：2015年11月1日修正或修改）.

［7］《强制隔离戒毒人员教育矫治纲要》（2014年7月31日 司发通〔2014〕75号）.

［8］《易制毒化学品管理条例》（2005年8月17日国务院常务会议通过，自2005年11月1日起施行）.

［9］《中华人民共和国治安管理处罚法》（2005年8月28日 十届全国人大常委会通过；2012年10月26日十一届全国人大常州委会修正，实施日期：2013年1月1日）.

［10］《联合国减少毒品需求指导原则宣言》（1998年）.

［11］《四川省戒毒管理办法》（1997年10月5日省人民政府第81次常务会议讨论通过）.

［12］《全国社区戒毒社区康复工作规划（2016—2020年）》. 国家禁毒委员会办公室、中央综治办、公安部、国家卫生和计划生育委员会、民政部、司法部、财政部、人力资源和社会保障部、全国总工会、共青团中央、全国妇女联合会，2015年12月15日.

［13］（台湾）“行政院卫生署、法务部、教育部、外交部（2001-2010）”，90-99反毒报告书，2001-2010年6月.

［14］《关于创建社区戒毒社区康复工作示范单位的意见》（禁毒委通〔2013〕1号）

［15］《关于加强戒毒康复人员就业扶持和救助服务工作的意见》（禁毒办通〔2014〕30号）

［16］《关于做好戒毒康复人员就业和社会保障工作的通知》（人社厅发〔2015〕123号）

［17］《司法行政机关强制隔离戒毒工作规定》（中华人民共和国司法部令第127号，自2013年6月1日起施行）.

四、调研报告及报纸文章

[1] 李渔，王平，白丽琴，等. 云南省2011年—2013年新增加的药物滥用者现状分析 [J]. 中国药物依赖性杂志，2014，23（6）：453-457，463.

[2] 王新亮. 意象对话技术治疗强制隔离戒毒人员抑郁症个案报告 [J]. 科教文汇（下旬刊），2014（10）：122-123.

[3] 陈彦霓. 一例戒毒人员心理问题的咨询报告 [J]. 社会心理科学，2016，31（10）：76-80.

[4] 卢玉明，李毅，李文辉，等. 313例合成毒品滥用者的艾滋病预防认知度的调查分析 [J]. 中国药物滥用防治杂志，2016（3）：135-139.

[5] 何明智. 对转型期强制隔离戒毒制度实施的调研与思考：以湖南部分强制隔离戒毒所为例 [J]. 学理论，2016（3）：135-137.

[6] 浙江省戒毒管理局课题组. 关于强制隔离戒毒人员回归社会后戒断操守情况的调查报告 [J]. 中国司法，2014（10）：69-74.

[7] 贾东明，郭崧. 1412名强制隔离戒毒人员教育现状的调查分析 [J]. 健康教育与健康促进，2016（1）：48-51.

[8] 龚晓明，周建辉，李晟，等. 四川省男性强制隔离戒毒人员体质调查与分析 [J]. 体育科技文献通报，2014（10）：33-34.

[9] 徐小良. 强制隔离戒毒人员吸食新型毒品相关情况调查分析与对策 [J]. 中国药物依赖性杂志，2012，21（1）：54-57.

[10] 魏春燕，郭蕊霞，刘新发，等. 男性强制隔离戒毒者父母教养方式与人格特征的调查分析 [J]. 中国药物滥用防治杂志，2015（1）：6-9.

[11] 广东省劳教（戒毒）局教育矫治处课题组. 关于2012年开展“十百千”教育矫治质量跟踪的调查报告 [J]. 中国司法，2013（1）：76-82.

[12] 郭中伟. 对吸毒成瘾人员在社区戒毒中教育监管问题研究：基于东南沿海H市的警务工作调研 [J]. 黑龙江省政法管理干部学院学报，2016（2）：40-42.

[13] 广东省戒毒管理局课题组. 广东省司法行政戒毒场所强制隔离戒毒人员情况调研报告 [J]. 中国司法，2016（1）：82-88.

[14] 陈俊伶，杨素宏，叶明贵，等. “这是一所教人重生的特殊学校!”：走访“全国标兵强制隔离戒毒所”四川绵阳市强制隔离戒毒所 [J]. 人民法治，2016（7）：74-77.

[15] 褚宸舸. 2011年中国毒品成瘾者权利保障研究报告 [J]. 云南大学学报（法学版），2012（1）：121-131.

[16] 蓝晟. 气功戒毒见成效：兰州市七里河区戒烟所运用智能气功戒毒的调研报告 [J]. 中国气功科学，1998 (8)：24-25.

[17] 郑荣寿，刘志民. 甘肃省社区戒毒与社区康复工作调研报告 [J]. 中国药物依赖性杂志，2010 (6)：497-507.

[18] 司法部劳教局. 关于进一步做好戒毒康复工作的调研报告 [J]. 中国司法，2009 (1)：51-54.

[19] 海南省人大常委会内务司法工委. 强制隔离戒毒 共建和谐社会：对琼海、屯昌、临高三市县强制隔离戒毒情况的调研报告（摘编）[J]. 海南人大，2009 (1)：45-46.

[20] 孙健嵘. 宁夏强制隔离戒毒人员初次吸毒原因调研报告 [J]. 共产党人，2016 (5)：37-39.

[21] 张绍光，李慧慧. 山西省法学会开展“涉毒问题与对策研究”课题调研 [N]. 民主与法制时报，2016-08-20.

[22] 黄海春. 吸毒人员参与实施刑事犯罪调查分析 [N]. 法治快报，2009-11-11.

[23] 胡新桥，何正鑫，贺金华. 打击与帮扶的平衡 [N]. 法制日报，2017-01-03.

[24] 陈志刚. 提高对吸毒人员查控能力 [N]. 人民公安报，2007-10-05.

[25] 广东：创新机制破解病残吸毒人员收治难题 [N]. 人民公安报，2015-05-21.

[26] 简工博，王海燕. 拟禁止吸毒人员进入文化市场 [N]. 解放日报，2015-09-24.

[27] 王锐园. 规范登记有效管理吸毒人员 [N]. 人民公安报，2016-09-26.

[28] 张年亮. 境外毒品渗透不断加剧 毒品滥用问题持续蔓延 [N]. 人民公安报，2016-02-19.

[29] 张平. 吸毒人员在控率达 90% [N]. 人民公安报，2009-10-26.

[30] 杜文娟. 吸毒人员动态管控机制初步建成 [N]. 人民日报，2007-04-12.

[31] 孙学余. 落实“四个强化”遏制毒品危害 [N]. 十堰日报，2016-06-27.

[32] 杨庆庆，李海明. 无锡禁毒改革创新打硬仗亮点多 [N]. 江苏法制

报，2017-01-19.

[33] 顺宏. 提升社会治安治理能力和水平 [N]. 四川日报，2017-01-19.

[34] 肇恒伟. 优化制度设计 构建精准科学的戒毒模式 [N]. 中国禁毒报，2017-01-20.

[35] 朱晓莉. 海峡两岸戒毒制度比较研究 [N]. 中国禁毒报，2017-01-20.

[36] 王祎. 重视女性涉毒问题，发挥妇联帮教作用 [N]. 中国禁毒报，2017-01-20.

[37] 陈磊，孙力，李逸飞. 宝鸡渭滨：多方联动帮扶 给吸毒人员铺新路 [N]. 人民公安报，2017-01-23.

[38] 叶红兵，邓维. 筑牢防控体系 护航"美丽南昌·幸福家园" [N]. 南昌日报，2017-01-23.

[39] 王妮. 有必要重构未成年人严重不良行为矫治机制 [N]. 检察日报，2016-12-08.

[40] 张昊. 三名戒毒者回归社会后的崎岖路 [N]. 法制日报，2016-12-09.

[41] 苏婕，苏玉萍. 同心：以网格化手段大力推动禁毒工作 [N]. 人民公安报，2016-12-12.

[42] 史瑞丽，林先锋，林颖. 禁止涉毒业主从事娱乐服务行业 [N]. 海口日报，2016-12-03.

[43] 宗兆宣. 举报毒品犯罪线索最高奖 20 万元 [N]. 海南日报，2016-12-10.

[44] 石小宏. "防艾"意识措施尚需增强 [N]. 四川日报，2016-12-08.

[45] 陈瑜. 截至 10 月我市新增艾滋报告病例 5868 例 [N]. 重庆商报，2016-11-29.

[46] 刘亮. 凝聚强大合力 筑牢禁毒堤坝 [N]. 平凉日报，2016-12-09.

[47] 王文硕. 把握规律 开拓创新 着力完善青少年毒品预防教育体系 [N]. 人民公安报，2016-12-15.

[48] 王文硕. 青少年毒品预防教育"6·27"工程建设亮点纷呈 [N]. 人民公安报，2016-12-15.

[49] 周文学，杨义军. 铜仁："链条式"管理做精禁毒工作 [N]. 人民公安报，2016-12-17.

[50] 刘仁文，王栋. 强制隔离戒毒工作存在的问题及改进建议 [N]. 人民法院报，2014-07-30.

[51] 韩亚超，刘登峰. 为推动戒毒工作发展奠定扎实基础 [N]. 山西法制报，2016-09-15.

[52] 陈东升，周斌. 深入推进司法行政戒毒工作发展 全面提升司法行政戒毒工作水平 [N]. 法制日报，2015-10-01.

[53] 沈进笃，黄福九. 以创新为推力 以问题为导向 着力推进禁吸戒毒工作见实效 [N]. 贵州政协报，2016-08-16.

[54] 赵阳，李光明. 全面做好司法行政戒毒工作 为加强和创新社会管理作出积极贡献 [N]. 法制日报，2011-10-12.

[55] 周斌. 建立和完善中国特色司法行政戒毒制度 [N]. 法制日报，2014-07-14.

[56] 孙春英. 建立和完善中国特色司法行政戒毒制度 [N]. 法制日报，2015-06-01.

[57] 赵文. 大力推进戒毒工作规范化法治化 [N]. 四川法制报，2016-02-04.

[58] 赵文，梅戈飞. 让戒毒工作科学化专业化社会化 [N]. 四川法制报，2015-09-17.

[59] 韩文萍. 2361 模式构建申城戒毒工作新局 [N]. 上海法治报，2014-06-20.

[60] 石杨. 不断深化禁毒人民战争 扎实推进社区戒毒社区康复工程 努力走出具有中国特色的禁毒工作新路子 [N]. 人民公安报，2016-08-18.

[61] 陈东升，王春. 探索创新戒毒工作方法提升戒断率 推进监狱信息化建设更多用于基层 [N]. 法制日报，2012-06-30.

[62] 陈灵，尹向东. 打造具有重庆特色的戒毒品牌 [N]. 重庆政协报，2015-01-19.

[63] 丁国锋. 戒毒人员教育矫治实现"众口易调" [N]. 法制日报，2015-08-29.

[64] 金芙蓉，罗盘山. 为迷途的心点亮启明的灯 [N]. 甘肃法制报，2010-06-25.

[65] 周斌. 逾 1.1 万戒毒人员接受"十步脱瘾法"训练 [N]. 法制日报，2014-07-25.

[66] 周斌. 戒毒人员对毒品渴求度明显降低 [N]. 法制日报，2014-

08-08.
[67] 周斌. “娘家人”关怀戒毒人员重燃生活希望 [N]. 法制日报，2014-07-31.
[68] 朱海兵，沈永海，陈晓君. 结对帮扶戒毒人员 [N]. 浙江日报，2010-06-24.
[69] 蒋皓. “家园路”开门助戒毒姐妹回归 [N]. 法制日报，2014-07-28.
[70] 王笃明. 以思想道德教育助力戒毒人员教育矫治工作 [N]. 开封日报，2014-07-10.
[71] 龚利芳，李浩. 保障好戒毒人员生命健康权益 [N]. 甘肃法制报，2012-12-05.
[72] 蒋皓. “常青藤”让戒毒人员直通社会 [N]. 法制日报，2014-07-22.
[73] 周文馨，李鹏年. 把脉戒毒人员心理对症下药 [N]. 法制日报，2013-10-29.
[74] 向春阳. 推进社会管理创新 维护社会和谐稳定 [N]. 西部法制报，2011-04-28.
[75] 上海法治报. 打造一个文化品牌 发挥“灵魂”的力量 [N]. 2012-05-22.
[76] 周文馨，赵志锋，宋誓杰.“戒毒文化套餐”助学员走向新生 [N]. 法制日报，2015-06-03.
[77] 黄芳. 我省强制隔离戒毒将推广新模式 [N]. 云南法制报，2014-04-14.
[78] 赵琦，林慧. 平安莲都 戒毒典范 [N]. 浙江法制报，2014-03-31.
[79] 陈晓波. 我省推广强制隔离戒毒新模式 [N]. 云南日报. 2014-05-26.
[80] 邓勇华. 精神戒毒：借文化力量重塑学员信心 [N]. 人民公安报，2012-09-16.
[81] 宋春晖，丁国锋. 教育矫治拓模式 文化芬芳育新生 [N]. 法制日报，2011-11-09.
[82] 一枝一叶总关情 [N]. 江苏法制报. 2011-11-07.
[83] 文化沃土育新人 [N]. 江苏法制报. 2011-11-07.
[84] 孙卫春. 以文化净化戒毒学员的心灵 [N]. 吐鲁番日报（汉）.

2010-10-13.
[85] 闫双智，周德顺. 多措并举创建文化监狱 [N]. 中华新闻报，2009-07-08.
[86] 赵蕾，叶宏基，王普辉. 为“瘾君子”开辟自新之门 [N]. 河南法制报，2016-07-06.
[87] 孙春英. 建立和完善中国特色司法行政戒毒制度 [N]. 法制日报，2015-06-01.
[88] 徐汉祥. 循证矫正措施介入强戒工作探索 [N]. 云南法制报，2015-11-09.
[89] 王比学. 戒毒为何这么难 [N]. 人民日报，2015-10-14.
[90] 马竞，周宵鹏. 河北推广“365”强制隔离戒毒模式 [N]. 法制日报，2015-12-31.
[91] 王宥力. 创新打造“青海戒毒模式” [N]. 青海日报，2015-06-25 .
[92] 吴晓锋. 强制隔离戒毒人员增幅全国第一 [N]. 法制日报，2015-09-21.
[93] 朱凌，李海明. 职责与使命 [N]. 江苏法制报，2015-11-03.
[94] 刘楚汉. 科学戒毒才能高效禁毒 [N]. 人民法院报，2011-06-28.
[95] 何铁坡. 戒毒人员也能创业啦 [N]. 珠海特区报，2009-04-20.
[96] 赵家新，陈宙. 无锡立法助推戒毒人员“返航”社会 [N]，人民公安报，2015-11-01.
[97] 李豪，蔡长春. 戒毒教育矫治协同奋战成效显 [N]. 法制日报，2016-08-10.
[98] 潘从武，谢文俊. 新疆教育矫治（戒毒）工作亮点纷呈成效凸显 [N]. 法制日报，2015-02-17.
[99] 潘从武. 全国首个教育矫治（戒毒）局挂牌 [N]. 法制日报，2014-07-25.
[100] 潘从武. 全力确保场所教育矫治秩序 [N]. 法制日报，2013-07-08.
[101] 台建林，王涛. 教育矫治一把钥匙开一把锁 [N]. 法制日报，2016-04-12.
[102] 王子阳. 维护社会和谐稳定 强化管理教育矫治 [N]. 吉林日报，2016-11-19.
[103] 周斌. 加强教育矫治工作 严格公正文明执法 [N]. 法制日报，

2015-11-16.

［104］敬一山. 劳教局变教育矫治局 换汤也得换药［N］. 深圳特区报，2014-05-08.

［105］周斌. 构建“4+6”教育矫治新模式［N］. 法制日报，2011-12-21.

［106］郭忠东.“教育矫治特殊学校”的意义和效果［N］. 人民公安报，2012-01-08.

［107］兰治国，吴国彬. 打造科学戒管长期联动“升级版”［N］. 法制生活报，2016-08-12.

［108］吴晓锋，董莎莎. 以人为本开出柔性戒毒药方［N］. 法制日报，2016-06-20.

［109］张亮，赵红旗.“三四五一”机制打通戒毒管理“经络”［N］. 法制日报，2016-05-09.

［110］畑颐，佩明，绍强. 戒毒，一项需要全社会关注的工程［N］. 天津日报，2016-06-23.

［111］唐荣，曾龙生. 创新精准戒毒科学管戒模式［N］. 法制日报，2016-06-30.

［112］郝丽娟，韩亚超. 将“软”教育打造成“硬”实力［N］. 山西法制报，2016-09-29.

［113］阮占江，李凌云. 探索“教育戒治文化”敢创新有品牌［N］. 法制日报，2016-06-09.

［114］唐荣，曾龙生. 深圳第一强戒所问卷调查强戒人员［N］. 法制日报，2016-08-08.

［115］周莉. 三分管理 三期矫治 三项机制［N］. 西部法制报，2015-11-26.

五、会议文章

［1］张强. 强制隔离戒毒人员教育矫治质量诊断评估的几点思考［C］. 中国犯罪学年会论文集，2010.

［2］赵辉，张卓. 国内外循证戒治的发展及其应用前景［C］. 第十七届全国心理学学术会议，2014.

［3］张国礼，徐凯杨，聂晶晶. 体育锻炼对强制隔离戒毒人员生命质量的影响［C］. 第十八届全国心理学学术会议，2015.

［4］朱晓东，李倩影. 有氧运动与团体游戏对男性青少年强制隔离戒毒人

员心理健康的影响［C］. Proceedings of 2015 4th International Conference on Physical Education and Society Management，2015.

［5］谭军，郑澜，刘铭，等. 体育锻炼对强制戒毒人员运动试验中气体交换能力的影响［C］. 2015 第十届全国体育科学大会，2015.

［6］李科生，高鹏程. 社区资源整合与戒毒人员社会适应能力的提升：以湖南省戒毒康复所为例［C］. 决策论坛：政用产学研一体化协同发展学术研讨会，2015.

［7］李靖，张予晋，郑萌，等. 湖南省男性吸毒 HIV/AIDS 患者中医证候调查研究［C］. 中华中医药学会 2015 年防治艾滋病学术年会，2015.

［8］赵辉，张卓，杨波. 循证戒治对社区戒毒工作的启示［C］. 第十八届全国心理学学术会议，2015.

［9］张迪然，江文明，吴晓静. 贵阳市新型合成毒品滥用现况调查及相关因素分析［C］. 四川省医学会第十五次精神病学学术会议暨第三次心身医学学术会议，2016.

［10］郁顺洁. 引入社会力量参与提高戒治质量的思考［C］. 决策论坛：企业党建与政工创新工作发展学术研讨会，2016.

［11］张旭，张守臣. 强制隔离戒毒警察角色压力、职业承诺、情绪劳动对心理健康的影响［C］. 第二十届全国心理学学术会议：心理学与国民心理健康，2017.

［12］孙锋丹，黄雷晶，薛朝霞，等. 男性强制戒毒人员生存质量对自杀意念的影响：心理痛楚的中介作用［C］. 第二十届全国心理学学术会议：心理学与国民心理健康，2017.

［13］王春光. 毒品成瘾科学戒治的“三驾马车”理论［C］. 第二十一届全国心理学学术会议，2018.

［14］蔡呈伟. 司法行政强制隔离戒毒的基本模式［C］. 第十五届全国药物依赖性学术会议暨国际精神疾病研讨会，2018.

［15］王思远，周海波. 精神障碍戒毒人员认知、冲动攻击行为治疗研究与管理策略［C］. 第十五届全国药物依赖性学术会议暨国际精神疾病研讨会，2018.

［16］郑琦萱，徐凯杨，等. 对强戒人员吸毒背景及抑郁、焦虑水平的调查分析［C］. 第十一届全国运动心理学学术会议，2018.

六、内部刊物《四川矫治》文章

［1］林蒙昌. 牢固树立法治思维，全面提升法治能力，切实推进戒毒工作深入发展［J］. 四川矫治，2015（1）.

［2］乔德春. 当前我国戒毒工作的成效、问题及改进对策［J］. 四川矫治，2015（1）.

［3］车孟春. 吸毒者角色身份特征辨析［J］. 四川矫治，2015（1）.

［4］张强. 强制隔离戒毒所对戒毒人员开展戒毒培育之我见［J］. 四川矫治，2015（1）.

［5］车孟春. 强制隔离戒毒场所社会化的三层含义［J］. 四川矫治，2015（2）.

［6］毛和成，李安得，邹品兴. 强制隔离戒毒生产劳动管理模式研究［J］. 四川矫治，2015（2）.

［7］邓刚，唐晨杰. 强制隔离戒毒场所中艾滋病病毒感染戒毒人员生命质量分析［J］. 四川矫治，2015（2）.

［8］周利. 浅议多次戒毒人员的人格怪象及矫治对策［J］. 四川矫治，2015（2）.

［9］周长维. 系统脱敏疗法在戒毒人员康复过程中的运用［J］. 四川矫治，2015（2）.

［10］张敏. 开展未成年强制隔离戒毒工作的思考与实践［J］. 四川矫治，2015（3）.

［11］陈昌剑. 提升强制隔离戒毒所民警素质之我见［J］. 四川矫治，2015（3）.

［12］郝蕾. “灵性关怀康复治疗方式”的构想与实践［J］. 四川矫治，2015（3）.

［13］范丽. 四川省资阳强制隔离戒毒所努力构建医疗戒毒新常态［J］. 四川矫治，2015（3）.

［14］帅相兵. 创新戒毒康复管理初探［J］. 四川矫治，2015（3）.

［15］古栩，郝蕾. 戒毒动机培育的主要途径研究［J］. 四川矫治，2015（4）.

［16］周长维. 戒毒人员心理咨询问题谱系探讨［J］. 四川矫治，2015（4）.

［17］邓刚，刘学灿，周长维. 吸食合成毒品戒毒人群心理干预模式［J］. 四川矫治，2015（4）.

[18] 邓刚，周长维. 系统脱敏疗法在戒毒人员康复过程中的运用 [J]. 四川矫治，2015 (4).

[19] 刘薇. 社会工作与强制隔离戒毒 [J]. 四川矫治，2015 (4).

[20] 杨波. 倾听技术在学员日常管理中的运用 [J]. 四川矫治，2015 (4).

[21] 徐玲，陈治. 强制隔离戒毒人员再社会化问题研究：以四川省为例 [J]. 四川矫治，2015 (4).

[22] 周建辉，黄富印. 强制隔离戒毒人员回归社会难点分析 [J]. 四川矫治，2015 (4).

[23] 范丽. 戒毒人员“就业体验”实践探索报告 [J]. 四川矫治，2015 (4).

[24] 赵泽勇，刘海，周强，黄小波. 吸食合成毒品所致精神障碍类戒毒人员集中管理的探讨 [J]. 四川矫治，2015 (4).

[25] 剑平，周杰，刘康君. “蓝莲花家园”集中管理治疗艾滋病病毒感染者的探索实践 [J]. 四川矫治，2015 (4).

[26] 四川省新华强戒所课题组. 强制隔离戒毒与社区康复的对接研究：以四川省新华强戒所“绿色回归家园”建设为研究基础 [J]. 四川矫治，2015 (5).

[27] 陈媛. 心理矫治在戒毒矫治工作的地位作用研究 [J]. 四川矫治，2015 (5).

[28] 平静. 强制隔离戒毒与期望理论的相关性研究 [J]. 四川矫治，2015 (5).

[29] 张闵. 吸毒成瘾的三级预防策略的思考 [J]. 四川矫治，2015 (5).

[30] 潘红. 传统“知止”文化在强制隔离戒毒教育中的价值及运用 [J]. 四川矫治，2015 (5).

[31] 省眉山强戒所课题组. 运用萨提亚成长模式团体辅导对改善戒毒场所吸食新型毒品戒毒人员自尊和人际关系的应用研究 [J]. 四川矫治，2015 (6).

[32] 张然. 对强制隔离戒毒人员管理工作难点的浅析 [J]. 四川矫治，2015 (6).

[33] 龙簫. 女性强制隔离戒毒人员家庭功能修复的现实意义 [J]. 四川矫治，2015 (6).

[34] 蒋宪君. 集中收治病残强戒人员的风险防控：以四川省成都戒毒康

复所为例［J］. 四川矫治，2015（6）.

［35］段宗彬，张敏. 试论“以人为本”理念在强制隔离戒毒工作中的落实［J］. 四川矫治，2016（1）.

［36］熊玉竹，张佳丽. 女性戒毒人员复吸轨迹研究［J］. 四川矫治，2016（1）.

［37］唐晨杰，邓浩文. 对进一步加强社区康复工作的建议：以四川省资阳市雁江区“123N 雁归来”工程为例［J］. 四川矫治，2016（1）.

［38］张健. 试析“海恩法则”在强戒场所安全管理工作中的运用［J］. 四川矫治，2016（1）.

［39］王熹. 我国合成毒品的滥用形势及其社会危害［J］. 四川矫治，2016（1）.

［40］卢文胜. 强制隔离戒毒人员在劳动中受伤的法律适用探究［J］. 四川矫治，2016（2）.

［41］帅相兵. 对当前收治病残吸毒人员的思考［J］. 四川矫治，2016（2）.

［42］李敬中，邹品兴. 论新时期强制隔离戒毒工作社会管理创新［J］. 四川矫治，2016（2）.

［43］陈静. 四川省女子强制隔离戒毒所女性戒毒回归人员生存状况调查报告［J］. 四川矫治，2016（2）.

［44］范富胜. 严峻收治形势下推行全人戒治的思考［J］. 四川矫治，2016（3）.

［45］潘红. 从人的本质思想探讨对强制隔离戒毒人员的管理艺术：以马克思唯物主义理论为视角［J］. 四川矫治，2016（3）.

［46］彭建清，邹洪全，徐尚福. 对强化戒毒场所执法证据保全工作的思考［J］. 四川矫治，2016（3）.

［47］郭葆青. 在戒毒人员中开展需求教育的探索［J］. 四川矫治，2016（4）.

［48］林佼. 浅析家庭功能修复对戒毒矫治的积极作用［J］. 四川矫治，2016（4）.

［49］李代生. 破解戒毒医疗难：对建立四川司法行政戒毒医疗救治中心的建议［J］. 四川矫治，2016（4）.

［50］胡光义. 强制隔离戒毒所值带班警察执法风险及对策思考［J］. 四川矫治，2016（4）.

[51] 省戒毒工作协会. 2016年常青藤戒毒模式论坛评述 [J]. 四川矫治, 2016 (4).

[52] 骆志军. 常青藤戒毒模式之艺术治疗实践与思考 [J]. 四川矫治, 2016 (4).

[53] 刘学灿. 身体康复训练在强制隔离戒毒工作中的应用 [J]. 四川矫治, 2016 (4).

[54] 赵永福. 回归驿站　绿色家园：四川新华（绵阳）强戒所绿色回归家园工作概述 [J]. 四川矫治, 2016 (4).

[55] 黄昌明, 王志翔. 戒毒场所团体心理辅导操作实务：基于萨提亚系统治疗模式团体心理辅导的应用研究 [J]. 四川矫治, 2016 (5).

[56] 梁剑平, 周长维, 试论本质安全型强制隔离戒毒所的构建 [J]. 四川矫治, 2016 (5).

[57] 赖波. 戒毒人员社会适应性训练与后续照管之我见 [J]. 四川矫治, 2016 (5).

七、网络资源

[1] 中国戒毒网 http://www.cnjiedu.com/

[2] 中国禁毒网 http://www.nncc626.com/

[3] 司法部戒毒管理局 http://www.moj.gov.cn/ldjyglj/node_222.htm

[4] 中国警察网禁毒频道 http://626.cpd.com.cn/

[5] 四川省戒毒管理局 http://www.scjdj.gov.cn/html/1/include/index.jsp

[6] 天府戒毒网 http://www.tfjdw.com/

八、博士、硕士论文

（一）博士论文

[1] 俞晓歆. 影响男性强制戒毒人员复吸的依恋研究 [D]. 上海：华东师范大学, 2012.

[2] 陈谞. 吸毒预防论 [D]. 长春：吉林大学, 2004.

[3] 薛风雷. 毒品犯罪侦控若干问题研究 [D]. 长春：吉林大学, 2012.

[4] 郝申强. 济泰片治疗合并心理咨询与社会支持在社区戒毒中的效果评价 [D]. 上海：复旦大学, 2013：

[5] 郝冬婕. 毒品犯罪的现代发展与防控对策研究 [D]. 大连：大连海事大学, 2012.

[6] 贡太雷. 惩戒·法治·人权：关于社区矫正制度的法理研究 [D]. 重庆：西南政法大学，2014.

[7] 邹涛. 毒品犯罪预防体系研究：以国际禁毒公约为借鉴的网格化模型构建 [D]. 大连：大连海事大学，2012.

[8] 王悦. 以 Engel 模式为中心实施自愿戒毒的研究 [D]. 杭州：浙江大学，2005.

[9] 庄淑梅. 运动疗法对女性海洛因戒毒者心理健康状况干预效果的研究 [D]. 天津：天津医科大学，2013.

[10] 王超. 监禁矫正效能实证研究 [D]. 长春：吉林大学，2015.

[11] 雷娟. 强制医疗法律关系研究 [D]. 苏州：苏州大学，2015.

[12] 龙丽达. 青少年罪错行为分析与矫治对策探究 [D]. 长春：东北师范大学，2011.

[13] 梁若冰. 毒品文化批判 [D]. 哈尔滨：黑龙江大学，2011.

[14] 孙咏莉. 贫困、道德与焦虑：新疆萨阿代特社区中的艾滋病 [D]. 北京：中央民族大学，2007.

[15] 高长见. 轻罪制度研究 [D]. 北京：中国社会科学院，2010.

[16] 赵军. 卖淫刑事政策实证研究 [D]. 武汉：武汉大学，2005.

[17] 方勇. 建国初期禁毒法制研究（1950—1952 年）：以云南为中心的考察 [D]. 重庆：西南政法大学，2011.

[18] 潘淑均. 认知行为治疗对美沙酮维持治疗患者的应用及美沙酮维持治疗依从性的影响因素研究 [D]. 上海：上海交通大学，2012.

[19] 陈文诗. 澳门 2009—2010 年药物滥用者登记资料的流行病学分析 [D]. 广州：南方医科大学，2013.

[20] 林少真. 话语建构视角下的新型毒品吸食行为研究 [D]. 上海：上海大学，2010.

[21] 李冬莉. 社会转型与 HIV 高危险行为：甘肃戒毒所的调查与研究 [D]. 北京：中央民族大学，2003.

[22] 罗惠翾. 宗教的社会功能：几个穆斯林社区的对比调查与研究 [D]. 北京：中央民族大学，2005.

[23] 陈小异. 海洛因成瘾戒断者注意功能障碍研究 [D]. 重庆：西南大学，2007.

[24] 吴成军. 戒毒社区的理论与方法研究 [D]. 天津：南开大学，2005.

[25] 谌丁艳. 戒毒人员心理状况调查及神经递质前体物质干预效果评价

[D]. 武汉：华中科技大学，2012.

[26] 邓奇坚. 湖南农村地区毒品滥用定性与定量调查研究 [D]. 长沙：中南大学，2012.

（二）硕士论文

[1] 李振华. 河南省劳教（戒毒）系统心理矫治工作体系研究 [D]. 郑州：河南工业大学，2012.

[2] 张瀚元. 内观小组治疗对改变女性强制戒毒者自我和谐程度的作用探究：以J市女子强制戒毒所为例 [D]. 南京：南京大学，2016.

[3] 陈昕. 心理干预对强制隔离戒毒人员心理弹性水平的影响：基于唾液皮质醇的分析 [D]. 开封：河南大学，2014.

[4] 段沣凌. 科技教育在农村籍强制隔离戒毒人员矫治中的作用研究 [D]. 长沙：湖南农业大学，2012.

[5] 唐浩. 辽宁省强制隔离戒毒医院戒毒模式研究 [D]. 沈阳：沈阳师范大学，2016.

[6] 王畅明. 强制隔离戒毒人员戒毒管理模式之初探：主要以滥用新型毒品人员为例 [D]. 上海：华东政法大学，2012.

[7] 刘星军. 强制隔离戒毒人员管理教育模式研究：以鄂尔多斯市东胜区强制隔离戒毒所为例 [D]. 呼和浩特：内蒙古农业大学，2010.

[8] 胡锦阳. “三期四段”强制隔离戒毒模式探究 [D]. 重庆：西南大学，2014.

[9] 谷湘东. 强制隔离戒毒工作模式的探索与研究：以湖南省某劳教所为例 [D]. 长沙：国防科学技术大学，2010.

[10] 李洁. 我国强制戒毒模式的发展与创新：从劳动教养到强制隔离的转型 [D]. 上海：华东政法大学，2010.

附件一　戒毒人员调查问卷

各位学员，为提高教育矫治工作水平，我们需要了解你的基本情况和真实想法，请对下面30个问题认真回答。谢谢！

1. 你的性别：

①男

②女

2. 你的年龄：

①20岁及以下

②21～30岁

③31～40岁

④41～50岁

⑤51～60岁

⑥60岁以上

3. 你的文化程度：

①文盲

②小学

③初中

④高中

⑤大学

⑥大学以上

4. 你来自：

①农村

②城市

5. 你的婚姻状况：

①已婚

②未婚

6. 你是否有子女？

①有

②无

7. 你是第几次被强制隔离戒毒？

①第一次

②“二进宫”

③“三进宫”

④“四进宫”

⑤“五进宫”及以上

8. 你第一次吸毒是什么原因引起的？

9. 你复吸的原因是什么（有复吸经历的戒毒人员回答）？

10. 对于吸毒的问题，你认为：

①吸毒是个人私事，是个人的自由，政府不应该管。

②政府应该对吸毒人员进行处罚和教育。

③禁毒是政府的事，我只管自己走一步算一步。

11. 家里的人对自己吸毒的事：

①家里的人劝过我，但我听不进去，继续吸毒。

②家里的人根本就不管我或管不住我，任由我想吸就吸。

③家里的人根本就不知道我在吸毒。

12. 强制隔离戒毒所的吃、住等生活你是否满意？

①很满意

②较满意

③一般

④不满意

13. 你心里有想说的话，一般想对谁说？

①民警

②同戒人员

③通过电话向家人说

④憋在心里，谁都不说。

14. 对于戒毒所安排的劳动，你的态度是：
①愿意参加劳动
②不想参加但不得不劳动
③一有机会就偷懒
④经常不参加劳动
15. 对于强制隔离戒毒所的管理和教育：
①我服从管理并愿意接受教育，出所后愿意重新做人。
②不想服从，但又不得不服从管理和教育。
③戒毒所的管理和教育对我是无用的，我一出去照常吸毒。
16. 社会上对吸毒者的歧视，你的态度是：
①自己是曾经吸过毒，社会上的人看不起我，是我活该。
②已经戒毒了，不再复吸的，社会不应该再对我有偏见。
③无法改变社会对我的歧视，以后我选择到外地打工。
④周围的人根本不知道我吸毒的事，我回去后要好好做人。
17. 你认为毒品：
①能彻底戒掉
②不能彻底戒掉
18. 你与同戒人员的关系：
①很融洽
②较融洽
③一般
④不融洽
19. 你到强制隔离戒毒所后，亲属朋友来探望的情况：
①从来没有来探望过
②很少来
③经常来
20. 在戒毒所期间，你希望：
①家里人多来看我，鼓励我戒毒。
②希望民警对我好点。
③希望与同戒人员关系处得好些
21. 对以下教育矫治的内容，你乐于接受哪些？
①戒毒法律法规、所规所纪教育
②卫生知识教育与康复训练

②想道德教育
④心理健康教育
⑤文化素质教育
⑥劳动教育和职业技能培训
22. 关于社会组织的帮教问题，你希望：
①希望社会上有更多的人来帮助我戒毒。
②毒是我自己的私事，我不希望社会上有其他人掺和。
③无所谓
23. 你的生理需求：
①睡眠质量好
②获得更多的食物与日用品
③劳动任务少一点
④宿舍条件，夏天凉爽些，冬天暖和些
④其他
24. 你的安全需求：
①希望与民警和其他戒毒党员关系好
②希望民警对自己印象好
③希望受到奖励而减期
④希望不得艾滋病
⑤其他
25. 你的社交需求：
①希望亲戚朋友多来探视并多带日用品和食品。
②希望缩短戒毒日期，或戒毒日子过得快些，以便早日回归社会。
③其他
26. 你的尊重需求：
①希望在同戒人员面前有面子，经常获得同戒人员的食物。
②希望民警对自己好的方面多留意一些。
③希望期满回归后不被家人和社会所歧视。
④希望将来在社会上有面子。
⑤其他
27. 你的自我实现需求：
①希望自己将来不再违法或犯罪，不被强制戒毒。
②希望将来能赚更多的钱过自己想过的日子。

③希望得到社会的承认并为社会做一点有益的事情。
④其他
28. 出所后你打算：
①回到家里陪伴亲人，找个事做，重新做人。
②自己觉得无脸见人，想外出打工。
③自己没有一技之长，找不到事做，不知道以后怎么办。
④其他（请注明）：
29. 关于复吸的问题，你的想法：
①我再也不想吸毒，从此与毒品一刀两断。
②我不想再吸毒，但心瘾戒除不掉，一有机会，可能还会吸毒。
③社会上的毒品很容易搞到手，我怎么也戒不掉，一定会复吸。
④其他想法（请注明）：
30. 出所后，你希望社区对你的吸毒、戒毒经历保密吗？
①希望保密
②不希望保密
③无所谓

附件二　数据的使用说明及问卷统计

本书中所使用的数据有两个来源：一是在戒毒人员中进行随机抽查问卷调查而获得的；二是借鉴全国各地调查数据，使用时在书中脚注已标注，在参考文献中列出的文章中也包含了这部分数据。问卷调查大体分为三个部分：一是戒毒人员基本情况；二是戒毒期间的需求及戒毒人员的想法调查；三是戒毒人员希望回归社会后的一些想法调查。自制问卷在四川省眉山强制隔离戒毒所、绵阳强制隔离戒毒所、资阳强制隔离戒毒所随机发放放600份，收回有效问卷526份。统计数据只做本书有关分析的参考，其他定性的结论语言是通过大量走访戒毒人员而做出的。统计结果如下：

一、戒毒人员基本情况

1. 年龄结构（见附图1）

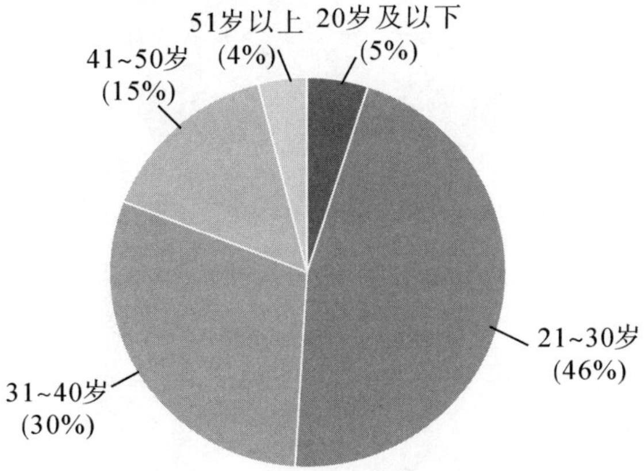

附图1　戒毒人员年龄结构

2. 文化程度结构（见附图 2）

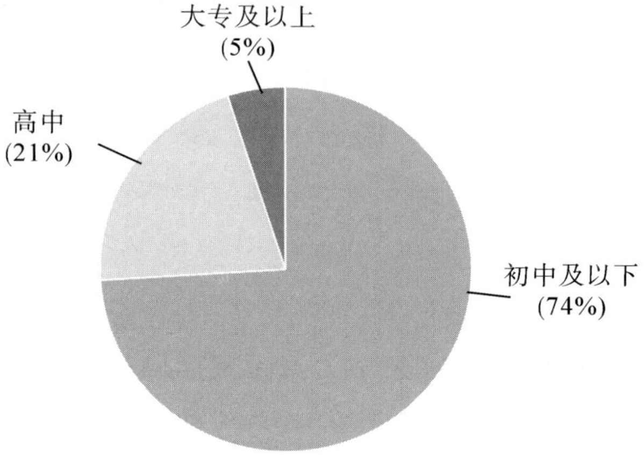

附图 2 戒毒人员文化程度结构

3. 强制隔离戒毒次数（见附图 3）

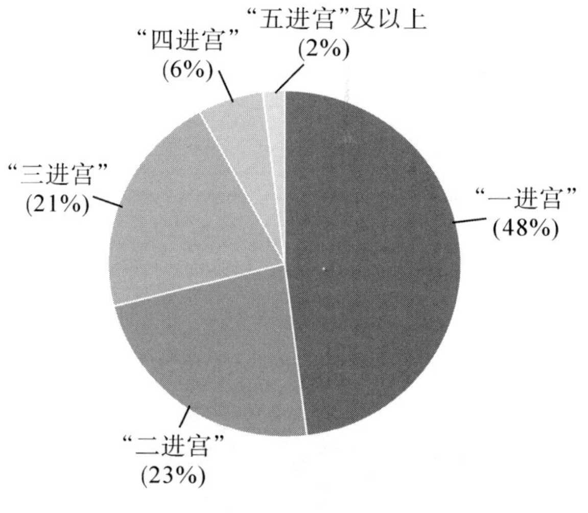

附图 3 强戒次数

4. 初次吸毒原因（见附图4）

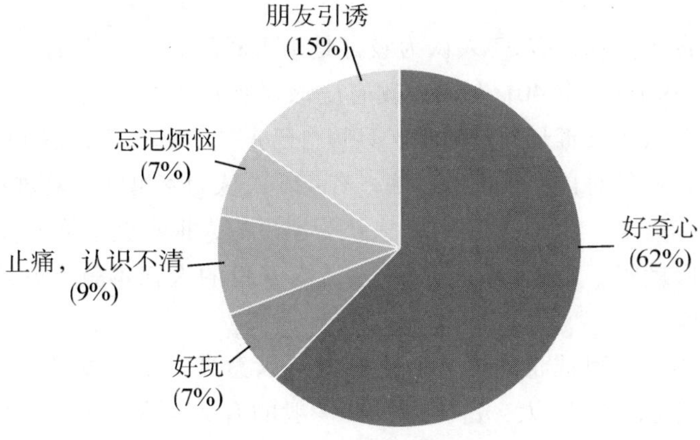

附图4　初次吸毒原因

5. 复吸原因（见附图5）

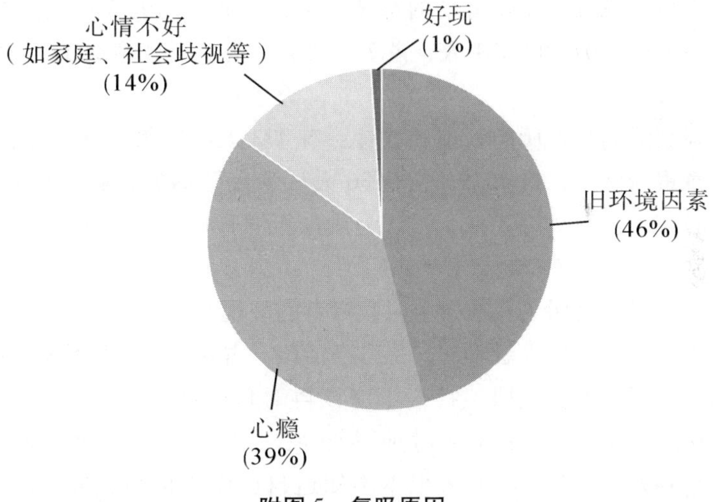

附图5　复吸原因

从户口所在地看，来自农村的有377人，占71.7%；来自城市的有149人，占28.3%

从婚姻家庭状况看，已婚有子女的有274人，占52.1%；未婚的有252人，占47.9%。

二、戒毒人员需求及看法

对于吸毒的问题，有 57 人认为吸毒是个人私事，是个人的自由，政府不应该管，占 10. 1%；有 401 人认为政府应该对吸毒人员进行处罚和教育，占 76. 8%；68 人认为禁毒是政府的事，只管自己走一步算一步，占 13%。

关于家庭成员对自己吸毒的看法，有 426 人认为家里的人劝过自己，但听不进去，继续吸毒，占 81%；有 32 人认为家里的人根本就不管或管不住自己，任由自己想吸就吸，占 6. 1%；有 68 人透露家里的人根本就不知道自己在吸毒，占 12. 9%。

关于对强制隔离戒毒所的吃、住等生活满意度：很满意的有 124 人，占 23. 7%；较满意的有 99 人，占 18. 6%；一般的有 249 人，占 47. 5%；不满意的有 53 人，占 10. 2%。关于自己的心里有想说的话，一般想对民警讲的有 99 人，占 18. 8%；一般对同戒人员讲的有 87 人，占 16. 5%；一般通过电话向家人说的 261 人，占 49. 6%；一般憋在心里，谁都不说的 79 人，占 15. 1%。

戒毒人员对戒毒所安排劳动的态度：愿意参加劳动的 390 人，占 74. 1%；不想参加但不得不劳动的 131 人，占 24. 9%；一有机会就偷懒或经常不参加劳动的 5 人，占 1%。

对于强制隔离戒毒所的管理和教育：有 473 人服从管理并愿意接受教育，出所后愿意重新做人，占 89. 9%；有 36 人认为自己不想服从，但又不得不服从管理和教育，占 6. 9%；有 17 人认为戒毒所的管理和教育对自己是无用的，一出去照常吸毒，占 3. 2%。

戒毒人员对自己污名及社会上对吸毒者的歧视的态度：有 238 人认为自己曾经吸过毒被社会上的人看不起，是自己活该，占 45. 3%；同样有 237 人认为自己已经戒毒了，不再复吸，社会不应该再对自己抱有偏见，占 45. 1%；有 211 人认为自己无法改变社会对他的歧视，以后会选择到外地打工，占 40. 1%；有 149 人认为周围的人根本不知道自己吸毒的事，回去后要好好做人，占 28. 3%。

对于毒品是否能彻底戒掉，有 421 人认为能彻底戒掉，占 80%；有 105 人认为毒品不能彻底戒掉，占 20%。

戒毒人员之间的关系，认为很融洽的 201 人，占 38. 2%；认为较融洽的 145 人，占 27. 6%；认为一般的 165 人，占 31. 4%；认为不融洽的 15 人，占 2. 8%（见附图 6）。

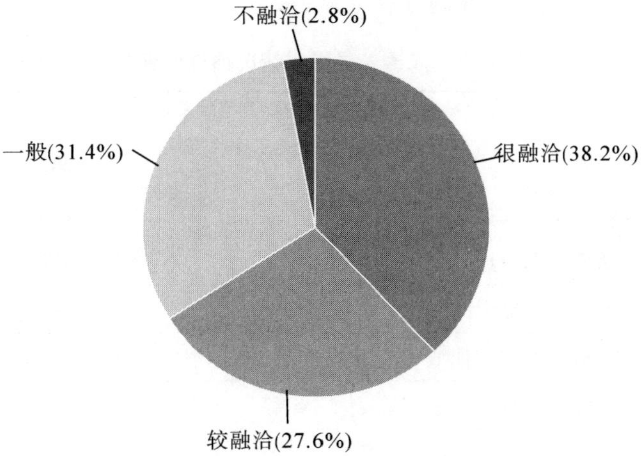

附图 6　戒毒人员关系融洽度

戒毒人员被执行强制隔离戒毒所后，亲属朋友来探望的情况：有 181 人表示从来没有人来探望过，占 34. 5%；有 184 人表示很少有人来探望，占 35%；有 160 名戒毒人员家属经常来探望，占 30. 5%。而希望家里人多来看自己，鼓励自己戒毒的有 270 人，占 51. 4%；希望民警对自己好点的有 68 人，占 13%；希望与同戒人员关系处得好些的有 187 人，占 35. 6%。

关于戒毒人员对社会组织的帮教问题的看法，希望社会上有更多的人来帮助自己戒毒的有 274 人，占 52%；认为戒毒是自己的私事，不希望社会上有其他人掺和的 147 人，占 28%；有 105 人觉得无所谓，占 20%。

关于戒毒人员对教育矫治内容的接受度（见附表 1）：

附表 1　戒毒人员对教育矫治内容的接受度

教育矫治内容	人数/人	百分比/%
戒毒法律法规、所规所纪教育	312	59. 3
卫生知识教育与康复训练	276	52. 5
思想道德教育	215	40. 8
心理健康教育	389	74
文化素质教育	196	37. 3
劳动教育和职业技能培训	250	47. 5

戒毒人员需求情况抽样调查表见附表 2。

附表 2　戒毒人员需求情况抽样调查表

需求等级	需求内容	人数/人	百分比/%
生理需求	睡眠质量好	289	54. 9
	获得更多的食物与日用品	146	27. 8
	劳动任务少一点	301	57. 2
	宿舍条件，夏天凉爽些，冬天暖和些	313	59. 5
安全需求	希望与民警和其他戒毒人员关系好	321	61
	希望民警对自己印象好	217	41. 2
	希望受到奖励而减期	113	21. 5
	希望不得艾滋病	277	52. 7
社交需求	希望亲戚朋友多来探视并多带日用品和食品	123	23. 4
	希望缩短戒毒日期，或戒毒日子过得快些，以便早日回归社会	508	96. 6
尊重需求	希望在同戒人员面前有面子，经常获得同戒人员赠送的食物	48	9. 1
	希望民警对自己好的方面多留意一些	208	39. 6
	希望期满回归后不被家人和社会所歧视	406	77. 2
	希望将来在社会上有面子	106	20. 2
自我实现	希望自己将来不再违法甚至犯罪，不被强制戒毒	353	67. 2
	希望将来能赚更多的钱过自己想过的日子	265	50. 3
	希望得到社会的承认并为社会做一点有益的事情	306	58. 2

三、戒毒人员对出所后有关问题的想法

出所后自己的去处打算：愿意回到家里陪伴亲人，找个事做，重新做人的有 431 人，占 82%；认为自己无脸见人，想外出打工的有 74 人，占 14. 1%；认为自己没有一技之长，找不到事做，不知道以后怎么办的有 15 人，占 2. 9%；还有 5 人，即 1%的戒毒人员愿意旅游打工，看看更大的世界或者已经有了工作。

对复吸问题的想法，有 244 人表示再也不想吸毒，从此与毒品一刀两断，

占46.3%；有234人表示不想再吸毒，但心瘾戒除不掉，一有机会，可能还会吸毒，占45.8%；有38人认为社会上的毒品很容易搞到手，怎么也戒不掉，一定会复吸，占7.3%。

戒毒人员出所后，希望社区对自己的吸毒、戒毒经历是否保密的看法，有199人希望保密，占37.9%；有259人不希望保密，占49.2%；有68人觉得无所谓，占12.9%。

本书正文中有的地方直接使用了调研数据，有的数据没有出现在正文中，写作的时候只是参考了调研数据，进行定性分析，在此特别说明。

附件三　强制隔离戒毒人员教育矫治纲要

（2014年7月31日 司发通〔2014〕75号）

为进一步规范强制隔离戒毒人员（以下简称戒毒人员）教育矫治工作，提高教育矫治工作的针对性和有效性，促进教育矫治工作全面发展，根据《中华人民共和国禁毒法》、国务院《戒毒条例》以及《司法行政机关强制隔离戒毒工作规定》，结合工作实际，制定本纲要。

一、教育矫治工作目标和基本原则

（一）教育矫治工作目标。通过综合运用各种教育矫治方法和手段，帮助戒毒人员认清毒品危害，树立法制观念，提升道德情操和文化素养，改善不良心理，掌握就业谋生技能，增强社会适应能力，戒除毒瘾，成功融入社会。

（二）教育矫治工作基本原则。坚持以人为本的原则。

立足戒毒人员的戒毒需要，科学安排教育内容，选择有针对性的教育方法，给予戒毒人员人文关怀和必要的社会救助，营造尊重、信任、互助的人文矫治氛围，充分调动戒毒人员自觉、主动参与教育矫治的主体意识。

坚持因人施教的原则。根据戒毒人员的认知规律、生理、心理和行为特点，确定个性化的教育矫治方案，帮助个体戒除毒瘾，实现不同程度的改变和成长。

坚持综合矫治的原则。遵循教育矫治工作的客观规律，充分运用管理、生产劳动等手段的教育矫治功能，使场所各类教育活动形成合力，提高综合矫治能力。

坚持面向社会的原则。充分利用社会资源优势，全面提升戒毒所教育矫治工作水平，做好解除强制隔离戒毒人员的后续帮扶工作。

坚持科学创新的原则。根据戒毒工作发展的需要，研究教育矫治工作中的新问题，探索新方法，不断实现教育矫治工作的理论创新、机制创新和方法创新。

二、教育矫治内容

（一）入所教育。对新收治戒毒人员进行入所教育，帮助他们尽快熟悉场所环境，适应戒毒所生活。入所教育在完成生理脱毒后进行，时间不少于1个月。

开展戒毒法律法规、所规所纪教育。学习《中华人民共和国禁毒法》、《戒毒条例》以及《司法行政机关强制隔离戒毒工作规定》、《强制隔离戒毒人员守则》，学习强制隔离戒毒所所规所纪。帮助戒毒人员了解强制隔离戒毒工作的性质、目的、内容、法律效力以及在所期间的权利义务，明确矫治目标和方向。

开展卫生知识教育。组织戒毒人员学习肝炎、艾滋病、性病等传染病预防知识，学习所内集体生活所需要的卫生常识，帮助戒毒人员养成良好的卫生习惯。

开展行为养成教育。组织队列训练，开展内务卫生和所内文明礼仪习惯养成教育，增强戒毒人员组织纪律观念、集体观念，培养自觉遵守文明礼仪的意识和习惯。

（二）法律常识教育。组织戒毒人员学习刑法、治安管理处罚法、劳动法、合同法、婚姻法、继承法、社会保障法等与戒毒人员生活息息相关的法律法规，帮助戒毒人员了解相关法律知识，树立法制观念，自觉遵纪守法。

（三）思想道德教育。把社会主义核心价值观和《公民道德建设实施纲要》教育贯穿始终，强化社会公德、职业道德和家庭美德教育，弘扬民族精神和时代精神，帮助戒毒人员确立正确的世界观、人生观和价值观，引导他们自觉抵制拜金主义、享乐主义和极端个人主义，提倡文明礼貌、助人为乐、诚实守信、尊老爱幼、艰苦奋斗的社会主义风尚。

（四）戒毒常识教育。传授禁毒戒毒基本知识，帮助戒毒人员了解毒品的特性和危害，了解我国的戒毒体系、戒毒基本流程，树立戒毒信心，提高参与戒毒的自觉性和主动性。

（五）心理健康教育。组织戒毒人员学习心理健康基本知识，了解场所心理咨询工作的基本流程，帮助戒毒人员分析吸毒的心理根源，掌握调控情绪的方法，改变错误认知，学会正确归因，提高应对压力和挫折的能力，学会与人沟通，建立和谐的人际关系。

（六）文化素质教育。举办文学、历史、音乐、书法、绘画、科技知识等讲座，以优秀传统文化和现代文化提高戒毒人员文化素养，激发生活热情，树立健康生活态度。鼓励戒毒人员参加电大、函授、高等教育自学考试。

（七）戒毒康复训练。对戒毒人员进行戒毒康复训练，帮助戒毒人员学会戒毒康复项目的相关知识，掌握生理和心理康复的具体方法。

开展戒毒康复教育。介绍戒毒康复项目和要求，传授增强戒毒意愿、修复个性缺陷、恢复正常社会情感、拒绝毒品的知识和方法，为开展戒毒康复训练奠定基础。

开展体能康复训练。借鉴医学和运动生理学理论、方法和技术，将运动康复运用到戒治过程中。开展适合戒毒人员身体状况的恢复性训练、体能训练。选择广播体操、健身操、器械训练等常用健身项目，帮助戒毒人员掌握锻炼方法，养成锻炼习惯。

开展心理康复训练。对戒毒人员进行情绪管理、意志力训练、个性修复、情感重建、人际交往、抗复吸训练、拓展训练等专题团体心理辅导，帮助戒毒人员增强抵抗诱惑的意志品质，客观认识个性缺陷与吸毒的关系，引导戒毒人员通过自我体验和自我反省，塑造积极人格，增强拒毒能力，强化戒毒效果。

（八）劳动教育和职业技能培训。组织戒毒人员进行生产劳动，充分发挥劳动的教育矫治功能，帮助戒毒人员树立正确的劳动态度，改变好逸恶劳的思想和习惯。开展职业技能培训，使戒毒人员掌握一定的职业技能。

开展安全生产知识教育。组织戒毒人员学习安全生产法规、安全生产常识、劳动保护知识，提高戒毒人员安全生产意识，树立劳动观念，养成劳动习惯，掌握劳动技能。

开展职业技能培训。落实国家禁毒办等 11 个部门联合下发的《关于加强戒毒康复人员就业扶持和救助服务工作的意见》（禁毒办通〔2014〕30 号），将戒毒人员职业技能培训纳入当地职业技能培训总体规划，根据戒毒人员的特点和社会需求设置职业技能培训项目，帮助戒毒人员考取职业技能资格或等级证书，为就业创造条件。

（九）回归社会教育。对即将出所的戒毒人员进行回归社会教育，帮助他们了解社会形势，做好回归社会的准备。回归社会教育时间不少于一周。

开展形势政策宣传教育。帮助戒毒人员了解国家和社会发展新形势，了解人们生活方式和价值观念的新变化，了解当地市政交通、衣食住行等方面的重大变化，了解出所后办理相关手续的方法。

帮助戒毒人员重建社会支持系统。教育引导戒毒人员建立健康的朋友圈、正确处理与家庭成员的关系、积极参与社会交往。

开展后续照管政策宣传教育。向戒毒人员介绍就业形势和政策，帮助戒毒人员合理选择就业岗位；向戒毒人员介绍戒毒康复、社区康复的机构和流程，动员解除强制隔离戒毒人员到戒毒康复场所体验戒毒生活，帮助戒毒人员了解美沙酮维持治疗等社会公益项目的参与方法，使他们出所后能够及时寻求支持和帮助。

三、教育矫治方法

（一）发挥课堂教学功效。完善教材体系。以司法部统编教材为主，各地要结合自身实际自编辅助教材，进一步丰富和深化基础课程内容，体现当地特色。

规范课堂教学。课堂教学是系统学习知识，改善认知结构的有效方式。要开设法律常识（30课时）、思想道德（30课时）、心理健康（30课时）、文化素质（20课时）、戒毒常识（30课时）5门课程（共140课时）。课堂教学原则上实行小班教学，每班不超过50人。

改善教学方法。提倡启发式、互动式教学，采用案例讲解、课堂讨论等方式，充分调动戒毒人员参与热情。利用现代化教学媒体，通过网络、数字化点播等手段，直观、形象地展示教学内容，提高教学效果。

（二）提高个案化教育水平。制定个案化教育矫治方案。入所初期，进行一次个性化分析诊断，由大（中）队民警和心理咨询师，参照心理测评结果、个人成长史、现实表现等情况和诊断评估标准，逐人制定个案化教育矫治方案，运用多种手段开展教育矫治工作，做好跟踪管理；在强制隔离戒毒中期，从戒毒人员法制观念、道德水平、文化素质、心理、生理健康状况等方面，对教育效果进行评价，根据需要调整教育矫治方案，提高个别教育的针对性；在解除强制隔离戒毒前，对每名戒毒人员进行综合评估。

突出个别谈话方式。强制隔离戒毒所大（中）队民警对每名戒毒人员每两个月要至少安排一次个别谈话。对新入所和变更大（中）队的、因违法违纪受到处分的、外出探视前后或者家庭发生变故的、长时间无人探访或者家人不与其联系的、情绪和行为明显异常的、变更执行方式、所外就医、延长或临近解除强制隔离戒毒的，应当及时进行个别谈话。

（三）突出心理咨询的特殊作用。广泛进行心理测评。由专职心理咨询师对戒毒人员的情绪状态、环境适应情况、人格特质等作出入所评估，逐人建立心理档案，筛查有心理问题人员。

定期举办心理咨询服务。以当面咨询或者书信、电话、网络等多种形式，为戒毒人员提供心理咨询服务，帮助解决心理问题。

及时进行心理危机干预。对心理状态严重异常、遭受家庭、婚姻等重大突发事件心理严重失衡的、长期处于抑郁焦虑和自我封闭状态的、有逃跑、行凶、自伤自残等危险倾向的戒毒人员及时实施心理危机干预。

（四）发挥场所文化建设的教育矫治功能。培育场所戒毒文化环境。围绕戒毒文化主题，统筹规划，精心布置，在设施建设、环境营造中集中体现戒毒工作理念和特色。设置鼓励、引导、关怀和与禁毒内容相关的标识，突出整洁优美、和谐有序、活泼向上的氛围，充分发挥环境育人的功能。

构筑场所戒毒文化阵地。建立所内广播、自办报刊、宣传栏、局域网等宣传教育阵地，宣传国家戒毒政策、报道场所戒毒生活。

创新场所戒毒文化活动形式。定期举办“文化月”“文化节”，利用“6·26”禁毒日开展专题教育活动，组织文艺表演、演讲、书画、摄影、歌咏比赛、读书征文、体育比赛等文化活动。

打造场所戒毒文化精品。结合本地文化特点，培育具有自身特色的文化品牌，形成“一所一品牌、一队一特色”的戒毒文化特色。

（五）实现教育矫治工作的社会化。发挥社会资源在教育矫治工作中的重要作用。探索教研合作、购买服务、资源共享等多种合作途径，充分发挥社会资源优势，促进强制隔离戒毒工作与社会进一步融合。

搭建社会帮教平台。建立一支稳定的社会帮教志愿者队伍，定期来所开展帮教：建立一个与党、政、军、工、青、妇、团等社会各界共建的帮教基地，定期开展交流活动；每年至少组织一次场所民警或者戒毒人员到社会上进行戒毒公益宣传活动。

开展后续帮扶。落实《关于加强戒毒康复人员就业扶持和救助服务工作的意见》，协助做好解除强制隔离戒毒人员关怀救助工作；鼓励在街道、社区建立后续照管站和戒毒工作指导站，帮助完成社区戒毒和社区康复工作；建立戒治质量考查机制，通过跟踪回访、第三方评估等方式，考查场所戒治质量。

四、教育矫治工作的组织实施

（一）加强对教育矫治工作的领导。各省（区、市）戒毒局以及强制隔离戒毒所的主要负责人是教育矫治工作的第一责任人，对教育矫治工作负总责。分管领导对教育矫治工作负主要责任。要把教育矫治工作的各项任务分解落实到具体部门和民警，实行层级责任目标管理，使教育矫治工作职能更加明确、责任更加清晰，不断增强各级领导干部和广大民警做好教育矫治工作的责任感。要把教育矫治工作作为评价各级司法行政戒毒机关工作成效的重要内容，定期进行考评，将考评结果作为评价领导班子和民警业绩的重要内容。

（二）强化教育矫治队伍专业化建设。强制隔离戒毒所应当按照不低于收治人数1%的比例配备专职教师，收治人数低于500人的场所，应至少配备5名专职教师，负责课堂教学、康复训练和专题教育。按照不低于0？6%的比例配备专职心理咨询师，为有需要的戒毒人员提供个体心理咨询服务。要把民警队伍的专业化建设作为一项长期的重要战略任务，努力提高队伍的专业水平和专业素质。通过开展经验交流、示范培训等多种形式提高个案矫治水平，提升个案矫治能力，打造一支个别教育能手队伍；通过改善专业知识结构，加快专业人员引进和培养，打造一支心理矫治专家队伍；通过开展教学观摩、集体备课等活动形式，不断提高教学水平，打造一支专职教师队伍。定期组织开展优秀教师、个别教育能手、优秀心理咨询师评选活动。

（三）配备完善的教育矫治设施设备。强制隔离戒毒所应当设置与收治人数相适应的教学、文体活动、图书阅览、职业技能培训等功能用房，配备齐全的电化教学设施和教学网络。应当设置心理矫治中心和身体康复训练中心，配备满足开展康复训练需要的设施和设备。发挥科技在教育戒治中的重要作用，努力提高教育矫治的科技含量。利用现有的信息技术条件，收集、运用、管理教育矫治信息，并充分交流和共享这些信息，提升信息化应用水平。

（四）落实教育矫治经费。按照财政部、司法部《强制隔离戒毒所基本支出经费标准》规定要求，制订本地教育经费标准，确保教育矫治工作经费保障足额到位，做到专款专用，为教育矫治工作开展提供良好条件。

后记

2013年国家废除了劳动教养制度，劳动教养管理所集体转型为强制隔离戒毒所，专门负责强制隔离戒毒人员的教育矫治工作，其工作内容、方法都不能与以前同日而语。新的制度需要新的理论做支撑，我国强制隔离戒毒制度的建设才刚起步，全国各地都在探索强制隔离戒毒工作方法，但多数是在探讨戒毒模式，即管理层面探讨较多，在如何提高教育矫治质量上有很大的创新空间。本书结合学科特点，将思想政治教育学科融入戒毒人员的教育矫治中，提出了思想教育矫治概念。

在写作过程中，笔者排除了诸多困难：一是要正确处理工作、学习和写作的关系。笔者在高校保卫部门工作，日常事务繁杂，要抽出更多的业余时间完成论文是个非常不容易的事；二是要准确了解当前戒毒人员现状。在四川省戒毒局特别是眉山强制隔离戒毒所相关同志的支持下，我利用一切可以支配的时间，深入不同的戒毒所调研，与戒毒民警座谈，对戒毒人员进行访谈，甚至与感染艾滋病毒的戒毒人员接触等，有时还为戒毒人员上课，从而掌握了一手资料；三是守得住写作时的寂寞，别人上班的时候我也上班，别人休息的时候我却往戒毒所跑，深夜时伏案写作，每天都要将论文向前推进一部分，哪怕只是确定一个小标题，哪怕一天只写100字都是进步。

在完成对戒毒场所和社区的调研后，写作过程更是枯燥。有两个月的时间我在武汉大学挂职担任保卫部部长助理，武汉大学保卫部给了我足够的时间完成著作的写作。我充分利用武汉大学的图书资源，静心思考，潜心写作，挥汗珞珈山，完成了部分写作任务。回乐山以后，我继续潜心写作，甚至在被学校派往江西井冈山干部学院培训期间，还利用休息时间独自耕耘。回想起来，内心充满了酸甜苦辣。

我于2017年年底完成初稿，2018年和2019年又进行了多次修改，2021年出版前再次进行了完善。西南财经大学硕士研究生余周唱晚同学（也就是本书第二作者）对书稿进行了润色与校对。完成著作之时，激动之情应该溢于言表，但我怎么也高兴不起来。看着自己的作品，总觉得有一丝淡淡的忧伤：一是那么多年轻人深陷毒瘾不能自拔，社会治理任重道远；二是回想起与戒毒人员接触时，看着他们每个人的状态，总觉得他们在青春洋溢的年龄，怎么就变成强制隔离戒毒人员了；三是作为教育工作者，作为人民警察，肩负着教育人、挽救人的重任，这类光辉的职业应该得到广泛的尊重。愿更多的优秀人才参与禁毒，参与戒毒教育矫治工作和研究，拯救失足青年于水火，为推进国家治理体系和治理能力现代化，为实现“两个一百年”奋斗目标贡献力量。

在著作的写作及修改过程中，我得到了西南财经大学许多专家、教授的指点和支持。感谢博士生导师辜堪生教授！承蒙恩师不弃，将我收入辜门。2014年，恩师退休，但仍然关心和指导我的写作，面谈、电话、微信、邮件，每次指导都切中要害。恩师的执着是我完成著作的动力和精神支撑，让我领悟到“坚持就是胜利”的道理。感谢博士生导师曾获教授！他对我写作过程中的问题和困惑是有问必答，多次对著作框架进行悉心指导，对语言文字的表达更是体察入微。感谢马克思主义学院院长、博士生导师唐晓勇教授！每当我遇到困难时，他都会给予无私的支持和帮助，为我逢山开路，遇水搭桥。感谢博士生导师任志江教授在科学研究方面给予的支持！感谢吴玉平教授、陈宗权教授、俞国斌教授、李春梅教授、段江波教授、龚松柏教授的指导和帮助！

感谢吉林大学、东北师范大学、中山大学、河海大学、南京理工大学的教授们！是你们提出了诸多意见和建议，才使这本著作更加贴近生活。祝你们身体健康，工作顺利，生活愉快！

感谢四川省戒毒局！特别是四川省司法行政戒毒工作协会常务副会长、三级警监车孟春同志，对著作的写作给予了支持，对我的调研提供了大量的帮助。感谢眉山强制隔离戒毒所教育科科长、现担任四川省凉山彝族自治州布拖县公安局副局长的扶贫干部骆志军同志，感谢研究室王富裕主任！你们在工作极其繁忙的情况下，安排我调研走访，提供详细的案例资料，在此表达最诚挚的谢意！感谢四川省眉山强制隔离戒毒所、绵阳强制隔离戒毒所、资阳强制隔离戒毒所其他相关同志的支持！

感谢参考文献的作者们（个别参考文献没有能够列举出来），是你们的智慧让著作锦上添花。

同样感谢与我交心谈心的部分强制隔离戒毒人员，是你们向我敞开心扉，畅谈吸毒戒毒感受，才有了我对戒毒人员群体的真正了解。

著作完成共用了两年多时间。即使如此，还是存在着诸多不足，特别是对社区戒毒和社区康复这个领域还没有足够的研究。请各位同仁和读者多提宝贵意见。

余德刚

2021 年 8 月